西方英语系大国杰出公司企业文化研究系列

# 英国杰出公司<br>企业文化研究

李文明　孙炯光　赵悦　著

科学出版社

北 京

## 内 容 简 介

作为西方英语系大国杰出公司企业文化研究系列之一，本书选择了英国十家世界五百强企业作为研究对象，它们分别是英国石油公司、乐购、汇丰银行控股公司、联合利华、南苏格兰电力、森特理克集团、力拓集团、苏格兰皇家银行集团、金巴斯集团和 BAE 系统公司。通过分类研究，本书全面地介绍和解读了这些公司的企业使命、企业愿景、企业宗旨、企业战略、企业价值观、企业理念、企业行为准则和行为文化以及部分企业家的经营管理思想，并将这些内容与美国十家杰出公司进行对比，目的就是从中梳理出可以为中国企业借鉴和参考的关于企业文化建设与企业管理方面的经验与方法。

本书既适合企业家和企业高管阅读，也适合企业管理专业的研究生、工商管理硕士和高级管理人员工商管理硕士阅读和参考。

**图书在版编目（CIP）数据**

英国杰出公司企业文化研究/李文明，孙炯光，赵悦著. —北京：科学出版社，2017.3

（西方英语系大国杰出公司企业文化研究系列）

ISBN 978-7-03-052157-6

Ⅰ. ①英… Ⅱ. ①李… ②孙… ③赵… Ⅲ. ①企业文化-研究-英国 Ⅳ. ①F279.561.3

中国版本图书馆 CIP 数据核字（2017）第 053660 号

责任编辑：魏如萍 / 责任校对：郑金红
责任印制：吴兆东 / 封面设计：无极书装

科 学 出 版 社 出版
北京东黄城根北街 16 号
邮政编码：100717
http://www.sciencep.com

北京京华虎彩印刷有限公司 印刷
科学出版社发行 各地新华书店经销

\*

2017 年 3 月第 一 版 开本：720×1000 B5
2017 年 3 月第一次印刷 印张：15 3/4
字数：318 000

**定价：98.00 元**
（如有印装质量问题，我社负责调换）

# 前　　言

　　《英国杰出公司企业文化研究》是"西方英语系大国杰出公司企业文化研究系列"的一部分，是针对这个系列研究所规划的九本书当中的第四本。

　　在"西方英语系大国杰出公司企业文化研究系列"所规划的九本书当中，第一本是《4S企业文化与7P绩效管理及其互动影响研究》，这本书已经写作完成并等待出版，它的主要内容和研究目标就是建构后续八本书的理论框架和分析基础。第二本书和第三本书是专门针对美国公司进行的企业文化研究，书名分别是《美国杰出公司企业文化研究》和《企业文化与商业模式研究——对话美国中小企业家》，它们已经在2016年由科学出版社正式出版。除了本书之外，其他关于英国中小企业，以及加拿大和澳大利亚的杰出公司、中小企业相关研究的五本书尚在写作过程当中。

　　写作与研究西方英语系大国杰出公司之企业文化的原因在于以下两个方面：

　　第一个方面，中外企业几百年的发展实践证明，企业文化对于企业管理非常重要，以青岛鑫光正钢结构有限公司为例，在它的带动下，公司一直稳扎稳打地发展，从区域小公司做到了中等规模的公司，然后上市，并且打下了建构百亿企业的基石。

　　第二个方面，西方大国的杰出公司对于企业文化管理非常重视，为此它们设计了众多的企业文化内容，并让它们发挥了支持和支撑企业发展的重要作用，即便在"互联网+"、智能制造、商业模式不断变革的今天，这些内容也依然适用。

　　为了帮助中国企业认识企业文化的重要，并在设计自己的企业文化时有更多的选择，有必要将西方大国杰出公司的企业文化管理经验做一个系统化的介绍以为它们提供参考，这同时也可以成为中国学界研究企业文化之丰富成果的一个补充。

　　在2015年进入世界500强的英国企业共有29家，同期进入这个榜单的加拿大企业有11家，澳大利亚企业有8家，而美国企业进入世界100强的数量则有32家。根据这个数量也可以看出这4个国家的经济实力及其在世界强国当中的位次。

　　在《美国杰出公司企业文化研究》当中，作者重点分析了世界排名前100名的10家美国杰出公司的企业文化，尤其是分析了它们的精神文化及其所包括的具体内容和可以供中国企业学习和借鉴的地方。这10家美国公司分别是埃克森美孚石油公司（Exxon Mobil Corporation）、雪佛龙公司（Chevron Corporation）、威瑞森电信公司（Verizon Wireless）、JP摩根大通集团（JP Morgan Chase&Co.）、美国银行（Bank of America）、马拉松原油公司（Marathon OilCorporation）、波音公司（The Boeing Company）、花旗集团（Citigroup）、富国银行（Wells Fargo）和宝洁公司（P&G）。

　　在本书中，作者也选择了10家英国的杰出公司，并且同样重点研究了这10家公司的精神文化六要素，同时也研究了它们的行为准则与行为文化和企业家们的经营管理思想及其对于中国企业的启发和借鉴。这10家英国公司都位列福布斯排行榜之前500名，它们分别是英国石油公司（BP）、乐购（Tesco）、汇丰银行控股公司（HSBC Bank）、联合利华（Unilever）、南苏格兰电力（Scottish & Southern Energy）、森特理克集团（Centrica PLC）、力拓集团（Rio Tinto）、苏格兰皇家银行集团（The Royal Bank of Scotland Group PLC）、金巴斯集团（Compass Group）和BAE系统公司（BAE Systems PLC），这些公司分属于七个不同的行业，即石油化工、商购、银行金融、能源动力、资源开发、餐饮服务和军事工业。

　　在本书的研究过程当中，《美国杰出公司企业文化研究》中分析的10家美国公司的企业使命、企业宗旨、企业愿景、企业价值观、企业原则、企业理念、企业行为准则和行为文化都是本书中10家英国杰出公司相关内容的比较对象。这种比较在本书的各个章节均有体现，而且还在最后一章进行了系统的总结。这同时也是本书《英国杰出公司企业文化研究》名字的由来。

　　在"西方英语系大国杰出公司企业文化研究系列"所规划的九本书当中，《美国杰出公司企业文化研究》和《企业文化与商业模式研究——对话美国中小企业家》是姐妹篇，前者研究的是美国十家大公司的企业文化及其可以对中国企业提供的参考，后者研究的是美国七家中小型企业的企业文化及其对于中国企业提供的借鉴。同样的，本书和待写作出版的关于英国中小企业相关研究的一书也是姐妹篇，对于它们的设计与以上针对美国企业的设计思路是完全一致的。这样做的目的是通过前者解析英国大型和特大型公司的企业文化，通过后者解析英国中小型公司的企业文化，如此就可以立体、全面系统地为中国的企业家和管理者介绍英国大型、中型企业的企业文化建设与管理经验。

　　而后续将要写作的关于加拿大和澳大利亚的杰出公司、中小企业相关研究的书也会采用上述安排和设计。

　　《美国杰出公司企业文化研究》设计了七章的内容，《英国杰出公司企业文化研究》与之对应的也设计了七章的内容，这七章的主要内容分别如下。

　　第 1 章，英国杰出公司的企业使命与企业宗旨。这一章主要研究英国石油公司、乐购、汇丰银行控股公司、森特理克集团、力拓集团、金巴斯集团和 BAE 系统公司七家企业的企业使命和英国石油公司、乐购、联合利华、南苏格兰电力、苏格兰皇家银行集团五家公司的企业宗旨。通过研究这些公司的企业使命和企业宗旨，不仅梳理出它们的主要内容和可供借鉴的经验，而且还提炼出它们可供大多数企业参考的界定和描述企业使命和企业宗旨的规范和模式。

　　第 2 章，英国杰出公司的企业愿景与企业战略。这一章主要研究乐购、汇丰银行控股公司、联合利华、力拓集团、苏格兰皇家银行集团、金巴斯集团和 BAE 系统公司七家企业的企业愿景和英国石油公司、乐购、汇丰银行控股公司、联合利华、南苏格兰电力、森特理克集团、苏格兰皇家银行集团和金巴斯集团八家公司的企业战略。通过研究这些公司的企业愿景和企业战略，一方面梳理出它们设计企业愿景和制定企业战略的思路，另一方面找出它们可供对应行业当中的企业能够具体参考的理念与方法。

　　第 3 章，英国杰出公司的企业价值观与企业原则。这一章主要研究所选择的全部十家英国杰出公司的企业价值观和其中两家公司，即联合利华和金巴斯集团的企业原则。通过研究，再加上与美国企业相关内容的比较，可以提炼出能够为绝大多数企业所采用的具有普适性的企业价值观，它们分别涉及六个方面的要素，这六个要素是"诚实"、"团队"、"顾客"、"尊重"、"绩效"和"员工"。如此十二个字就是各个企业进行企业文化建设时，或于企业价值观选择之际必须遵循的指导，为这六个要素加上可以表达不同含义的修饰性词汇以后，就可以形成各个企业之企业价值观体系的主体内容。

　　第 4 章，英国杰出公司的企业理念及其重点内容。这一章主要研究英国石油公司、乐购、汇丰银行控股公司、联合利华、森特理克集团和 BAE 系统公司六家公司的四种企业理念。这四种企业理念分别是"员工理念"、"多样性理念"、"创新发展理念"和"责任理念"。其中英国石油公司、乐购和森特理克集团共同关注的是"员工理念"，但是它们在关注这一理念的时候，所采用的视角以及为之而制定的具体员工管理办法有很大区别。

　　第 5 章，英国杰出公司的行为准则与行为文化。这一章主要研究英国石油公司、乐购、苏格兰皇家银行集团、金巴斯集团和 BAE 系统公司五家公司的行为准则及其所反映的行为文化。通过这些研究不仅梳理出这五家公司行为准则及其所代表的行为文化的内容，而且还总结出任何一个企业在制定行为准则时都可以参考遵循的原则、需要考虑的要素、应该处理的关系可以设计的政策等。

　　第 6 章，英国企业家的经营管理理念。这一章主要研究英国石油公司、汇丰银行、联合利华、南苏格兰电力公司、力拓集团、英格兰皇家银行集团和 BAE 系统公司七家公司的企业家致辞及其所代表的企业经营管理理念。通过研究挖掘出企业家文化与企业文化的关系，以及企业家对于企业文化的坚持之道和坚守之法。

第 7 章，英国企业与美国企业的精神文化比较。这一章主要研究英国企业与美国企业在企业使命、企业宗旨、企业愿景、企业价值观、企业原则和企业理念六个方面的同与不同。通过比较，概括和提炼出可以为大多数企业所参考的关于这六个方面的制定原则和选择依据，以及具体的具有普适性的要素和内容。

正如前文所述，写作本书的目的和价值就在于深入揭示英国企业的企业文化的构成及其特点，帮助中国企业家分析英国企业的企业文化与中国企业的企业文化之间相通和不同的具体细节，从而为中国企业更好地开展企业文化与企业管理的工作提供应用性的参考。

此外，借助本书的写作还希望传达这样一个信息，即无论是大型企业还是中小型企业都可以把企业文化运用好，并且可以把企业文化体系建设好。英国的企业是这样，中国的企业也是这样。事实上，作者写"西方英语系大国杰出公司企业文化研究系列"这套丛书的目的，就是为中国的企业家和管理者立体、全面地介绍西方以英语为母语的大国的大型、中型企业的企业文化建设与管理经验，进而从中找到能够为中国企业所借鉴的理论与方法。

本书的研究特点主要包括以下七个方面。

（1）注重应用性。作为"西方英语系大国杰出公司企业文化研究系列"当中的一部分，本书直接使用了在第一本书，即《4S 企业文化与 7P 绩效管理及其互动影响研究》当中建构的"4S"（ surface culture、spiritual culture、sub-culture、shaping culture，表象文化、精神文化、亚文化、在生成文化）企业文化理论分析框架。基于这个框架研究 10 家英国杰出公司的企业文化时，本书只专注于挖掘目标企业的企业文化管理方面的应用价值和成熟经验，以便为中国企业提供实用性和操作性的参考，因而不做任何理论上的探讨与分析。

（2）注重客观性和真实性。在本书的研究过程当中所使用的资料都是直接源自于目标公司，没有参考任何方面的二手信息。此外，本书中还展示了所使用的资料中较大部分所使用的英文原文，以供英语比较好的读者直接进行参考。

（3）注重英美两国企业的比较。本书与《美国杰出公司企业文化研究》同属"西方英语系大国杰出公司企业文化研究系列"的一部分，作者对这两个国家杰出公司企业文化进行研究时所采用的研究框架是相同的，研究的结构在大体上是一致的，所以本书在研究的过程当中还与美国企业进行了比较。通过比较，方便读者了解和把握它们之间在企业使命、企业宗旨、企业愿景、企业价值观、企业原则和企业理念等各个方面的同与不同之处。有了这种比较可以更方便读者有选择性地借鉴这两个国家杰出公司于企业文化管理方面的最为突出的优点与经验。

（4）注重中国化。在本书的研究过程当中，非常注重将西方英语系主要大国杰出公司的企业文化内容使用中国企业家所熟悉的语言进行解读，在作者当中，孙炯光本身就是企业家。

（5）注重理解和解读。本书是基于所收集到的十家英国公司关于企业文化管理方面的英文资料进行的研究，保留了其中较大部分的英文原文——不是以翻译为目的，而是以解读为目标。此外，在其中还融入了大量的作者对于企业文化在现代企业管理过程当中应该如何应用的理解。

（6）注重高水平的思想。本书解析了七个世界级杰出 CEO 的经营管理理念。这样做除了是用他们的思想来验证其公司的企业文化内容以外，还进一步挖掘出他们所珍视的、同时也是可以为中国企业家借鉴和参考的企业文化建设与管理方面的高水平思想和经验。

（7）注重可读性。虽然本书适合企业管理方面的专业研究生和工商管理硕士学生阅读，但是其定位的目标群体主要还是企业家以及企业的高管，所以它不是教科书，通俗易读是它的特色之一。

# 目　　录

# 第1章 英国杰出公司的企业使命与企业宗旨

## 1.1 基本情况介绍

在《美国杰出公司企业文化研究》当中，作者曾经重点分析了世界排名前100名的10家美国杰出公司的企业文化，尤其是分析它们的精神文化及其所包括的具体内容与中国企业可以学习和借鉴的地方。这10家美国公司分别是埃克森美孚石油公司、雪佛龙公司、威瑞森电信公司、JP摩根大通集团、美国银行、马拉松原油公司、波音公司、花旗集团、富国银行和宝洁公司，它们分属于五个不同的行业，即石油化工、电信、航空航天、银行金融和日化消费品行业。

同为"西方英语系大国杰出公司企业文化研究系列"的一部分，在本书当中，作者也选择了10家英国的杰出公司进行研究分析，并且同样是重点研究这10家公司的精神文化六要素，顺带还要研究一下它们的行为准则和企业家的经营管理思想及其对中国企业的启发和借鉴。这10家英国公司都位列福布斯排行榜的前500名，与《美国杰出公司企业文化研究》中介绍的10家美国企业一样，以下是这10家英国公司在这个排行榜上的中英文名称（按其排序）：英国石油公司、乐购、汇丰银行控股公司、联合利华、南苏格兰电力、森特理克集团、力拓集团、苏格兰皇家银行集团、金巴斯集团和BAE系统公司，这些公司分属于七个不同的行业，即石油化工、商购、银行金融、能源动力、资源开发、餐饮服务和军事工业。

以上所述即为本书的研究对象和比较对象。

以下所述则是本书的研究主线和研究顺序。

表1-1展示的是《4S企业文化与7P绩效管理及其互动影响研究》一书当中所设计的企业精神文化六要素的全部内容及其在"4S"企业文化当中的地位。

表 1-1　精神文化六要素及其在"4S"企业文化当中的地位

| 企业文化 | 企业文化的 4S 构成 | 4S 企业文化内容细分 |
|---|---|---|
| 4S 企业文化结构及其构成内容 | S1：表象文化<br>直感文化 | S1-1：物质表象文化 |
| | | S1-2：行为表象文化 |
| | | S1-3：制度表象文化 |
| | **S2：精神文化**<br>**直验文化** | **S2-1：企业使命** |
| | | **S2-2：企业愿景** |
| | | **S2-3：企业宗旨** |
| | | **S2-4：企业核心价值观** |
| | | **S2-5：企业精神** |
| | | **S2-6：企业理念** |
| | S3：亚文化<br>直接文化 | S3-1：分公司文化 |
| | | S3-2：子公司文化 |
| | | S3-3：部门文化 |
| | | S3-4：团队文化 |
| | | S3-5：小组文化 |
| | S4：在生成文化<br>直生文化 | S4-1：未界定的亚文化 |
| | | S4-2：未确定的精神文化 |

注：表中的黑体字部分展示的是本章所要研究的对应内容，本书中类似表余同

依据表 1-2 当中的顺序，本书首先要研究这 10 家英国杰出公司精神文化六要素当中最为重要的一个方面，即企业使命，然后是排序第三的企业宗旨。把这些公司的企业使命和企业宗旨关联在一起进行研究有两个方面的原因：①与部分美国公司一样，大多数英国企业喜欢在其企业文化的表述方式上把企业使命和企业宗旨连同在一起使用；②多数英国企业喜欢将排序第二的企业愿景与企业战略关联到一起进行表述，甚至有的企业直接使用企业战略来代表企业愿景。基于以上两个原因，本书把企业愿景和企业战略设计在一起放在第 2 章进行研究，而在本章先行分析这些公司的企业使命和企业宗旨。

表 1-2　企业精神文化六要素之企业使命与企业宗旨

| 精神文化 | 精神文化的细分内容 |
|---|---|
| **S2：精神文化**<br>直验文化 | **S2-1：企业使命** |
| | S2-2：企业愿景 |
| | **S2-3：企业宗旨** |
| | S2-4：企业核心价值观 |
| | S2-5：企业精神 |
| | S2-6：企业理念 |

　　此外，本书是"西方英语系大国杰出公司企业文化研究系列"的第四本，而这个研究系列所需要的理论分析框架和概念界定是在第一本书，即《4S 企业文化与 7P 绩效管理及其互动影响研究》当中完成的，并且在第二本书《美国杰出公司企业文化研究》和第三本书《企业文化与商业模式研究——对话美国中小企业家》当中已经进行了初步的验证。所以本书的研究重点是通过解析这十家公司企业文化建设与管理的经验以为中国的企业提供有应用价值的参考，而不会再做理论上的探讨和分析。

　　为了方便读者加深对企业使命和企业宗旨两个概念的把握，下面做简要的说明。

　　（1）企业使命是指一个企业经营什么和如何经营的总体指导思想，它所关注的是企业发展最为核心的哲学命题。事实上，对于任何一个公司而言，企业使命都是最为重要的内容，它回答的是"是什么样的企业"或者"应该成为什么样的企业"这些关系到公司定位与发展方向的根本性问题。

　　（2）企业宗旨通常要说明的是企业存在的原因、发展原则，以及在企业发展过程中应该如何处理好与各种利益相关者，如员工、客户、股东、社会、环境等因素关系的问题。通俗地理解就是，它要说明的是企业"为什么存在"和"为谁而存在"。

　　（3）如果一家企业能够提出明确的企业使命和企业宗旨，则说明这家企业已经找到了清晰的发展方向，明确了自己的发展重点，并且已经设计好了公司处理各个方面利益关系的完整格局。而一家企业如果没有提出明确的企业使命，或是提不出清楚的企业宗旨界定，则说明这家企业还不够成熟，其发展方向还不够稳定。一时如此不会影响大局，长期如此则必然会影响企业的全面发展。

　　依据作者所收集资料所做的分析可知，在美国杰出公司的企业文化当中几乎每家企业都有对企业使命的描述，而在英国杰出公司中则不是所有的企业都有十分明确关于企业使命的界定。事实上，在这 10 家公司当中，作者只找到了其中 7 家公司所做的关于企业使命的介绍，这 7 家公司分别是英国石油公司、乐购、汇丰银行控股公司、森特理克集团、力拓集团、金巴斯集团和 BAE 系统公司。

　　同样的，在依据所收集到的资料选择的 10 家美国杰出公司当中，将近一半的企业对企业宗旨有着非常清楚的界定，另外还有两家企业进行了类似的说明。与美国企业的情况大抵相同,本书所研究的 10 家英国杰出公司之中也有 5 家公司（英国石油公司、乐购、联合利华、南苏格兰电力、苏格兰皇家银行集团）对企业宗旨做出了明确的界定，另外 5 家或许也有相关的内容描述，只是作者没有从其公司网站上找到任何相关性的资料。

　　下面把 10 家英国杰出公司关于企业使命和企业宗旨的具体界定情况统计在表 1-3 中。

表 1-3　英国杰出公司企业使命与企业宗旨界定情况统计表

| 企业名称 | 企业使命 | 企业宗旨 | 企业使命与企业宗旨 |
|---|---|---|---|
| 英国石油公司 | 有 | 有 | 都有 |
| 乐购 | 有 | 有 | 都有 |
| 汇丰银行控股公司 | 有 | | |
| 联合利华 | | 有 | |
| 南苏格兰电力 | | 有 | |
| 森特理克集团 | 有 | | |
| 力拓集团 | 有 | | |
| 苏格兰皇家银行集团 | | 有 | |
| 金巴斯集团 | 有 | | |
| BAE 系统公司 | 有 | | |

　　表 1-3 只是依据收集到的资料所制，所以它的作用不在于精确地统计了有多少家英国公司进行了企业使命的描述，以及有多少家公司进行过具体的企业宗旨说明。它要发挥的作用是成为本书的研究主线，接下来的研究会根据表 1-3 中所提示的内容进行展开。

## 1.2　英国石油公司的企业使命与企业宗旨及其解读

### 1.2.1　英国石油公司的企业使命及其解读

　　事实上，作者没有在英国石油公司的网站上找到其关于企业使命的具体描述，但是找到了一些关于这家公司企业使命的各种说明，基于此，人们同样可以判断出它是一个什么样的企业，以及它为了成为这样的企业正在做一些什么样的工作。这些说明采用的是典型的西方式描述性语言，主要特点是平铺直叙，仔细品味后可以发现其中的与众不同和公司所坚守的努力追求的态度，后文中要分析的多家公司的企业使命和企业宗旨均具有同样的特点。

　　为了让大家有个直接的印象，在此先介绍英文，然后把其中主要的部分进行对照翻译，之后会基于其中的内容做出应用性的解读以供读者参考。针对英国石油公司采用的是这样一种研究逻辑，本书中后文将要介绍的几家公司也会依照同样的研究逻辑进行研究。

　　以下是从英国石油公司网站上找到的关于英国石油公司的一些资料。

## BP at a glance

BP is one of the world's leading integrated oil and gas companies. We provide customers with fuel for transportation, energy for heat and light, lubricants to keep engines moving, and the petrochemicals products used to make everyday items as diverse as paints, clothes and packaging.

## 英国石油公司掠影

英国石油公司是世界上最主要的石油天然气一体化领导性公司之一。公司为客户提供交通燃料、供热能源、照明能源、发动机润滑油以及用于绘画、制衣和包装等很多日常用途的石化产品。

## Our company

Through our two main operating segments, Upstream and Downstream, we find, develop and produce essential sources of energy, turning them into products that people need. Our projects and operations help to generate employment, investment and tax revenues in countries and communities across the world.

## 我们的公司

通过上游和下游两个方面的主要业务操作，我们发现、开采和生产主要的能源并将其转化成人们所需的产品。我们的项目和为之而开展的操作有助于促进全世界各个国家和社区的就业、扩大投资和提高税收。

## What we do

We aim to create value across the hydrocarbon value chain. This starts with exploration and ends with the supply of energy and other products fundamental to everyday life.

# 我们在做什么

我们的目标是要在碳氢产业价值链中努力创造价值。这始于开发，终于能源供应及其他满足日常生活的基础产品。

从以上"英国石油公司掠影"当中，人们可以看出该公司是一个什么样的企业，以及在从事的业务。但是，从企业使命的角度看，如此平铺直叙式的描述并不能反映出这个企业的特点和个性，所以仍需要做出进一步的说明，而类似的说明可以在其资料"我们的公司"当中找到注解，并且在其资料"我们在做什么"的描述当中找到补充。如果把"英国石油公司掠影"、"我们的公司"和"我们在做什么"三个方面的内容融合到一起，就可以拼接出英国石油公司完整的企业使命内容。

根据以上所言，可以初步得出这样一个结论，即一个企业的企业使命，一方面要说清楚这个企业是做什么的，另一方面还要点出该企业在做这些事情时应该持有的态度和应该坚持的原则。为了直观地说明这一点，在此可以对比处于相同行业的两家美国石油类公司的企业使命的描述情况，它们的描述方式是一种比较理想的界定模式。这两家公司及其企业使命分别如下。

（1）美国埃克森美孚石油公司的企业使命——"埃克森美孚石油公司承诺成为世界第一的石油和石油化学公司，为了实现这个目标，我们必须持续获得优异的财务和运营绩效，并让这些与我们坚持的高规格的伦理标准紧密地联系在一起。"

（2）雪佛龙公司的企业使命——"我们的员工在世界各地从事着伟大的事业。我们的成功源自于我们的员工和他们的承诺，以及用正确的方式去追求结果，这种方式的要求就是负责任地运营，高效率地执行，充分利用创新性的技术，并且为更有利的增长捕捉最新的发展机会。我们的企业使命要求我们：在全世界为了经济的可持续发展和人类的进步提供安全的必需的能源产品；做有能力的员工和有能力的企业并且信守承诺；善于做出正确的选择；要赢得投资人、顾客、政府、地方社区和员工们的赞赏，这不仅仅体现在我们要实现的目标上，还要包括于我们实现目标的过程当中；我们要追求和展现世界一流的绩效水平。"

借助此比较，以及前面对英国石油公司企业使命的组合介绍不仅可以帮助读者明白应该如何提炼和设计一个公司的企业使命，而且还可以帮助读者进一步强化以下两个方面的认识。

（1）每个企业都会有其独特的企业使命表述方式，并会借助这些不同的表述方式去充分表达自己的发展诉求。

（2）世界上没有任何两家企业会有相同的企业使命描述，也没有任何一家企业会经常变更其企业使命的内容。在以上所列举例子中，美国埃克森美孚石油公司在两百年的经营期间，从没有变动过其企业使命和企业宗旨的表述。

## 1.2.2　英国石油公司的企业宗旨及其解读

如前文所述，企业宗旨通常要说明的是企业存在的原因、企业的发展原则，以及在企业发展过程中应该如何处理好与员工、客户、股东、社会、环境等因素的关系。基于作者对美国杰出公司企业文化研究所得出的结论，"如何处理好与员工、客户、股东、社会、环境等因素的关系"应该成为企业宗旨的主要描述内容。

一如没有明确的企业使命描述一样，在英国石油公司的网站上也找不到其明确的企业宗旨界定。但是基于前面所得出的研究结论，作者从英国石油公司的网站上找到了关于介绍各种利益关系的文字，即下面所说的"我们是谁"。

## Who we are

We aim to create long-term value for shareholders by helping to meet growing demand for energy in a safe and responsible way. We strive to be a world-class operator, a responsible corporate citizen and a good employer.

## 我们是谁

我们旨在以安全负责的方式来满足不断增长的能源需求并为股东创造长期的价值。我们力求成为世界级的运营商、有责任心的企业公民和优秀的雇主。

通常意义而言，"我们是谁"要回答的不是企业宗旨方面的问题，而是关于企业使命方面的介绍。可是在英国石油公司的企业文化体系当中没有明确的企业使命，也没有精准命名的企业宗旨，所以英国石油公司的"我们做什么"更像是在说企业使命，而"我们是谁"却是在说企业宗旨，这看上去与美国的很多杰出公司以及中国的大多数企业的做法是相悖的。不过，依据本书对企业使命和企业宗旨的认定，英国石油公司所说的"我们是谁"所界定的主要内容就是该公司的企业宗旨，因为它要回答的是如何处理与相关利益者之间的关系这一问题。

为了验证以上所说并且进一步向读者介绍一个公司的企业宗旨应该如何描述，于此不妨把美国埃克森美孚石油公司和雪佛龙公司的企业宗旨引述如下。

（1）美国埃克森美孚石油公司的企业宗旨。

"对于战略合作伙伴：我们承诺不断地提高他们投资的长期价值，以不负他们对于我们的信任。通过负责任地运营有利的业务，我们希望投资人能够为此得到超额的回报。而这种承诺就是我们管理公司的主要动力。

对于顾客：我们会坚持不懈地发挥我们的能力以确保顾客们能够一如既往地满意。我们承诺不断地创新和及时地反应，并以最具竞争力的价格为顾客提供高质量的产品与服务。

对于员工：我们优越的工作环境可以为员工提供有价值的竞争优势。基于这种优势，我们会一直努力地去招募和留住优秀的人才，并且通过不断地培训和发展给他们创造最大的追求成功的机会。我们承诺，通过开放的沟通、信任和公平相待可以为员工们提供一个安全的具有多样化和个性化的工作环境。

对于社会：我们承诺在任何工作的地方都保持良好的合作公民形象。我们要坚持高水平的道德标准，遵守法律和法规，尊重当地的以及该国的文化。为了以上这些目标，我们致力于安全地和对环境负责任地运营工作。"

（2）雪佛龙公司的企业宗旨。

"我们的成功源自于我们的员工和他们的承诺以及用正确的方式追求结果，这种方式的要求就是负责任地运营，高效率地执行，充分利用创新性的技术，并且为更有利的增长捕捉最新的发展机会。"

通过比较英美这三家石油公司的企业宗旨，可以看出埃克森美孚石油公司的企业宗旨描述更接近于一种理想状态，它"不仅在形式上可以为我们提供一种参考，那就是使用最传统的也是最经典的方式去分别描述公司与战略合作伙伴、顾客、员工、社会及环境的关系，而且其具体的描述内容也为我们提供了很多可以参考的能够实现这些良好关系的方法。这些方法首先强调的是在各个方面的发展目标，其次关注的是为了实现目标而应该采取的具体措施"。

而英国石油公司的企业宗旨，首先回答的是企业与股东的关系，即"我们旨在以安全负责的方式来满足不断增长的能源需求并为股东创造长期的价值"。其次回答的是企业与社会、企业与员工及企业与合作伙伴之间的关系，即"我们力求成为世界级的运营商、有责任心的企业公民和优秀的雇主"。在处理与股东的关系时，英国石油公司选择的关键词是"长期"和"价值"；在处理与合作伙伴的关系时，英国石油公司选择的关键词是"世界级"；在处理与社会的关系时，英国石油公司选择的关键词是"责任心"；在处理与员工的关系时，英国石油公司选择的关键词是"优秀"。由这一系列的关键词所支撑和建构的如何处理与相关利益者之间关系的原则与方法，就构成了英国石油公司所特有的企业宗旨。

另外，英国石油公司对其企业宗旨的界定没有做出强有力的注解，如果基于这些关键词把企业如何处理与股东、社会、员工、合作伙伴的关系像美国埃克森美孚石油公司那样做一个补充性说明的话，那么其企业宗旨的界定才是完善的，才能更大限度且更加具体地发挥其指导企业发展的作用。

## 1.3 乐购公司的企业使命与企业宗旨及其解读

### 1.3.1 乐购公司的企业使命及其解读

依据收集到的资料进行分析可知，乐购公司为其企业使命曾经做过一个很接地气的描述，之后又将其内容进行了简化。

其最初的描述如下。

To help everyone who shops with us enjoy a better quality of life and an easier way of living.

这句话的意思即为

帮助每一个到我们这里购物的人可以享受到更高品质的生活和更容易的生活方式。

为了帮助人们更好地理解这个企业使命，乐购公司对此还做出了如下一些补充性的说明。

Our business was built with a simple mission—to be the champion for customers, helping them to enjoy a better quality of life and an easier way of living. This hasn't changed. Customers want great products at great value which they can buy easily and it's our job to deliver this in the right way for them.

我们的业务建构于一个简单的企业使命之上——捍卫顾客的利益，帮助他们享受更好的生活品质以及获得更简易的生活方式，这一使命从未改变。顾客想要物美价廉、简单易买的产品，我们的职责就是以恰当的方式实现这一使命去帮助他们。

分析乐购公司的企业使命发现，其关键思想在于以下三个方面。

（1）真心帮助顾客。

（2）使顾客因为企业的帮助而可以享受到更高品质的生活。

（3）使顾客因为企业的帮助而可以获得更容易的生活方式。

而要做到这三点其实很简单，在其补充性内容当中对此进行说明，即"让顾客在我们的商店里可以购买到物美价廉的产品，而且在购买这些物美价廉的产品时更方便和更快捷"。

乐购公司的企业使命描述可供其他企业借鉴的地方有如下两个。

（1）简单清楚。关于这一点可以参照前面的分析进行感悟。

（2）以真心帮助顾客之利他思想为导向。关于"利他"而后"利企"的思想可参见本章 1.4 节的相关分析。

在企业文化管理尤其是企业精神文化管理方面存在这样的理念，即对于初创企业和成长中的企业而言，企业文化的内容应该强调多样性和全面性，借此可以广泛地指导企业各个层次和各个部门不同员工的工作，若过于简单则行不通；而对于成熟的企业和成功经营了很长时间的企业而言，企业文化尤其是企业精神文化的内容则是越简单越好，"企业文化不能关注细节"，若过于复杂则没有必要。

乐购公司是一个成功的企业，也是一个成熟的公司，所以其在企业文化建设方面已经具备了化繁为简的资本，这首先体现在其对原本就已经很简化的企业使命进行再简化的过程当中。以下是其再简化以后的企业使命描述。

Serving Britain's shoppers a little better every day.

每天为英国的顾客提供更好一点的服务。

对于这个简化过后的企业使命，乐购公司的解读如下。

That's why we've chosen 'Serving Britain's shoppers a little better every day' as our new core purpose. As a business, serving customers is at the heart of everything we do – from colleagues in our stores to those of us in supporting roles. In the UK, we serve some 66 shoppers every second, so it's our goal to ensure every one of those customers experiences just a little better service on each visit.

这就是为什么我们选择每天为英国的顾客提供更好一点的服务作为我们新的核心宗旨的原因。作为一个企业，无论是我们商店的同事还是为此提供支持的其他员工都应该知道，为顾客提供服务应该成为我们所做一切的核心。在英国，我们每一秒钟为大约六十六位顾客提供服务，因此，确保每一位顾客每一次购物都能够享受更好一点的服务是我们不变的目标。

对乐购公司简化以后的企业使命描述进行分析可以发现，其企业使命用四个字形容就是"言简意赅"，而"言简意赅"的好处就是方便人们记忆和使用。"每天为英国的顾客提供更好一点的服务"，这句话本身所表达的还是要帮助顾客的意思，只不过此处没有明说要帮助顾客什么，却要比帮助每一个到我们这里购物的人"可以享受到更高品质的生活和更容易的生活方式"所涉及的内容还要丰富。此外，无论提供什么样的服务，评价的标准都是一个，那就是"每天更好一点"。虽然只是一点，可是若要每天都更好，其实比所谓的"更高品质"及"更容易"还要难。不过，这种难又是相对的。更高是什么，最高是什么，很难说得清楚；而每天都要好一点，是自己与自己的昨天进行比较，这对于员工而言则更方便理解和更容易把握。

乐购公司对其简化以后的企业使命也做出了补充性的说明，这是本书所提倡的做法。"言简意赅"好，便于人们记忆；但如果只是"言简意赅"，人们记住了内容却不知道它所代表的意思，那就与完全记不住也没有差别。所以可以得出的结论是，在描述企业文化之精神文化时应该坚持一个原则，即对主要内容的介绍要简短和直接，而针对主要内容的理解则一定要给出补充性的说明。

借助补充性的说明除了可以告诉员工"是什么"以外，还可以告知他们"为什么"，当员工们清楚地知道了"为什么"以后会更加清楚地认知"是什么"并且会把它们牢牢地记住。

让员工记住，让员工理解，让员工使用，然后一切的企业文化才能发挥其引领和规范作用。

对于企业外人员来说，正是因为有了这样比较详细的补充，才可以帮助他们基于"为什么"而更好地理解"是什么"，从而可以获得和形成对这个企业的正确认知。

如果把乐购公司与美国的企业进行对比，其关于企业使命描述的方式及其要表达的思想有一点类似于美国宝洁公司的企业使命介绍。宝洁公司的企业使命是这样的，即"为现在和未来的世世代代，提供优质超值的品牌产品和服务，在全世界更多的地方，更全面的，亲近和美化更多消费者的生活"。通过比较可知，这两家公司的企业使命所使用的语言都很简短，所表达的思想都很直接，对企业员工的指导作用也都非常具体。

语言简短、思想直接、作用具体，可以视为一个判断的标准，利用这个标准进行衡量就可以判断出一个企业之企业使命设计得好与不好。

同样，可以使用这个标准进行判断的还有企业宗旨、企业愿景、企业核心价值观、企业精神和企业理念。

### 1.3.2　乐购公司的企业宗旨及其解读

任何一个公司都不能轻易地、随意地更改其企业使命和企业宗旨，这一点是明确的。但是，这并不等于不可以在不同的时期内赋予它们不同的解读以及不一样的工作重点。下面要介绍的乐购公司的企业宗旨是一个常规的描述方式，但是值得人们借鉴的地方便是其与时俱进的解读和完善。首先，乐购公司的企业宗旨的内容如下：

Understanding the issues which matter to all our stakeholders, in particular to our customers and local communities, is essential to our success.

了解对于每位股东，尤其是我们的客户和当地社区至关重要的事项，这是我们成功的关键。

其次，乐购公司应对金融危机以后对企业宗旨的解读和完善如下：

Rebuilding trust is one of three strategic priorities for Tesco, alongside improving our competitiveness in the UK and strengthening our balance sheet. To restore trust we need to understand the issues which matter to all our stakeholders, including first and foremost our customers and local communities. For that to happen, we need to start by listening to their views and feedback. Week in, week out, we work hard to listen to what our customers are saying through direct customer feedback, regular focus groups, meetings with local communities, all in addition to our discussions with suppliers and stakeholders. A key part of our road to recovery is about working harder than ever to listen to our customers and focus on the issues they care about most.

重建信任是乐购公司的三个优先战略之一，其他两个是提高在英国的竞争力和加强收支平衡。而要恢复信任，我们需要了解什么对于所有股东、首要客户和当地社区是最重要的。为此，我们要从倾听他们的观点及反馈开始。每天，我们努力用不同的方式来倾听顾客的心声，如顾客直接反馈、常规客户调查、当地社区访谈或者直接和供应商与股东探讨，等等。恢复信任的关键之路就是比以前更努力地倾听并更用心地关注顾客最在意的事情。

分析乐购公司对企业宗旨的描述可知，其虽然简短，却最接近本书希望建构的企业宗旨的表述规范，即一个公司的企业宗旨就是要回答该企业与其相关利益者之间的关系，这些相关利益者包括顾客、员工、股东、社区、社会、环境、供应商等。对于特定企业而言，到底要描述与哪些相关利益者的关系主要取决于这个企业所在行业的特点，以及企业发展自身要强化的诉求是什么。在乐购公司的企业宗旨当中，其重点描述的是与股东、首要客户和当地社区的关系，简化一下就是与股东、顾客和社会的关系。除此之外，其也关心与同事和专家的关系。

下面的内容是乐购公司对如何处理与五个方面相关利益者关系的描述，这些于 2016 年得到完善的内容中不乏一些真知灼见，可以为中国的企业所借鉴。

（1）Customers

The most important skill in our business is listening—and that starts and ends with the way we listen to what customers tell us about our business. This year we've tried to work harder than ever to respond to the issues our customers are raising and our business plan for the future is built around the feedback customers have given.

（1）顾客

我们企业最重要的技能就是倾听——它开始和结束于顾客谈及我们企业时我们的倾听方式。今年（2016 年），我们比以往更加致力于对顾客所提出的问题进行及时应对，并致力于针对顾客给我们的反馈以制定企业未来的计划。

这种以"倾听"和"应对"为主要表达方式的重视顾客的态度以及把这种态度变为实际行动的要求，既是企业的立身之本，也是各家企业常年应该坚持的习惯，有了这种思想作为保障，任何企业的发展都会占尽成功之可能。为此，作者为乐购公司和有着类似思想的企业再补充上一点，那就是"任何时期企业对顾客的重视都是怎么强调都不会过分的"。

（2）Colleagues

It's important that everything we do as a business is built on open and honest conversations between colleagues. Over the last few months we've tried to throw open a bigger discussion about the direction of our business internally; focusing on face to face communications is just one way that we can ensure all colleagues can be heard.

（2）同事

我们企业所做之一切均是建立在同事之间坦诚对话的基础之上，这一点至关重要。在过去的几个月里，我们致力于开展一个更加广泛的企业内部商讨来研究企业的发展方向；面对面的交流是我们确保每个同事的发言都能被倾听到的最好方式。

关于强调同事之间的坦诚沟通，以及面对面的交流这一点，一直是我们所推崇的企业文化内容之一。乐购公司虽然在强调，但是我们不知道其是否已经做到。在中国，有的企业也在强调，只是我们知道那样的事情很难做到。为什么会这样说呢？这主要是与我们的传统文化以及国人固有的处世方式有关。在我们的文化当中有三个关键词叫做"谦虚"、"内敛"和"服从"，"谦虚"让我们在沟通的过程当中很难尽述所想;"内敛"让我们不可以当面指出他人的对与错、是与非、功与过;"服从"让我们不可以挑战领导与专家的权威,不可以质疑上级的管理与安排。有了这样三个特质以后,我们的文化就要求人们做事要低调,不能张扬,而且言多有失,不宜得罪他人等。立于社会之人如此,可以;忙于企业之人如此,则不可以。如果一个企业当中的高管都是这样的领导,而且培养的人才也都是这样的员工,那么这个企业的企业文化就一定会缺乏活力,而且也很难以有创新。怎样破解这个难题呢,第一重要的是看领导们的认识,以及领导们的认识能否变成这个公司的企业宗旨;第二重要的是应该形成机制,定期沟通、面对面地交流、定期考核沟通与交流的成果这样的机制一旦形成,以我们文化当中对于制度和权威的"服从"为保障,就可以促使这项工作可以开展得善始善终。

（3）Suppliers

This year we have had to take difficult decisions around store closures and not proceeding with plans to develop new retail sites. In each case, we have done everything we can to be open and transparent with the local community, speaking with community leaders every step of the way.

（3）供应商

今年,我们做出了艰难的决定,决定关闭商店并不打算再发展零售网点。我们竭尽全力使我们做的每一个社区案例公开透明,并就方法的每一步都与社区领导进行磋商。

这一条是乐购公司应对危机的举措,对于很多企业而言没有广泛的借鉴意义。如果一定要从中学习的话,那就是乐购公司在推进这项工作时所坚持的"公开透明"的态度与能够与供应商以及社区领导之间的"积极沟通"。关于"公开透明",我们在美国访谈企业家时,JJ GUMBERG 公司的董事长 Gumberg 先生曾经给我们做过比较深入的分析。事实上,在 JJ GUMBERG 公司的企业文化当中有两个核心价值观,其中之一就是"注重透明"(另外一个是强调相互之间的"信任")。依照他的理解,对透明度的重视应该是一个公司对于自身长远发展必须提出的明确要求。从严格意义上说,JJ GUMBERG 公司是一个私人持有的企业,它无须像公共企业那样坚持很高标准的透明度和公开性。但是为了促进企业的全面和规范发展,JJ GUMBERG 公司坚守了与公共企业相同的要求,它严格地按照上市公司公开交易的标准进行经营和管理,企业建立了严格的财务制度和会计程序,制定了众多的风险管理政策,建构了严谨的报告结构以及透明的 CEO 管理体系。结果是,JJ GUMBERG 为此而赢得了广泛的赞誉、得到了客户和社会的信任,此而发展得很好。

（4）Communities

We have sought specific feedback from experts and campaigners who lead the way on reducing food waste, helping young people into work and tackling obesity. On issues where industry collaboration is required, such as deforestation, we seek to engage with partners and other retailers to bring about long-term positive change. We also continue to work with wider industry bodies such as the British Retail Consortium.

（4）社会

我们一直努力从专家那里寻求具体的反馈和建议，以帮助人们节约食物，帮助年轻人就业，以及解决肥胖方面的问题。对于像采伐森林这样需要产业合作的事项，我们都会致力于与合作方和其他零售商共同制定出长期的积极的应对变化的策略。我们也在不断地扩大与像英国零售联盟这样行业机构的合作。

以上四条是众多企业尤其是大型企业必须要学习的内容，它的核心思想概括起来就是企业必须要承担一定的社会责任，它是构成企业宗旨的一个不能缺少的部分。

很多企业家认为承担社会责任是在为企业的发展自寻麻烦，这其实是一种短视和浅视的行为。试想一下，什么是社会责任，用最直白的话说就是帮助社会做些事情；企业帮助社会做了些事情，花了些钱，那么社会当然能记住，除非企业不想让大家知道。从另外一个角度再想一下，公司为什么花那么多钱去做广告，是否也是希望大家能够记住并且知道公司名称和你们公司生产的产品或提供的服务。有一个成语叫做"殊途同归"，这算不算是其所描述意思之下的一种"同归"。而且以此之"途"，不仅可以得到经济效益，而且还可以得到无尽的社会效益，不仅可以帮助企业家的企业赚钱，而且还可以让企业家以及他所领导的企业能够获得好名声，这样做事情是不是可以收到"名利双收"的好效果。

用心去承担社会责任，恰如其分地进行全面宣传，这样就可以收获以上所说之好效果，作为有追求的企业何乐而不为呢？而一旦企业于此有所为的话，则企业的未来发展就会拥有广泛的社会支持，而这种源自社会与顾客的诚心支持才是企业真正无尽的资源和宝藏。

（5）Experts

Our Expert Advisory Panel continues to act as a critical voice to our activities and have met four times this year. As we go through a process of renewal, it is important that we continue to engage with experts - one example of this is the development of our environmental strategy, where we met with a mixture of industry groups, NGOs and academic bodies to understand the issues better and their expectations of us.

（5）专家

我们的专家顾问团不断地对我们的活动提出批判性的评价，并且今年已经召开了四次会议。在革新的过程中，我们不断地与专家合作是很重要的，这其中的一个重要的例子就是解决环境策略的发展问题。就这个问题我们和产业组织、非政府组织以及学术团体面谈，以求更好地理解这个问题并明白他们对我们的期望。

乐购公司的企业宗旨帮助我们补充了一个新的认识，即在相关利益者的队伍当中可以加入专家这个群体。抛开乐购公司在此处对专家身份的认定不议，我们建议，中国的企业都可以建立自己的企业外专家智库，以帮助企业从不同的视角去寻求更多的发展机会和更多的创意灵感。每论及此，便有人会提出，大企业可以，中小企业做不到的问题。事实上这也是一个误区，是对专家这个名分的误解。专家者，有一技之长也。专家者，并非一定是大教授、大学者、大官员、大人物也。青岛最早出现浒苔之时，及时提出可行之解决办法的专家是青岛的一位渔民。如果只是开一家小饭店，可以咨询的专家包括街区的邻居和其他饭店的厨师。若如此想，是不是所有的企业都可以寻求外部专家的帮助呢？答案是肯定的。有了外部专家的帮助，对于企业的发展而言是否一定会有助益呢？答案也是肯定的。

## 1.4 汇丰银行的企业使命及其解读

### 1.4.1 汇丰银行的企业使命

在汇丰银行的网站上，可以轻易地找到这个公司关于其企业使命的描述，即

Throughout our history we have been where the growth is, connecting customers to opportunities. We enable businesses to thrive and economies to prosper, helping people fulfill their hopes and dreams and realize their ambitions. This is our role and purpose.

贯穿于我们的历史，我们一直在把客户与机遇联系起来向上发展。我们确保

生意兴隆和经济繁荣，帮助人们实现他们的愿望、梦想和他们的抱负，这是我们的角色和目标。

### 1.4.2 汇丰银行企业使命的解读

分析汇丰银行的企业使命，也是本书比较推崇的一种类型，它的特点就在于将"利他"的服务作为企业考虑的主线，其所描述的重点不是强调自己企业应该如何发展，应该如何获得收益，而是强调应该如何帮助客户发展，如何因为自己的存在而让客户受益。这样利他而后利己的思想，很容易为客户们所接受的，而客户如果真心实意地接受了一个企业，那么这个企业自身的发展就会成为一件自然而然的事情。针对于此，可以用老祖宗的话说就是，"将欲取之，必先予之"。

以上所说思想曾经应用于另外一本书，即《六韬三略论管理》当中，在该书里作者曾经基于这个思想作为指导分析过领导如何取才、待才的"利人"与"利己"的逻辑。于此不妨再温习一下以进一步论证和解读此处针对汇丰银行企业使命而得出的中国式的"予与取"的结论。

君子之乐志与小人之乐事相互之间是一种紧密的依存关系。为此，君子们一定要做出可以让小人们乐得其事的安排和设计，要有具体的方法可以让小人们能够真正乐于其所做之事中，这样才能为君子们的乐志追求打下坚实的基础。

如何才能具备这个基础，以让小人们乐得其事呢？

为此，太公说，对于小人，要让他们"禄等以权，死等以权，官等以权"，这是可以让小人们乐得其事的方法；然后通过与"渔"事的比较，太公解释了这种方法的效果，"夫鱼食其饵，乃牵于缗；人食其禄，乃服于君"。

合此两句话的思想可知，太公在这里要强调的是一种基于人性求利思想而应该进行的管理设计，具体说就是，君子若要成功，则必须予小人以利，且要图思予之以大利。可得小利者，人出小力；可得大利者，人出大力；无利可图时，则人不奋力。人不奋力，则组织无利，组织无利，则君子或可有一时之利，但终究难获长远之利。如此，君子就很难持续地实现乐得其志之目标。

把以上所论通俗地解释一下就是：君子利人，然后可以利己；小人利己，然后可以利人。

基于此，英明的领导一般都会充分考虑属下之需求，然后再投之所好，从而可受之所报。世界上知名的企业大多数都做到了这一点，它们在企业发展过程中重视员工的诉求；在企业文化理念当中把员工当做自己的合作伙伴，当做家人朋友；在现实生活当中，时时想着为员工谋利，不断关心他们的成长。这样，它们赢得了员工们的信任和喜欢。因为信任和喜欢，员工们乐于尽全力为组织打拼，组织因而成功，因而大成功，因而一直发展得很成功。

于是乎，君子乐得其志也，又乐得其志也，一直乐得其志也。

根据以上分析可以得出的结论是：对人才好，对员工好，对属下好，则组织可以一直发展得很好，这是成功的领导者和管理者应该坚持的前提。

把以上所言与现代企业如何界定其企业使命做一个对比，可有如下结论。

（1）企业获利与客户及顾客获利之间是一种紧密的依存关系。为此，企业一定要做出可以让客户和顾客能够获利的安排和设计，要有具体的方法可以让客户和顾客能够真正乐于其与企业的合作当中，这样才能为企业的发展与获利打下坚实的基础。

（2）企业使命的设计一定要基于人性求利的思想而进行。具体而言就是，企业若要成功，则必须予顾客和客户以利，且要图思予之以大利。顾客与客户可得小利时，企业因此也可以获小利；顾客与客户可得大利时，企业也会因此获大利；当顾客和客户在企业无利可图时，他们就会迅速撤离而去。基于这样一种逻辑出发，任何企业如果希望自己能够成功就必须要在它的企业使命描述当中融入利他服务的设计，一定要充分考虑顾客、客户及社会的利益和期待。

（3）基于前面两点分析可以进一步强化的结论就是：对顾客好，对客户好，对社会好，企业就可以一直发展得很好，这是成功的企业在设计其企业使命时应该坚持的前提。这正如汇丰银行的企业使命所说"贯穿于我们的历史，我们一直在把"客户与机遇"联系起来向上发展。我们确保生意兴隆和经济繁荣，帮助人们实现"他们"的愿望、梦想和"他们"的抱负，这是我们的角色和目标"。

## 1.5　联合利华的企业宗旨及其解读

### 1.5.1　联合利华的企业宗旨

联合利华的企业宗旨如下：

Our Corporate Purpose states that to succeed requires "the highest standards of corporate behavior towards everyone we work with, the communities we touch, and the environment on which we have an impact."

我们的企业宗旨意在表达为了成功我们必须做到：面向我们工作在一起的每一个人，我们所接触的每一个社区，以及我们对之产生影响的所有环境，都应该坚持最高的企业行为标准。

### 1.5.2　联合利华企业宗旨的解读

换个方式来理解联合利华的企业宗旨，即它的主要思想就是"我们公司的宗旨陈述了我们成功之所需，那就是在处理与我们一起工作的每一个人，我们所接触的所有社区和我们可能产生影响的每处环境的关系时都要坚持最高水平的企业行为准则"。

分析联合利华的企业宗旨描述可以看出，它在形式上是简短的，但在要求上却是很高的。这个简短的企业宗旨不仅点出了企业与最为核心的相关利益者，如员工、社区和环境的关系，而且还把正确处理这种关系视为企业发展之必需。既然是必须要处理好的关系，那么就应该坚持最高水平的企业行为准则；如果能够坚持最高水平企业准则的话，相应地就一定能处理好这种关系；而如果能够处理好这种关系，企业就一定能够成功。这就是联合利华的企业宗旨所折射出来的逻辑。

依据汇丰银行的企业宗旨表述还可以得出另外一个结论，即企业宗旨与企业行为准则之间存在着密切的联系。通常意义而言，一个企业的企业宗旨要回答企业与相关利益者之间的关系，以及如何正确地处理这个关系以取得企业想要的结果。而企业行为准则的主要内容通常就是在界定与相关利益者之间进行互动时应该坚持的标准和具体的方法。从这一点出发，企业行为准则可以看做企业宗旨的具体化，而企业宗旨可以为企业行为准则提供总体指导思想，两者相辅相成，互为存在的依据。关于这一结论，在后面第 5 章研究英国杰出公司的企业行为准则与行为文化时有着非常明显的表现，其也可以看做对这一结论的举例论证。

## 1.6　南苏格兰电力的企业宗旨及其解读

### 1.6.1　南苏格兰电力的发展历史

在没有介绍和分析南苏格兰电力的企业宗旨之前，有必要先看一下该公司的发展历史，而了解了该公司的企业发展历史以后，会更方便于理解该公司为什么会选择这样的企业宗旨，以及选择了这样的企业宗旨以后，该公司为之做出了哪些方面的努力。

南苏格兰电力成立于 1998 年，虽然它是由苏格兰水电公司和南方电力公司合并而成的，但是它的历史渊源却可以追溯到更久远的年代。在 1943 年，英国水电公司发展议案的推出开启了苏格兰水电公司的改革，在这次改革中，南苏格兰电力发挥了让人引以为傲的作用，因为它们将电输送到苏格兰高地的各个角落，极大地改善了成千上万苏格兰人的生活。但是在苏格兰崎岖的地势上修大坝和建电站可不是件容易的事，其中的艰辛可想而知。例如，1955 年在费尔兰斯街区（St Fillans）这个地方，工人们就创下了一项挖隧道的世界纪录，当时他们仅用一个星期就打通了地下 557 英尺（1 英尺 ≈ 0.305 米）的岩石。到 20 世纪 60 年代中叶，苏格兰因为拥有 600 千米长的隧道、沟渠和管道联通的 56 个大坝而自豪。电已经改变了所有人的生活方式，它使家务劳动减轻，帮助英国在第一次世界大战中获胜，并点燃了城镇的夜晚。到如今，南苏格兰电力已经是英国最大的可再生能源发电公司，它沿袭着自己的历史目标，为每一个人提供安全可靠的能源。

### 1.6.2　南苏格兰电力的企业宗旨

以下是南苏格兰电力的企业宗旨：

SSE has an essential purpose at its core—providing the energy people and businesses need. We have a responsibility to our customers, employees, communities and shareholders to ensure this need is a met in a sustainable way, both now and for the long term.

*南苏格兰电力的核心宗旨——为人们的生活和企业的发展提供所需能源。我们负责任地且持续地为我们的客户、雇员、社区和股东提供其目前及长期之所需。*

### 1.6.3　南苏格兰电力企业宗旨的解读

结合前文中对南苏格兰电力发展历史的介绍，读者可以很容易地就理解为什么南苏格兰电力会有这样的企业宗旨。

首先，从专业的角度做进一步的分析可知，南苏格兰电力的企业宗旨首要关注的主要相关利益者包括客户、员工、社区和股东。这些都是企业宗旨最常规的关注对象，没有不正常，有之也会让人们感觉习以为常。

其次，南苏格兰电力对满足客户需要时持有的态度是，不仅要满足客户一时之所要，而且还要满足他们长期之所需。这种说法虽然重要且应该坚持，但是从多数公司的企业宗旨描述来看，它也很常规，并没有什么特别之处。

最后，要关注的是南苏格兰电力的企业宗旨当中提到的两个关键词，以及南苏格兰电力对它们的解读有些与众不同，所以它们才是本书重点关注和分析的对象。

这两个关键词分别是"负责任地"及"可持续地"。

首先，看一下第二个关键词，即"可持续地"所要表达的意思是，企业为客户可持续地提供发展之所需，然后自己也可以实现可持续发展之所要。这显然是一个真知灼见，它暗含着前文所说的"利人"与"利己"的高级注解，其中的奥妙可以通过南苏格兰电力对这个关键词的进一步解读判断出来。事实上，如果少了其的这种解读，这个关键词也就成了多数企业经常喊的一句口号而已。而有了这种注解就不同了，经由这种注解，人们就可以看出这个关键词在南苏格兰电力的企业宗旨当中所占有的重要地位，并且可以感受的到它在这家公司实际运行过程当中能够发挥的强大影响力。

以下就是南苏格兰电力对该思想的解读：

Sustainability has been a stated core value of SSE for almost 10 years. It helps establish the right standards for how the business is run and is a driver of our broader strategic aims. We define this value as: Our actions and decisions are ethical, responsible and balanced, helping to achieve environmental, social and economic well-being for current and future generations. The most material challenges that SSE must respond to in a responsible and sustainable way are: playing its part in maintaining and developing a sustainable energy system for the UK and Ireland that keeps the lights on for everybody; decarbonising its electricity generation and ensuring the environmental impact of producing energy is minimized; ensuring energy costs remain affordable for consumers. These challenges are fully integrated into SSE's strategy and business operating model and our progress in responding to them can be found throughout SSE's 2015 Annual Report.

可持续发展是南苏格兰电力公司十年来既定的核心价值观，它有助于建立如何运营公司的恰当标准，并推动企业建立更为广阔的战略目标。我们把这种价值定义为：我们的行为与决定都是符合伦理标准的，是负责任的，也是均衡的，它有利于当下及今后的环境、社会和经济的良好发展。南苏格兰电力必须负责地持续地应对的实际挑战是：维持和发展可持续能源系统，确保英国和爱尔兰每家每户灯火通明；降低发电过程中的碳排放量，确保对环境造成的影响可以降到最低；确保客户可以承受的能源成本。这些挑战已经充分地融入南苏格兰电力的战略与经营模式当中，我们应对这些挑战的成效可在南苏格兰电力 2015 年的年报当中体现出来。

其次，看一下第一个关键词，即"负责任地"，南苏格兰电力对其也有着深刻的理解和安排，为此其还专门设计了一个"责任屋"。有了"责任屋"及其说明，读者就可以从中解读出南苏格兰电力在"负责任地"方面的匠心独运或者说是煞费苦心。

下面先看一下南苏格兰电力是如何描述这个"责任屋"的：

To help people see more clearly how a responsible approach is at the core of what SSE does, we have developed our 'Responsible House'. Our roof is SSE's long established core purpose, this is supported by our Sustainability value which is one of the six core values we have at SSE. Our aim is to make a positive difference to peoples' lives and we have identified nine core areas (bricks) which we think best demonstrate how we are doing this and our commitment to acting in a responsible way. You can find out more about each 'brick' by using the menu on the left. Our Foundation is what we consider our first responsibility—*Do No Harm*. This is the minimum that a responsible company that wants a sustainable future needs to deliver. This covers our commitment to working safely and ensuring we cause no harm to the immediate environment we are working in. Safety underpins *everything* we do in SSE. It is the first of our core values and quite simply, we do things safely or not all! Everything else we do in seeking to be a *Responsible* company is built on this foundation.

为了帮助人们更好地理解负责任的方式如何成为南苏格兰电力的核心宗旨，我们开发了我们的'责任屋'。我们的屋顶是南苏格兰电力长期以来形成的核心宗旨，它由我们的六个核心价值之一的可持续性价值支撑。我们的目标是使人们的生活产生积极的改变，为此我们划分了九个核心区域（像砖块形状的区域），这九个方面充分显示了我们是如何以负责任的方式践行我们责任的。左侧的菜单可以帮助我们更好地理解每一个具体的区域。我们的地基是我们的首要责任——不要产生伤害。这是任何一个负责任的公司想要持续发展的最低标准，这包括我们要安全负责地生产，不能对我们所在的工作环境造成任何伤害，要加强南苏格兰电力的所有方面的安全措施。这是我们所有核心价值观的重中之重，简单说来，就是要么不做，要么就安全地去做，其余之外所做之事是力求成为一家负责任的公司，这都需要建立在此基础之上。

图 1-1 就是南苏格兰电力的"责任屋"，作者从其公司网站上找到了这个图片，为了保持它的原初性，作者并没有在原图上对之进行翻译，也没有做出任何改动。

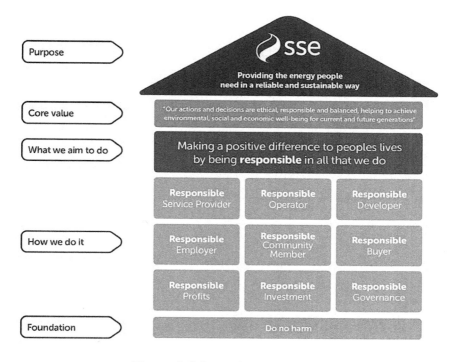

图 1-1　南苏格兰电力公司的"责任屋"

但是为了方便读者理解，在此还是要逐一地对其进行解读。

"责任屋"的屋顶就是它们所说的企业六个核心价值观之一的可持续性价值支撑，说得再准确一点就是"企业要以可持续的方式为人们提供可信赖的能源需求"（Providing the energy people need in a reliable and sustainable way）。

屋子的主体分为三个部分，第一个部分要说的是"我们的行为与决定都是符合伦理标准的，是负责任的，也是均衡的，它有利于当下及今后的环境、社会和经济的良好发展"（Our actions and decisions are ethical, responsible and balanced, helping to achieve environmental, social and economic well-being for current and future generations）。

第二个部分要说的是"通过负责任地做好我们工作的每一个方面来为人们的生活提供一个积极的改变"（Make a positive difference to peoples' lives by being responsible in all that we do）。

第三个部分就是划分出来的九个模块，按照由上及下和由左及右的顺序，南苏格兰电力所强调的应该负责任的内容与需要担当的负责任的角色分别如下。

（1）负责任的服务供应商、负责任的运营商、负责任的开发商、负责任的雇主、负责任的社区伙伴、负责任的采购商、负责任的利润、负责任的投资和负责任的管理（responsible service provider，responsible operator，responsible developer，responsible employer，responsible community member，responsible buyer，responsible profits，responsible investment，responsible governance）。

（2）屋子的地基就是前文所说的"不要产生伤害"（Do no harm）。

（3）而左面的五个模块由上及下分别包括企业宗旨、核心价值观、我们目标当中要做什么、如何去做和地基（purpose，core value，what we aim to do，how we do it，foundation）。

经由"责任屋"人们可以看出，南苏格兰电力对其在企业宗旨当中所提及的"负责任地"这个说法非常重视。除了重视以外，南苏格兰电力还非常注意落实，在这个"责任屋"当中除了提供落实的思想以外，还提供了落实的路线图。

## 1.7　森特理克集团的企业使命及其解读

### 1.7.1　森特理克集团的企业使命

以下是森特理克集团的企业使命：

We are an energy and services company. Everything we do is focused on satisfying the changing needs of our customers.

我们是一家能源和服务公司。我们所做之一切的重点就是要满足顾客不断变化之需求。

### 1.7.2　森特理克集团企业使命的解读

森特理克集团的企业使命在内容上重视顾客，在形式上采用一种常规的描述方式，即以简短的语言告诉人们它们是一家什么样的企业，这给人的感觉就是"中规中矩"。

"中规中矩"没有什么不好，可是在其公司网站上没有找到相关性的补充说明，这就让人感觉企业使命的介绍方式还不够完善，仿佛在说空话，或是在说大话。

根据人们对于这家企业的了解可知，他们没有说空话，也没有说大话，但是为什么还会给人留下如此印象呢？这其实也反向证明了一个公司的企业使命的重要性和系统介绍或说明这个企业使命的必要性。这种介绍或说明不仅对内可以帮助员工理解和掌握自家公司企业使命的内涵和要求,而且还可以对外帮助客户和社会了解和把握这家公司的企业追求与坚守原则。所以本书认为,对于简短概括企业使命的公司而言,给予简短的概括以充分的说明是很有必要的,也是绝对"不可或缺"的。

## 1.8　力拓集团的企业使命及其解读

### 1.8.1　力拓集团的企业使命

力拓集团的企业使命描述如下:

Rio Tinto is a leading global mining and metals company. Our focus is on finding, mining and processing the Earth's mineral resources in order to maximise value for our shareholders. We have the people, capabilities and resources to supply a world hungry for metals and minerals. Construction, communication, recreation, transport, healthcare and renewable energy: all these industries, and many more, rely on the products we supply.

力拓集团是一家全球矿产金属行业的领导性公司。我们企业发展的重点是找寻、开采和加工地球上的矿物资源,以力求实现股东利益的最大化。我们有人员、能力和资源以确保供应全世界对于矿物资源的需求。建筑、通信、娱乐、运输、保健和可再生资源这些行业,或者还有更多的行业都依赖于我们所供应的产品。

### 1.8.2　力拓集团企业使命的解读

根据前面所研究多家公司的企业使命得出的结论,力拓集团的企业使命描述符合本书所设定的规范。事实上,本书认为一个公司在描述其企业使命时可以有两种规范以供选择。第一种规范是用最为简短的语言概括性地说出这个公司应该成为什么样的企业,然后再用补充性的语句进行解读,前文中介绍的乐购公司和南苏格兰电力,以及后文将要介绍的金巴斯集团和 BAE 系统公司就是这样做的,如果少了这种补充性的说明即视之为不完整;第二种规范就是本节介绍的力拓集团和前文中介绍的汇丰银行、联合利华以及后文中要介绍的英格兰皇家银行集团所采用的描述方式,它们力求在不用补充性说明的前提下把公司是什么样的企业、在做什么样的事情，以及做事情的时候应该采用什么样的方法和坚持什么样的原则表述得非常清楚。

为什么要设定企业使命这样两种描述规范呢？在分析森特理克集团的企业使命时已经做过说明，其目的就是要确保它可以发挥对内和对外两种作用。针对于此，美国著名学者沙因（Schein）认为，企业文化是一个特定的群体发明、发现和发展的基础性的理念体系，它可以被用来解决这个群体组织的对外适应与对内整合的问题。

事实上包括沙因在内的一大批研究企业文化的美国学者都认为，企业文化产生的目的就在于解决企业发展过程中存在的两大问题，即对内整合资源的问题和对外适应环境的问题，这同时也是企业文化的两大重要作用。企业文化除了这两个重要作用以外，还有两个具体的作用，一个是影响既有企业成员的行为，另一个是影响新进企业成员的思想。正是因为企业文化有着这样两个"具体作用"作为基础，所以发挥其全面促进企业发展的两个"重要作用"，也就是说，解决了人的问题，解决了人的思想认识和精神动力的问题，那么一切问题都会迎刃而解。

作为企业文化最为重要内容的精神文化的第一构成要素，企业使命首当其冲要发挥以上所说的对外与对内的两个作用。而要有效、高效地发挥这两个作用，就必须在提炼、设计和表述它的内容时非常小心，既要在内容上把企业所需所想融入其中，又要在形式上让人们易懂、易记而且易于思考和使用。

总之，没有内容不可以，有内容表达不明确不可以，内容表达明确了可是人们记不住也不可以。

对于企业使命的描述是这样一种要求。

对于企业宗旨、企业愿景、企业精神、企业理念和企业价值观等精神文化的其他要素也要把握同样的要求。

## 1.9 苏格兰皇家银行集团的企业宗旨及其解读

### 1.9.1 苏格兰皇家银行集团的企业宗旨

We have a single, simple purpose—to serve customers well. This is at the core of our ambition to build a bank known for its consistent, high quality customer service. We want to be trusted, respected and valued by our customers, shareholders and communities.

我们拥有一个简单和唯一的目标，那就是要好好地为顾客服务。它是我们雄心勃勃地希望成为众所周知地、坚持不懈地为顾客提供高品质服务银行而要努力工作的核心目标，我们希望获得顾客、股东和社区的信任、尊敬以及珍视。

### 1.9.2　苏格兰皇家银行集团的企业宗旨的解读

分析苏格兰皇家银行集团的企业宗旨可知，它除了在形式上是本书所希望的描述规范以外，在内容上还可以给予其他企业不同于另外几家公司的参考。这种参考主要表现为，英格兰皇家银行集团对顾客格外重视，对此可以分做以下几个层面进行解读：

（1）苏格兰皇家银行集团强调了"顾客至上"的理论和"努力为顾客服务"的信念，这种强调本身具有普适性，但是其强调这个思想的语气却有一点与众不同，这代表着其对此不是一般性的强调，而是特别重视。

（2）苏格兰皇家银行集团把"服务顾客"与自己公司的"发展追求"紧密地连接在一起，并把"好好地服务顾客"视作实现公司追求的核心目标和重要手段，在明确企业发展方向的同时，还把"服务顾客"的工作提升到公司头等大事的地位。

（3）在界定与顾客、股东和社区的关系时，苏格兰皇家银行集团不是正面强调如何为这些群体创造和分享价值，而是把赢得他们的信任、尊敬和珍视作为奋斗的目标，这个目标同时也是苏格兰皇家银行集团的企业愿景。事实上，这样的目标表达不仅容易为外界所接受，而且它本身也是一个高大上的企业追求，对于一个有着这样追求的企业，苏格兰皇家银行集团本身就可以赢得他人的信任和尊敬。关于这一条，本书在第 2 章分析其公司企业愿景时还将做出进一步的解读。

## 1.10　金巴斯集团的企业使命及其解读

### 1.10.1　金巴斯集团的企业使命

以下是金巴斯集团的企业使命：

Our Mission—sets out how we are going to achieve this: Everyone in Compass is committed to consistently delivering superior service in the most efficient way, for the shared benefit of our customers, shareholders and employees.

我们的企业使命阐述我们将如何实现这一目标，即金巴斯集团的每一个成员都致力于始终如一地以最有效的方式提供优质的服务，这样做的目的在于和我们的客户、股东与员工分享共同的收益。

## 1.10.2　金巴斯集团企业使命的解读

分析金巴斯集团的企业使命可知，在内容描述上它还带有一点企业宗旨的性质，在行文之末界定了与客户、股东和员工之间的关系。此外，为了进一步说明金巴斯集团到底是一个什么样的企业，金巴斯集团还做出了如下一些补充性的说明，有了这些说明才可以帮助人们全面地认知金巴斯集团的企业使命。

We are the world's leading provider of food and support services. Millions of people around the world rely on us every day to provide their breakfasts, lunches and dinners and make their lattes and cappuccinos. We serve their sandwiches, vend their drinks and provide their hospitality services. Increasingly, our clients also count on us to run their reception and office services, clean their desks and their routine maintenance.

我们是世界上最主要的食品及配套服务供应商。世界上每天有成千上万的人在等着我们提供一日三餐，为他们准备拿铁和卡布奇诺等。我们做三明治，卖饮料并提供热情的服务。我们的客户越来越依赖我们，甚至接待、办公服务、打扫和日常养护工作也由我们来做。

金巴斯集团的企业使命中有两个关键词非常重要，一是"致力于"，二是"分享"，它们代表着一个积极向上的企业应该具有的状态。这种状态的具体表现就是"企业的每一个成员都致力于始终如一地以最有效的方式提供优质的服务"，然后就可以"和我们的客户、股东与员工分享共同的收益"。从正向的角度看，致力于提供最好的服务是前提，可以分享收益是结果；从反向的角度看，可以分享收益是目标，致力于提供最好的服务是手段。

有了这样一正一反两个方面的理解就可以知道为什么企业员工要为客户提供最好的服务：因为提供了最好的服务以后就可以分享收益，所以每一个员工都于此获得了致力于努力工作的动力，而能够提供这种动力是一个公司之企业使命必须要担当的任务。

以上针对员工的分析逻辑同样适用于企业的客户和企业的股东，它内含的还是利于与利己的辩证关系。

除了以上解读以外，以下还有一些关于金巴斯集团的细节性描述，它们已经跳出了企业使命的范畴，但是记录于此可以帮助读者更加全面地了解金巴斯集团，并可以基于此更加深入地把握金巴斯集团企业使命的内涵。

Our vision is to be a world-class provider of contract foodservice and support service, renowned for our great people, our great service, and our great results. We employ more than 500,000 people in around 50 countries. We serve around 4 billion meals a year.We work in more than 50,000 client locations. You'll find us serving customers in offices and factories; schools and universities; hospitals and senior living communities; major sports and cultural venues; and remote mining camps and offshore platforms. 90 of Fortune 100 companies are our clients. We are passionate about great food - for example, two of our restaurants in the UK hold Michelin stars. As an example of our expertise in Education, we serve more meals to university students in Australia than any other provider.

我们的企业愿景是成为世界一流的签约食品和配套服务供应商，并因出色的员工、优质的服务和卓越的成效而为世人所知。我们在大约 50 个国家里拥有 50 万名员工，每年提供约 40 亿顿餐点服务。我们有 5 万多个供应点。我们在不同的地方为顾客服务，如办公室、工厂、学校、大学、医院、敬老院，主要的体育文化场馆，甚至遥远的开采营地或海上平台。《财富》排行榜前一百名中有 90 家公司是我们的客户。我们热衷于优质食物，如我们在英国的两家公司都是米其林星级餐厅。作为教育领域的专业示范企业，我们在澳大利亚为各个大学提供的餐点远多于其他供应商。

## 1.11　BAE 系统公司的企业使命及其解读

### 1.11.1　BAE 系统公司的企业使命

以下是 BAE 系统公司的企业使命：

To deliver sustainable growth in shareholder value through our commitment to Total Performance.

确保股东利益可持续增长是我们一以贯之的使命，为此我们会全力以赴地去追求企业总体绩效的发展。

### 1.11.2　BAE 系统公司企业使命的解读

如果基于企业宗旨的视角来分析 BAE 系统公司企业使命描述的话，那么可以认为该企业使命设定是不成功的，因为它只是单方面强调了股东的利益而忽视了其他方面的人群，这样的企业使命让人感觉"只有股东才是最重要的，股东的利益高于一切"。

可是单纯从企业使命的角度进行分析就不同了，因为企业使命所界定的内容往往就是企业所最看重的事情，而不一定是考虑所有能够影响和关联企业发展的要素。事实上，很多的企业都是最看重股东利益的。因为看重，所以就会把股东写入企业使命当中。当然也有很多企业认为对于公司而言，最重要的不是股东，而是顾客，于是其就把对顾客的重视写入公司的企业使命，这方面最典型的例子就是前文所说的森特理克集团，其企业使命就是在内容上以重视顾客为主。

此外，从表述规范上，BAE 系统公司的企业使命描述缺少补充性的说明，这让外人无从知悉其为什么认定股东的利益最为重要，也不清楚为了确保股东的利益，BAE 系统公司是如何全力以赴地去追求企业总体绩效发展的。而一个既让企业内部员工学得会，也让外部人员看得懂的企业使命描述才是理想的企业使命界定。

# 第2章 英国杰出公司的企业愿景与企业战略

## 2.1 基本情况介绍

基于在《4S 企业文化与 7P 绩效管理及其互动影响研究》和《企业一体化管理系统》两本书当中所得出的研究结论，再结合中国企业的实际特点以及中国文化对于各个公司企业文化的影响，可以将一个具体企业的精神文化分成六个方面，并把它们称做精神文化六要素，这六要素分别是企业使命、企业愿景、企业宗旨、企业核心价值观、企业精神和企业理念。

但是在西方大国当中，尤其是以英语为母语的美国、英国、澳大利亚和加拿大等国的企业精神文化里，它们有一些说法与这种分类是不完全相同的。对此作者已经在《4S 企业文化与 7P 绩效管理及其互动影响研究》和《美国杰出公司企业文化研究》当中做过全面的分析。

在此涉及企业战略的内容时，也存在着这种现象，具体表现为如下两个层次。

（1）这些国家的杰出公司有时会把企业战略也列入企业精神文化的范畴，甚至有的企业直接使用企业战略来代替企业愿景的描述。

（2）这些国家的杰出公司于企业文化当中所提及的企业战略与中国企业常说的战略规划、战略目标并不相同，它们多数是一些理念性的描述，而非数字性的设计。

无论是使用企业战略之名，还是描述"战略目标"之实，既然西方大国的企业习惯于将之归入精神文化第二大要素里，那么本书也就把它们视作企业愿景一起进行研究，并可以形成这样的判断，即企业愿景是一个公司在全生命过程当中都要追求的企业战略，企业战略是一个公司在相对时间里全员都要共同努力追求的企业愿景。

前面一章重点研究了英国杰出公司的企业使命，如果说企业使命是企业长期的或是终其一生发展方向的话，那么企业愿景就是这个企业长期发展方向上最为重要的目标或者说是唯一的目标。正是因为企业愿景所具有的这种长远目标的属性，所以才会有许多企业把它的作用等同于企业战略，尤其是等同于企业的长期战略发展目标。

如果细究起来，把企业战略等同于企业愿景行不行呢，这要从两个角度看：

（1）如果把非常具体的"企业战略规划"和具体的"企业战略目标"视为企业愿景的话，那样做是不可行的。依照中国企业的做法，一个具体的战略规划通常只具有五年而最多也就具有十年的指导意义，它们界定的多数是阶段性的目标和任务，当这些目标和任务在规划的年份里完成了以后，这个既定的战略规划也就失去了作用。如果把企业愿景等同于这样的战略规划或这样的战略目标的话，那么随着这些战略规划和战略目标的消失，既定的企业愿景也要消失或随之而发生改变。但事实上，作为企业精神文化第二大要素的企业愿景是不能随意改变的，有的企业终其百年或几百年的发展历史都不曾变动过其企业愿景。

（2）如果一个企业的企业战略尤其是它的总体性战略具有理念指导的意义，同时它的这种指导作用又是非常深远的，是可持续的，那么就可以将它视同企业愿景的地位，并发挥企业愿景的替代作用。

除此之外，企业愿景的表述方式每个企业都不一样，有的企业直接一些，有的企业间接一些，有的企业远大一些，有的企业具体一些，还有的企业喜欢把企业使命和企业愿景放在一起考虑，也有的企业会以企业价值观来代替企业愿景的作用。

本书认可在企业愿景表述上必须保持不同企业自身的特点和风格，但是却不主张以其他方面的内容来替代企业愿景的作用。如果从企业文化系统性的角度看，企业愿景与企业使命以及企业价值观毕竟有所不同，所以还是应该专门进行界定为好。

表 2-1 展示的是企业愿景于企业精神文化当中的地位，表 2-2 展示的是企业愿景在整个"4S"企业文化当中所担当的角色。

**表 2-1　企业精神文化六要素之企业愿景**

| 精神文化 | 精神文化的细分内容 |
| --- | --- |
| **S2：精神文化**<br>**直验文化** | S2-1：企业使命 |
| | **S2-2：企业愿景** |
| | S2-3：企业宗旨 |
| | S2-4：企业核心价值观 |
| | S2-5：企业精神 |
| | S2-6：企业理念 |

**表 2-2　企业愿景在 4S 企业文化当中的地位**

| 企业文化 | 企业文化的 4S 构成 | 4S 企业文化内容细分 |
|---|---|---|
| **4S 企业文化结构及其构成内容** | S1：表象文化 直感文化 | S1-1：物质表象文化 |
| | | S1-2：行为表象文化 |
| | | S1-3：制度表象文化 |
| | **S2：精神文化 直验文化** | S2-1：企业使命 |
| | | **S2-2：企业愿景** |
| | | S2-3：企业宗旨 |
| | | S2-4：企业核心价值观 |
| | | S2-5：企业精神 |
| | | S2-6：企业理念 |
| | S3：亚文化 直接文化 | S3-1：分公司文化 |
| | | S3-2：子公司文化 |
| | | S3-3：部门文化 |
| | | S3-4：团队文化 |
| | | S3-5：小组文化 |
| | S4：在生成文化 直生文化 | S4-1：未界定的亚文化 |
| | | S4-2：未确定的精神文化 |

　　为了方便读者从整体上了解这 10 家英国杰出公司对企业愿景和企业战略进行界定和描述的具体情况，本书基于能够找到的资料画出下表以供参考。从表 2-3 当中可以看出，在这 10 家英国杰出公司当中，明确提出自己企业愿景的公司有乐购、汇丰银行控股公司、联合利华、力拓集团、苏格兰皇家银行集团、金巴斯集团和 BAE 系统公司；明确提出自己企业战略的有英国石油公司、乐购、汇丰银行控股公司、联合利华、南苏格兰电力、森特理克集团、苏格兰皇家银行集团和金巴斯集团。

**表 2-3　英国杰出公司企业愿景与企业战略界定情况统计表**

| 企业名称 | 企业愿景 | 企业战略 | 企业愿景与企业战略 |
|---|---|---|---|
| 英国石油公司 | | 有 | |
| 乐购 | 有 | 有 | 都有 |
| 汇丰银行控股公司 | 有 | 有 | 都有 |
| 联合利华 | 有 | 有 | 都有 |
| 南苏格兰电力 | | 有 | |
| 森特理克集团 | | 有 | |
| 力拓集团 | 有 | | |
| 苏格兰皇家银行集团 | 有 | 有 | 都有 |
| 金巴斯集团 | 有 | 有 | 都有 |
| BAE 系统公司 | 有 | | |

事实上，表 2-3 同时也是这一章的研究路径。通过对这些公司企业愿景与企业战略的研究要达成两个目标：第一个目标是梳理内容，也就是梳理这些公司的企业愿景与企业战略的内容及其重点，以为处于相同或相近行业的企业提供企业愿景与企业战略内容上的选择；第二个目标是总结方法，也就是要梳理这些公司在设计企业愿景和企业战略方面的经验，以为处于不同行业的企业提供一种企业愿景与企业战略生成的路径和参考。

## 2.2　英国石油公司的企业战略及其解读

### 2.2.1　英国石油公司的企业战略

以下是英国石油公司的企业战略以及从其字面上所理解到的相关核心思想。

We aim to create value for our investors and benefits for the communities and societies where we operate. We are pursuing our strategy by setting clear priorities, actively managing a quality portfolio and employing our distinctive capabilities. We prioritize value over volume by actively managing a high-value upstream and downstream portfolio. We aim to create share-holder value by growing sustainable free cash flow and distributions over the long term.

我们的战略是致力于为我们的投资者创造价值，使我们所在的社区和社会因为我们而受益。为了实现我们的战略，我们必须建立自己的突出优势，充满活力地管理我们高质量的投资组合，并且发展我们与众不同的能力。我们积极管理一个高价值的上游和下游的投资组合。我们的目标是通过可持续的现金流动与长期分配创造可以分享的价值。

### 2.2.2　英国石油公司企业战略的解读

分析英国石油公司的企业战略可知，无论是它的表达方式，还是借助这种表达方式所陈述的具体内容，都与本书所认可的一个公司应该具有的企业愿景描述规范非常一致。正是基于这一点，在这里读者就可以把英国石油公司的企业战略视作这个企业的企业愿景，或者可以把英国石油公司"企业战略"当中的第一句话，即"我们的战略是致力于为我们的投资者创造价值，使我们所在的社区和社会因为我们而受益"当做这个公司的企业愿景设定，而把后面的内容当做对它的补充性说明。在第 1 章里作者曾经介绍过，在描述企业文化之精神文化六要素时可以采用的表述规范有两种：第一种是简短的概括加补充性的说明；第二种是力争用简洁和充分的语言一次性把要表达的内容完全说清楚、讲透彻。而英国石油公司的这个企业愿景分开来时符合第一种规范的要求，合起来时又符合第二种规范的要求，所以本书认为它是比较理想的关于企业愿景的表述方式。

如果单纯从内容上来看的话，英国石油公司的企业战略很像是这个公司的企业宗旨。因为在英国石油公司的网站上没有找到明确的企业宗旨界定，所以在第 1 章的研究过程当中，作者曾经以其"我们是谁"的相关内容来进行替代，这个替代的企业宗旨是如此说的，即我们旨在以安全负责的方式来满足不断增长的能源需求并为股东创造长期的价值。我们力求成为世界级的运营商、有责任心的企业公民和优秀的雇主。在这个替代的企业宗旨当中明确了企业对股东的责任，对自身的要求，以及与社会和员工之间的关系。

这样的界定符合企业宗旨的要求。

然后再看英国石油公司在此提出的企业战略，"我们的战略是致力于为我们的投资者创造价值，使我们所在的社区和社会因为我们而受益"，它同样也是在回答企业如何处理与相关利益者之间的关系这样的问题，其中的相关利益者包括了投资方、社区和社会。

因为有了这样的界定，所以它也可以等同于英国石油公司的企业宗旨。

在这个企业宗旨当中，不仅说明了企业应该处理与哪些相关利益者之间的关系，而且还回答了应该如何处理与这些相关利益者之间的关系，"为了实现我们的战略，我们必须建立自己的突出优势，充满活力地管理我们高质量的投资组合，并且发展我们与众不同的能力。我们积极管理一个高价值的上游和下游的投资组合。我们的目标是通过可持续的现金流动与长期分配创造可以分享的价值"。所以从表述形式和表达内容上看，它都比前面替代的企业宗旨还要更加完善。

虽然可以把英国石油公司的企业战略当做这家公司的企业愿景，但是作为企业精神文化之一的企业愿景通常不会跟进具体的工作细节，那不是它要涵盖的范畴。而作为一个公司的企业战略则不同，它是一定要跟进相关性的管理细节的，以英国石油公司的企业战略为例，它就跟进了五个方面的具体描述和工作要求，这五个方面包括：

（1）突出企业的战略优势。

（2）营造高价值的投资组合。

（3）全面培育自己的独特能力。

（4）重视上游发展战略。

（5）强调下游发展战略。

这五个方面的工作既可以视为英国石油公司实现自己企业愿景的基础，也可以看做英国石油公司实现自己企业宗旨的保证，但更重要的它是细分了的企业战略目标。

任何一个企业在制定自己的企业战略时，都必须要设计出企业发展的重点目标，这是肯定的。当这个重点目标是唯一的目标而且具有极其长远的指导意义时，它就会变成这个企业的企业愿景。

任何一个企业在战略发展的不同阶段都要设计出具体的目标，这也是肯定的，由这些具体目标支撑所形成的就是这个企业的发展路径。

任何一个企业为了实现不同阶段的战略目标以及企业整体的企业愿景都要明确企业战略在各个方面的发展重点，这同样也是肯定的，它所支撑形成的就是一个企业的战略性的发展格局。英国石油公司这五个方面的战略重点工作要发挥的就是这种作用。

### 2.2.3　英国石油公司企业战略的重点工作之一：突出企业的战略优势

突出企业战略优势是英国石油公司的第一个战略重点，针对这项工作，英国石油公司先给出了一个总体性的描述，然后又配上了三个方面的细节说明。

首先是对这个重点工作的总体描述：

First, we aim to run safe, reliable and compliant operations—leading to better operational efficiency and safety performance. We target competitive project execution to deliver projects as efficiently as possible. Making disciplined financial choices focused on capital and cost discipline allows us to maximize free cash flow and increase the resilience of our portfolio to changing price environments.

首先，我们着力于安全、可靠、守法地运营，这样我们的生产效率和安全绩效会更高。我们要做有竞争力的项目，并尽可能高效地完成。遵章守法的财政选择主要是指资金和成本的合法选择，这可以使得我们的流动资金最大化地发挥作用，并在不断变化的价格环境中提高投资组合的弹性。

其次是这个战略重点的三个细化内容，它们也可以视为对以上总体描述的具体解读：

（1）Safe, reliable and compliant operations

We prioritize the safety and reliability of our operations to protect the welfare of our workforce, local communities, and to improve the efficiency of our operations.

This also helps preserve value and secure our right to operate around the world.

（1）安全可靠守法地运营

我们的重中之重是安全可靠地运营，这样可以保障我们的劳动者和当地社区的利益，提高我们的经营效率，同时也有助于保证我们创造价值及确保我们在世界范围内运营的权利。

分析一下英国石油公司的这一个战略细节，从中可以给予其他企业的启示是其对企业运营所持有的态度，那就是首先要安全，其次要可靠，最后是要守法。为什么要这样运营呢，用它的话讲就是"只有这样，公司的生产效率和安全绩效才会更高"。它为什么会这样说呢，这与其公司的性质有关，无论是石油的开采和生产，还是运输和储藏，安全性都是排在第一位的，有了安全才能够可靠，而守法运营又为这种安全性提供了不仅仅是物理上的保障，而且还有更加安全和更具可持续性的发展环境。

事实上，安全、可靠和守法是一个企业运营的最为基础性的要求，在此英国石油公司将之提升到了一定的战略高度进行强调，这表达了公司对此的重视之情。

（2）Disciplined financial choices

We rigorously screen our investments and work to keep our annual capital expenditure within a set range. Ongoing management of our portfolio helps ensure focus on more value-driven propositions. We balance funds between shareholder distributions and investment for the future.

（2）严格的金融选择

我们积极审视投资状况，努力使我们每年的资金支出控制在固定范围之内。对资金组合不间断的管理可以确保我们的重点放在有价值的提案上。在股东基金分配和未来投资方面我们力求平衡。

分析英国石油公司的这一个战略细节可知，在其企业文化当中有重视稳定和平衡的思想，这其实也是任何一家成熟的公司和有志于成为成熟公司的企业需要格外关注的内容。

现代企业快节奏的发展给人们不间断地进行创新提供了机会和空间，但是对于成熟的企业而言，创新不等于冒进，积极进取也不等于可以无视风险。

大多数能够做到百年以上的企业，都会在其发展过程当中形成这种既积极又稳妥的企业文化，这种思想对于那些一时高歌猛进，但最终却昙花一现或后继无力的企业而言是一种宝贵的借鉴。

（3）Competitive project execution

We seek efficient ways to deliver projects on time and on budget, from planning through to day-to-day operations. Our wide-ranging project experience makes us a valued partner and enhances our ability to compete.

（3）有竞争力的项目执行

我们寻求以高效的方式使我们的项目从计划到日常运营都能及时地在预算范围内完成。广泛的项目经验使我们成为有价值的合作者并增强了我们的竞争力。

分析英国石油公司的这一战略细节可以提供的经验如下：

（1）战略重要，战略执行更重要，再好的战略如果得不到有效地和高效地执行也只会成为空中楼阁，中看不中用。

（2）战略执行是一个严肃的过程，它必须坚持全过程管理的思想，而不能做虎头蛇尾的事情。

（3）重视每次项目的认真执行是培育和积累企业竞争力的关键，每一个项目就如同盖房子的砖头一样，它的质量可以确保房子的质量，而它们不断的积累可以确保的是房子的高度和使用年限。

## 2.2.4  英国石油公司企业战略的重点工作之二：营造高价值的投资组合

营造高价值的投资组合是英国石油公司第二个战略重点，以下是这个重点工作的总体性描述：

We undertake active portfolio management to concentrate on areas where we can play to our strengths. We focus on high-value upstream assets in deep water, giant fields, selected gas value chains and unconventional. And, in our downstream businesses, we plan to leverage our upgraded assets, customer relationships, brand and technology to continue to grow free cash flow. Our portfolio of projects and operations is focused where we believe we can generate the most value, using our commercial agility and technical capability. This allows us to build a strong pipeline of future growth.

我们实施积极的投资组合管理以集中精力在我们的优势领域大展拳脚。我们关注高价值的上游资产，它们通常处于深水、广袤地区、精选燃气价值链上或一些非传统行业里。在下游企业，我们筹划利用更新资产、客户关系、品牌技术来持续地增加自由现金流。在项目投资与运营组合方面，我们关注依据我们的商业灵敏度和技术能力而产生更多效益的领域，这让我们可以建构通向未来的强大通道。

以下是这个战略重点的三个细化内容，其中第一个细化内容可以为众多的处于不同行业的企业提供借鉴，而其他两个细节则可以为处于相同行业的企业提供参考。因为后面两个细节只可以为同行业的企业所参考，所以在此要重点分析的是第一个方面的细节。

（1）Source future growth

We target opportunities with the greatest potential to increase value, using our commercial agility and technical capability. This allows us to build a strong pipeline for future growth.

（1）未来发展之源

我们以巨大的潜能借助我们的商业敏感度和技术能力去关注机遇从而可以增加价值，这让我们可以建构通向未来的强大的通道。

分析英国石油公司的这一个战略细节，从中可以梳理出四个关键词，这四个关键词可以给其他企业提供无限的联想。

第一个关键词是"商业敏感度"，这是身处快节奏发展时代当中的企业可以具备的必杀之技，有此一技便可以确保企业能够紧跟时代发展的要求，并及时把握时代发展所创造出来的层出不穷的机遇。

第二个关键词是"技术能力"，这是任何一个企业今日可以发展和明日也能不断发展的重要基础，是任何一个企业都可以不遗余力地追求的事项。

第三个关键词是"关注机遇"，它的前提就是第一个关键词所强调的"商业敏感度"加第二个关键词所强调的"技术能力"，既有商业敏感度，又有技术能力的企业才能时时把握住机遇而不会经常地与机遇失之交臂。

第四个关键词是"通向未来"，它所反应的是一个企业可以大发展的真正具有战略性的思想。

除了这四个关键词以外，在这句话的开头与结尾还有两个重要的内容，一个是"巨大的潜能"，一个是"强大的通道"。"巨大的潜能"源自于企业的积累，有了这样的积累再加上中间四个关键词即"商业敏感度"、"技术能力"、"关注机遇"和"通向未来"所代表的努力就可以成就企业今日可以大发展，明日可以发展得更好的"强大通道"。

（2）Focus on high-value upstream assets

We are strengthening our portfolio of high-return and longer-life assets-across deep water, giant fields, gas value chains and unconventional-to provide BP with momentum for years to come.

（2）关注高价值上游资产

我们不断加强高回报和长期资产项目的组合，它们往往在深水、广袤地区、精选燃气价值链上或一些非传统行业里，它们可以为英国石油公司未来几年的发展提供动力。

（3）Build high-quality downstream businesses

We benefit from our high-performing fuels, lubricants, petrochemicals and biofuels businesses. Through premium products, powerful brands and supply and trading, Downstream provides strong cash generation for the group.

（3）创建高质量的下游企业

我们从高绩效的燃料、润滑油、石化和生物燃料业务获益，通过优质产品、强势品牌和供给与贸易，下游企业为集团创造了强大的资金。

## 2.2.5 英国石油公司企业战略的重点工作之三：全面培育自己的独特能力

全面培育自己的独特能力是很多企业的战略发展目标，它同时也是英国石油公司第三个战略发展重点，以下是这个重点工作的总体性描述：

Our ability to deliver against our priorities and build the right portfolio depends on our distinctive capabilities. We apply advanced technology across the hydrocarbon value chain, from finding resources to developing energy-efficient and high-performance products for customers. We work to develop and maintain strong relationships-with governments, partners, civil society and others-to enhance our operations in more than 70 countries across the globe. And the proven expertise of our employees comes to the fore in a wide range of disciplines.

我们能否充分利用优势和建立恰当的投资组合取决于我们与众不同的能力。

我们在烃价值链产业中采用先进的技术为客户寻找资源、开发高效能源和高性能产品。我们努力发展和保持同政府、合作伙伴、民间团体以及其方面人员之间良好的人际关系，以提高我们在全球 70 多个国家的运营水平。我们员工久经考验的专业性使他们站到了更为广泛的学科前沿。

以下是这个战略重点的三个细化内容，它们所解读的是支撑英国石油公司独特能力的三个要素，这三个要素分别是先进的"技术"，企业与各个方面所建立和保持的良好合作"关系"，以及富有专业知识的"员工"。

在《企业一体化管理系统》当中曾经分析过企业核心能力的五个类型，这五种核心能力分别是通过研究开发形成的核心能力、借助经营管理形成的核心能力、注重专业化的生产形成的核心能力、通过营销和品牌管理生成的核心能力、通过销售和流通生成的核心能力。无论是哪一种核心能力，支撑它们得以形成的最主要的因素首先是企业的员工，其次是企业员工所掌握的技术和技能，以及由企业内部向外生成的各种良好关系。对于这种认识可以在英国石油公司的以下企业战略细节当中得到清楚地证明，并可以为众多的公司所采纳以成就自己企业的发展之路。

（1）Advanced technology

We develop and deploy technologies we expect to make the greatest impact on our businesses—from enhancing the safety and reliability of our operations to creating competitive advantage in energy discovery, recovery, efficiency and products.

（1）先进技术

我们开发并应用我们期望可以给我们的业务带来重大影响的技术，它们可以提高我们运营的安全性和可靠性，而且还可以帮助我们创造在资源开发、恢复、效率及产品等方面的竞争优势。

（2）Strong relationships

We aim to form enduring partnerships in the countries in which we operate, building strong relationships with governments, customers, partners, suppliers and communities to create mutual advantage. Co-operation helps unlock resources found in challenging locations and transforms them into products for our customers.

（2）友好关系

我们力图与所在各国的合作者建立持久的伙伴关系，同政府、客户、合作商、供应商和社区建立良好的关系以创造互补的优势。共同的合作可以有利于开发不太容易开发地区的资源，并把它们变成客户所需之产品。

（3）Proven expertise

Our talented people help us to drive our business forward. They apply their diverse skills and expertise to deliver complex projects across all areas of our business.

（3）众所周知的专业性

我们才华横溢的员工推动我们的企业不断向前发展，他们运用自己多样性的技术和专业知识解决我们在各个业务领域当中遇到的各种复杂的项目问题。

## 2.2.6　英国石油公司企业战略的重点工作之四：重视上游发展战略

英国石油公司的主要战略是在世界上重要的盆地进行平衡组合投资，安全可靠地工作并同时维持资金纪律和高质运营以传递价值。

为了谋求这种战略发展，英国石油公司将其产业分布在石油行业的各个链条上，其中上游部门负责公司石油和天然气的开采、油田开发和生产环节的活动；中游部门负责运输、储存和加工；下游进入销售和买卖天然气的市场，这包括液化天然气和天然气液体。事实上，这样的分工在这样的行业里没有什么特别之处，几乎每一个大型的石油企业都是这样做的，但不同的是于每一个环节里各个公司的工作重点和努力方向会有差别。

其中，英国石油公司在其产业链的上游方面就采用了与其他企业不同的技术模块分类法，以在全球进行开采、开发和生产，这些模块及其工作的重点分别如下：①开采模块负责评估、开发和评价更新的资源；②油藏开发模块负责每一个油田的资源投资组合管理；③全球油井组织和全球项目组织主要负责安全、可靠、合法地运营主要的项目；④全球运营组织主要负责安全、可靠、合法地生产和运营所有的项目。基于这几个技术模块，公司在 12 个区域尽最大可能地优化和整合生产活动，并由全球功能体系在技术、金融、采买、供应链、人力资源和信息技术等方面提供专业支持。此外公司还强调，"我们积极地管理投资组合，把更多的重心投放在能获取更大利益的油田上，注重这些油田的评估、开发和生产，当然也包括那些有可能取得最多现金流的方面。对于那些不能创造更多价值的资产，我们就会将其变卖，这可以使我们更专注于领导力、技术资源和组织能力，以便于更加专注地发展可以使我们获得更大利益的资源"。

英国石油公司为了确保上游战略得以实现，特别强化了以下几个条件，这几个条件事实上也是公司在发展过程当中应该把握的几个原则，这些原则对于所有行业的企业都具有重要借鉴意义。以下是这几个条件的具体内容：

（1）持续关注安全性、可靠性和对风险的系统管理。

（2）价值优先于总量，不断地关注执行状况、经营成本和业务交付状况。

（3）在平衡的组合投资机遇中理性投资，主要投资于深海、燃气价值链、广袤地区和其他非传统领域。

（4）以效率和可靠性的改善为渠道来实现具有竞争力的运营资金成长，主要体现在运营和资金投资两个方面。

（5）以互信、互利和对所运营盆地的深入了解为基础建立良好的互动关系。

## 2.2.7　英国石油公司企业战略的重点工作之五：强调下游发展战略

英国石油公司下游部门负责全球的生产和营销，公司生产和以服务为导向的部门由以下三部分业务组成：

（1）燃料——包括冶炼厂、燃料营销、零售便利店业务以及全球油品供应和贸易，这些业务构成了企业的燃油价值链。"我们出售包括汽油、柴油和航空燃料在内的各种精炼石油产品。"

（2）润滑油——在全球生产、销售润滑油、其相关产品及服务，通过品牌、技术和与外包合作商的合作关系来增加其价值。

（3）石化产品——生产、销售和配送主要由英国石油公司专有技术生产的产品，这些产品又为其他厂家所用，制造颜料、塑料瓶和纺织品之类的基本的消费者所需产品。"我们同时把这种技术授权给第三方。"

英国石油公司在这三个业务方面的总体指导思想也可以分做如下三个方面进行解读：

（1）我们的目标是在领先品牌和自有技术的支持下，在我们所有的业务领域安全可靠地生产并创造出高品质的产品和服务，以此来满足顾客的需求。

（2）我们的战略目标是将重点放在高品质的投资组合上，这种投资组合旨在如预估的每桶净收益一样，应该获得更多的回报率和营运现金流量。

（3）我们的战略纪律严格，这有助于提高我们的基础业绩，形成更能应对外部环境变化影响的弹性业务，这是英国石油公司下游业务的目标——确保可靠的现金流来源。

以下是英国石油公司在下游业务发展方面的五个战略重点：

（1）Safe and reliable operations—this remains our first priority and we continue to drive improvement in personal and process safety performance.

（1）安全可靠地运营——这是重中之重，我们坚持不懈地努力以争取不断地提高个人安全绩效及加工过程的安全性能。

（2）Advantaged manufacturing—we continue to build a top-quartile refining business by having a competitively advantaged portfolio underpinned by operational excellence that helps to reduce exposure to margin volatility. In petrochemicals we seek to sustainably improve earnings potential and make the business more resilient to a bottom of cycle environment through portfolio repositioning, improved operational performance and efficiency benefits.

（2）优势生产——我们会不断地通过具有竞争优势的投资组合以建立高分位数精炼业务，这种投资组合由日常运营绩效所支持，可以降低利润波动带来的风险。在石化产品方面，我们力图增加可持续的潜在收入，并通过投资组合再定位、改良的运营绩效和有效率的收益等方式，使我们的业务在到达循环环境底部时具备更强的反弹能力。

（3）Fuels and lubricants marketing—we invest in higher-returning businesses with reliable cash flows and growth potential.

（3）燃料和润滑油营销——我们以可靠的现金流和较好的增长潜力投资于较高回报率的业务领域。

（4）Portfolio quality—we maintain our focus on quality by high-grading of assets combined with capital discipline.

（4）投资组合品质——我们通过高品质的资产与严格的资本运营之有机组合以持续关注投资质量。

（5）Simplification and efficiency—we are embedding a culture of simplification and efficiency to support performance improvement and make our businesses even more competitive.

（5）简单化和效率化——我们将一种简单化和效率化的文化深植于人心，以此来促进业绩提升并使我们的业务更具竞争性。

## 2.3　乐购公司的企业愿景与企业战略及其解读

### 2.3.1　乐购公司的企业愿景及其解读

以下是乐购公司的企业愿景，它是依据公司的企业宗旨而提出的远大发展目标。乐购公司的企业宗旨是，"了解对于每位股东，尤其是我们的客户和当地社区至关重要的事项，这是我们成功的关键"。而乐购公司的企业愿景是：

Wherever we work, we want to help make life a little easier for our customers, colleagues and communities.

在我们工作的任何地方，我们都致力于帮助顾客、同事和社区过上更便捷的生活。

基于乐购公司的企业愿景再回头看其企业宗旨可知，在其企业宗旨当中所提及的对于客户和当地社区至关重要的事项就是要致力于帮助他们过上更加便捷的生活。

此外，分析乐购公司的企业愿景，它不是一个具体的目标，而是一个指导性的理念，这是西方英语系国家之企业最喜欢使用的关于企业精神文化的描述方式，很多企业基于这样描述的企业愿景和企业使命作为指导思想经营企业达几百年之久。

为了更具体地说明这种现象，可以再次参考几家美国杰出公司的"企业愿景"描述：

（1）埃克森美孚石油公司的企业愿景。

"埃克森美孚公司激励人们在我们所处的行业的各个领域都要保持领先的优势，那就要求我们公司的各种资源包括财务、管理、技术和人才都能够得到合理地使用以及正确的评价。"

（2）雪佛龙公司的企业愿景。

"企业愿景是雪佛龙之路的核心，那就是要成为一个全球化的能源公司，让全世界的人们因为这个公司的员工而敬佩，因为这个公司的合作伙伴而赞扬，因为这个公司的卓越的绩效表现而喷服。"

（3）JP 摩根大通的企业愿景。

"在我们要做和将做的所有事情当中，有一个目标是最为重要的，那就是要不断地提高我们客户的体验。我们会经常回顾曾经努力的经历，但目的是为了有一个可以更好地服务客户的全新的视角，为了做到这一点，在每一个我们确定要进入的领域，我们都会做得更好，都要稳步地获得提高。"

（4）波音公司的企业愿景。

"我们努力工作，为了成就公司在航空航天工业领导者的地位。"

结合这几家美国企业的实例，再看一下乐购公司的企业愿景可知，这样的愿景描述具备两个方面的特点借得学习：

第一是以"利他"的思想作为主要的指导，关于这一点前面第 1 章之第 4 节已经做过分析。

第二是于其中表现出了满满的自信和坚定的壮志雄心，这样的特点是非常重要的，也只有具备这样特点的企业愿景才能发挥鼓舞士气的作用。

事实上，每一个企业的企业使命、企业宗旨和企业愿景都应该具备这样两个特点，它们同时也是建构和描述一个公司之企业使命、企业宗旨、企业愿景、企业价值观和企业理念的路径之一。

### 2.3.2    乐购公司的企业战略及其解读

以下是乐购公司的企业战略，与其企业愿景和多数英国杰出公司的企业战略描述一样，乐购公司的企业战略表述也具有理念指导的特点，而且它与公司的企业愿景一脉相承，并与公司的企业宗旨前后呼应。

Wherever we work, we want to help make life a little easier for our customers, colleagues and communities. Our business was built with a simple mission: to help everyone who shops with us enjoy a better quality of life and an easier way of living.

在我们工作的任何地方，我们都致力于帮助顾客、同事和社区过上更便捷的生活。我们的业务建构于这个简洁的企业愿景之上，即让每一位在我们这购物的人和我们一样可以享受更高品质的生活和以更简易的生活方式进行生活。

为了更方便企业的员工理解这一战略所要表达的思想，同时也为了让外部人员更加清楚地认知公司的这一企业战略之内涵，乐购公司对之又进行了较为详细的解读，具体内容如下：

Over the years, we've worked to do this by offering more and more people the chance to buy quality food and goods easily and affordably. While there are many views about the role of supermarkets in society, we firmly believe that the value we have created for customers has helped to enrich their lives. In delivering our mission, we simultaneously seek to create value for local communities, the environment and wider society. We tackle the issues which our customers care about and which are material to our business—for example making it easier for customers and colleagues to live healthier lives; reducing food waste and tackling food poverty; and working with our suppliers to source responsibly and develop sustainable supply chains.

数年来，我们努力工作以致力于让更多的人有机会以更容易的方式以及更低廉的价格购买到高品质的食物和商品。尽管人们对于超市这一角色在社会中的定位有诸多看法，但是我们坚定地相信我们为顾客创造的价值更有利于丰富其生活。在履行这一使命过程当中，我们同时致力于为当地社区、所在的环境和更为广阔的社会创造更多的价值。我们解决顾客关心的问题，这是我们的立身之本——让顾客生活得更容易，让同事生活得更健康；减少食物浪费，解决食物短缺问题；与我们的供应商合作共同承担寻求和发展可持续供应链的责任；等等。

分析乐购公司对于其企业战略的补充性说明可以很容易地看出，它一方面紧密地围绕着企业战略的核心思想，另一方面又对这种思想进行了深入的分析，如此做法采用的是前面提到的两种关于企业精神文化表述规范的第二种表达方式，它的特点是既让人们容易记住其内容，又可以帮助人们真正地理解其所要表达的诉求。

从企业战略的具体内容上来看，乐购公司关注的是三个方面的人群，在这三个方面人群当中，顾客无疑是企业关注的重点，"我们解决顾客关心的问题，这是我们的立身之本"。有了这样一个态度以后，其他的事情就是方法选择的问题。而态度决定行动，只要有了正确的态度就不怕找不到合适的方法，关于这一点对于任何一个企业都是适用的。在选择方法时，乐购公司紧扣其企业使命的要求，即"帮助每一个到我们这里购物的人可以享受到更高品质的生活和更容易的生活方式"。

由乐购公司的企业战略分析可以做一点延伸性的思考能够得到如下一个结论，即任何一个企业在设计其企业精神文化六要素时，都要考虑它们之间的相互关系，既要让它们之间互相支持，又要确保每个要素可以独立发挥作用。下面统一回顾一下乐购公司的企业使命、企业宗旨、企业愿景和企业战略，读者可以非常明确地从中感受到乐购公司对于以上所说之结论的把握。

"乐购公司的企业使命：帮助每一个到我们这里购物的人可以享受到更高品质的生活和更容易的生活方式。

乐购公司的企业宗旨：了解对于每位股东，尤其是我们的客户和当地社区至关重要的事项，这是我们成功的关键。

　　乐购公司的企业愿景：在我们工作的任何地方，我们都致力于帮助顾客、同事和社区过上更便捷的生活。

　　乐购公司的企业战略：在我们工作的任何地方，我们都致力于帮助顾客、同事和社区过上更便捷的生活。我们的业务建构于这个简洁的企业愿景之上，即让每一位在我们这购物的人和我们一样可以享受更高品质的生活和以更简易的生活方式进行生活。"

## 2.4　汇丰银行的企业愿景与企业战略及其解读

### 2.4.1　汇丰银行的企业愿景及其解读

以下是汇丰银行的企业愿景：

Our objective is to be the world's leading and most respected international bank. Our purpose is to be where the growth is, connecting customers to opportunities. We enable businesses to thrive and economies to prosper, helping people fulfil their hopes and dreams and realise their ambitions.

　　我们的目标是成为世界领先和最受推崇的国际化银行。我们的宗旨是将客户与机遇连接在一起以获取成长。我们有能力让业务蓬勃发展、经济繁荣，并帮助人们实现其愿望、梦想与抱负。

　　分析汇丰银行的这个企业愿景可知，在它的第一句话当中明确提出了自己企业的长远发展目标，那就是要成为世界领先的国际化银行，而且这个银行还要受到广泛的推崇。如此描述最符合一个公司之企业愿景的要求和特色。

　　分析其后面的两句话，则是紧扣其企业使命提出的，在其企业使命当中是这样描述的："贯穿于我们的历史，我们一直在把客户与机遇联系起来向上发展。我们确保生意兴隆和经济繁荣，帮助人们实现他们的愿望、梦想和他们的抱负，这是我们的角色和目标。"根据这两句话与其企业使命的对比，可以进一步验证前面分析乐购公司的企业战略时所得出的结论，即任何一个公司的企业愿景和企业战略都应该与其企业使命和企业宗旨一脉相承，前后呼应。说到企业宗旨，在汇丰银行的网站上并没有找到相关性的资料，而在这里，在汇丰的企业愿景描述当中，其中的第二句话所言及之思想可以视为这家公司企业宗旨的总体描述，"我们的宗旨是将客户与机遇连接在一起以获取成长"。

　　此外，汇丰银行的这个企业愿景除了具备理念指导的作用以外，也体现了一种"利他"主义的设置。事实上，利他的意识、契约的意识、服务的意识和价值的意识是一个企业最应该看重的四个思想，把这些思想融入企业文化之精神文化的各个方面就会给企业注入可以持续不断地发展的活力与动力。

青岛鑫光正公司就是这样做的，企业文化以及企业管理的工作因此而开展得非常成功。

在这四个思想当中，尤其是"利他"的思想最应该体现在企业使命、企业宗旨、企业愿景和企业的价值观当中。利客户者，利他一也，客户得利，企业才能受益且可以持续地获利；相反地，不利于客户之行为，或者不能长期地有利于客户的业务最终必将被客户所抛弃。利员工者，利他二也，只有员工能够从企业的发展当中得利，这样才能确保他们此时效力，他日依然也尽力；相反地，如果员工不能够从企业的发展当中获利，而只是拿一份不变的工资的话，那么他们能否为企业尽力或是尽全力就要取决于其个人的觉悟和做人的态度了。在《六韬三略论管理》当中得出的结论是：可得小利者，员工尽小力；可得大利者，员工尽大力；员工于企业发展过程当中不能得利时，则不会出力也。利股东与合作伙伴者，利他三也，有了他们的强力支持，企业才能获得大发展之基础；相反地，如果企业之发展不能利于股东和合作伙伴，甚至是在伤害股东和合作伙伴的利益时，这个企业的发展就不用再谈什么未来了，因为那样的行为无异于"涸泽而渔"和"杀鸡取卵"，其结果定然是再无可渔之鱼，再无生卵之鸡也。利社区、社会和环境者，利他四也，有此等之利他，才有实现企业社会责任之可能；而企业实现了自己所肩负的社会责任以后，就可以获得社会的认可与信任，这是此时也成长，他日也进步的重要保证。

在西方杰出公司里，大多数的企业注意到了这一点，也于其精神文化当中把握了这一条，这是它们过去辉煌，未来也可以再辉煌的前提。有鉴于此，中国的企业在提炼和设计自己的精神文化时一定也要重点借鉴这四个思想，并且要严格地把握"利他"才是真正"利己"的发展理念。

## 2.4.2　汇丰银行的企业战略及其解读

以下是汇丰银行的企业战略。

We have developed a long-term strategy that reflects our purpose and distinctive advantages: （1）A network of businesses connecting the world: HSBC is well positioned to capture international trade and capital flows. Our global reach and range of services place us in a strong position to serve clients as they grow from small enterprises into large multinationals. （2）Wealth management and retail with local scale: we aim to make the most of opportunities arising from social mobility, wealth creation and long-term demographic changes in our priority growth markets. We will invest in full-scale retail businesses in markets where we can achieve profitable scale.

　　我们制定长期战略，它可以体现我们的企业宗旨和特有优势：（1）联通世界的业务网络：汇丰银行有一个很好的定位那就是积极参与世界贸易和资金流动。我们遍及全球的服务地域和范围广泛的服务业务让我们有足够的力量可以帮助我们的客户，在它们从小型企业发展成为强大的多元化公司的全过程为之提供服务。（2）注重财富管理和地方规模的零售业：我们力求最大化地把握社会流动性、财富创造和在我们的优先增长市场长期人口变动所带来的机会。我们将在能实现一定利润规模的市场全面投资零售行业。

　　以上所说之汇丰银行的企业战略已经非常具体，但是针对如此具体的企业战略公司又做出了进一步的解读和细化：

The international flow of goods, services and finance continues to expand, helped by the development of technology. Of the world's top 30 economies, we expect those in Asia, the Middle East and North Africa to grow about threefold by 2050. This growth is bringing millions of people into the global middle class, especially in Asia. Meanwhile, the world's population aged 60 and above will more than double from less than one billion in 2015 to more than two billion by 2050. HSBC is one of the few truly international banks. We have an unrivalled global presence with access to more than 90 per cent of global GDP, trade and capital flows. Our network connects faster-growing and developed markets. We have a diversified universal banking model that supports a strong capital and funding base, reduces our risk profile and volatility, and generates stable shareholder returns. These are distinctive competitive advantages. Since 2011, we have materially transformed our business in line with our strategy. At our Investor Update in June 2015, we outlined plans to further reshape our business. We will redeploy resources to capture expected future growth opportunities and adapt to structural changes in the operating environment. We have set out a series of actions to be completed by 2017. Read about our progress towards completing these actions as reported in our annual results in February 2016.We aim to achieve a return on equity of more than 10 per cent by 2017, with momentum for higher returns in the future. We aim to grow business revenues faster than operating expenses on an adjusted basis. We are also committed to delivering a progressive dividend. Prospective dividend growth remains dependent upon the long-term overall profitability of the Group and delivering further release of less efficiently deployed capital. Actions to address these points are core elements of the Investor Update provided last June. Delivering these priorities will create value for our customers and shareholders and contribute to the long-term sustainability of HSBC. In the process, we shall maintain a robust, resilient and environmentally sustainable business in which our customers can have confidence, our employees can take pride and our communities can trust.

　　在技术发展的不断推进下，商品、服务及金融的全球性流动不断扩大，作为世界排名前 30 的企业，我们希望到 2050 年在亚洲、中东及北非的业务量可以翻三倍。这种增长可以促使全球尤其是亚洲上百万人进入中产阶级行列。与此同时，世界 60 岁及以上人口数量增长会超过一倍，即从 2015 年到 2050 年，60 岁及以上人口数量会由十亿增长到二十亿。汇丰银行是为数不多的真正意义上的国际化银行，我们的业务与全球 90% 的 GDP、贸易和资金流动有关，这是其他银行所难以匹敌的。我们的业务网络遍及发展较快的发达市场，拥有多种多样的全球银行经营模式，这种模式可以强有力地提供资金基础，降低各种波动风险，创造稳定的股东回报率，这些都是我们特有的竞争优势。从 2011 年开始，我们大力改革我们的业务，使其与我们的战略保持一致。2015 年 6 月，根据更新的投资者数据，我们制订计划重新规划我们的业务。我们将资源重组以抓住未来发展的机遇和适应运营环境中产业结构的变化。我们启动了一系列新的行动计划，这些举措将于 2017 年完成，在 2016 年 2 月的年度报告中你可以获悉这些举措的最新发展动态。我们力争到 2017 年使股东获得超过 10 百分点的回报率，并且在未来得到的回报更多；我们力求在调整基数的基础上使年收益更快地超过营业开支；我们致力于实现渐进式股息红利，这种红利独立于集团的长期总体收益率，并且要进一步释放闲置资本。这些举措是解决去年 6 月更新投资者数据中所提问题的核心元素。解决这些首要问题可以为我们的客户、股东创造更多的价值，并且对汇丰银行的长期可持续发展至关重要。在此过程中，我们企业将保持强劲有力的和利于环境的可持续发展势头。因此，客户会对我们有信心，员工会为我们自豪，同时我们也会赢得社区的信任。

　　以上是汇丰银行对自己企业战略的解读，不仅可以帮助人们全面理解其企业愿景和战略发展的走向，而且还有助于人们了解和掌握这家公司的企业使命和企业宗旨。前文提到过，在汇丰银行的网站上并没有找到其关于企业宗旨的说明，而在这个补充性的解读行文之末所表达的思想正是其企业宗旨的具体内容。如果把这句话与前面企业愿景当中的第二句话合并到一起，那就是一个完整的企业宗旨界定：

"我们的宗旨是将客户与机遇连接在一起以获取成长。让客户会对我们有信心，让员工因为我们而自豪，同时我们也会赢得社区的信任。"

## 2.5 联合利华的企业愿景与企业战略及其解读

### 2.5.1 联合利华的企业愿景与企业战略

与前面几家公司不同的是，联合利华的企业愿景与企业战略是紧密连接在一起的，在这两者之间，企业愿景是主导，企业战略是补充，企业愿景的内容很简洁，企业战略的内容也很简练。下面可以分别看一下这两个方面的内容。

首先看一下联合利华的企业愿景：

Unilever has a simple but clear purpose-to make sustainable living commonplace. We believe this is the best long-term way for our business to grow.

联合利华有一个简单但清晰的目标，那就是制造可持续的生活用品，我们相信这是确保我们企业长期发展的最好途径。

其次再看一下联合利华的企业战略：

We've built a strategy to help us achieve our purpose of making sustainable living commonplace. To realize our vision we have invested in a long-term strategy of categories and brands that deliver growth to the benefit of all stakeholders.

我们建立了与实现制造可持续生活用品这一企业目标相应的企业战略，为了实现企业愿景，我们对一些项目和品牌进行了长期的战略投资，以此来实现所有股东利益增长的目标。

### 2.5.2 联合利华企业愿景与企业战略的解读

如果把联合利华的企业愿景与企业战略合并到一起，就可以形成这家公司非常清晰的发展思路：联合利华是一家制造可持续生活用品的公司，为了更好地为客户提供服务，企业对一些项目和品牌进行了长期的战略投资，以此来实现所有股东利益增长的目标。

此外，正如前文所说，一个企业之精神文化的各个要素往往都是一些概括性的理念，它们通常具有全面的指导意义，而不会关注细节。但是，为了帮助企业员工和外部人员理解这些极具概括性的思想，企业必须对此做出补充性的说明。

联合利华作为一个成熟的公司，它们当然明白这一点，所以它们对其企业愿景进行了非常深入的解读，这种解读不仅可以帮助人们理解其企业愿景要表达的诉求，而且同样可以从中看出"利他"然后"利企"的思想。

以下为其公司关于企业愿景的具体解读以及基于这种解读本书所融入的进一步解读的内容。

依据多家杰出公司经营管理企业的经验可知，明确的企业目标和运营模式的专业性有助于实现公司的企业愿景，加速企业的发展，与此同时还会减少公司发展对环境所造成的冲击，以及增加公司对社会的积极影响。如此理念被联合利华注入到了"联合利华可持续生活规划"当中。他们认为：跨专业知识和对各种当地文化的了解使得公司可以为大量的顾客提供广泛的产品，同时企业也会不断加强同新兴市场的联系，因为公司坚信这对于企业的未来发展至关重要。公司在这个方面的具体做法是：通过其全球影响力，鼓励人们每天都采取一点点行动，并相信这种作为可以使世界大不相同。为此，公司 CEO 保罗·波尔曼说："我们不可以对这个世界所面临的挑战视而不见，我们必须直接且积极地应对挑战，我们坚信只要我们这么做，那就一定可以创造出一个更加公平和更加可持续发展的世界"。在这个思想指导下，公司认为企业必须做出改变，"联合利华可持续发展计划"正是要为这种改变勾画出可以持续发展的蓝图。

联合利华致力于支持可持续发展的理念，并为全球客户提供其所需要的看着好、觉着好并能让他们能更好地享受生活的产品。公司通过下面的例子来证明不同的品牌是如何秉承这些原则的：①为了达到最好的口腔卫生效果，口腔护理品牌 Signal and Close-Up 鼓励孩子们每天早晚都要刷牙，企业为此还特意与世界牙医联盟合作以此来支持世界范围内的口腔卫生规划方案。②像 Omo and Persil 这样的品牌可以帮助父母明白一个非传统的观念，即"脏也不是坏事"，孩子们可以通过玩耍学会很多东西，最后使用高效的洗涤用品，溅在衣服上的泥点、染上的草迹都是很容易就可以清洗掉的。③联合利华同世界粮食计划署合作，启动了"共同举力，创造活力儿童"的倡议，以此将关于营养方面的专业知识带到世界上最贫困的一些国家。④联合利华旗下的凡士林发布了一款凡士林皮肤护理基础产品，对皮肤状况进行研究。而 Lifebuoy 这款香皂一直致力于开发世界市场，在 2013年，其促销活动使得一款手洗香皂在全世界 53 个国家 2 亿的使用者中大受欢迎。⑤Dove 公司的"真正美女"广告活动中选用了现实中的女性而不是模特，这个公司同时还启动了"Dove 自尊基金"来教育和鼓励成千上万的年轻女性。⑥夏士莲头发护理品牌同世界最先进的毛发专家合作共同创造了专门用来治疗脱发、干枯或自来卷等头发问题的配方。⑦Close-Up 牙膏为新兴市场的消费者提供了价格低廉的口腔护理解决方案，这样可以使他们口腔健康并更具信心。⑧联合利华致力于在尽量减少对地球环境影响的基础上扩展业务，同时要确保每一品牌的供应链都能够尽量做到这一点。洗衣品牌如碧浪等都启动了"洁净地球计划"，来鼓励消费者改变洗衣习惯、减少用水、节约能源。⑨立顿红茶支持非洲可持续森林管理计划。从持续性伦理来讲，联合利华一些品牌的原料来源需要特别授权，而立顿红茶就是其中之一，它需要雨林联盟的专门授权，而 Ben & Jerry's 各种口味的冰淇淋中所含的 Fairtrade 香草和杏仁，也需专门授权。"我们所需的原材料一半以上来自于农业和林业，所以我们要努力致力于确保我们的关键谷物具备百分之百的可持续性。"

分析以上解读可知，它们所关注的细节都是围绕公司企业宗旨当中所提及的"制造"、"可持续"和"长期"等关键词进行的，而且全面验证了公司的企业愿景和企业战略当中所包含的最为核心的思想。有了这样一些细节介绍，就可以帮助人们深入地理解联合利华于其发展过程当中所坚持的目标与方向。

除了以上解读以外，在联合利华的公司网站上还找到了其针对企业愿景所界定的一些关键词和发展思路，具体内容如下：

**Growing the business** *业务扩展*

● Sales 销售
● Margin 利润
● Capital efficiency 资本效益

**Improving health and well-being** *提高健康和良好的生活状况*

● Nutrition 营养
● Health and hygiene 健康与卫生

**Enhancing livelihoods** *加强生活质量*

● Fairness in the workplace 公平的工作环境
● Opportunities for women 女性机遇
● Inclusive business 全面的业务

**Reducing environmental impact** *减少环境的不利影响*

● Greenhouses gases 温室气体
● Water 水

- Waste 废物
- Sustainable sourcing 可持续来源

**Portfolio choices 资产组合选择**

- Category choices 种类/品种选择
- Active portfolio management 积极的投资组合管理
- Building a Prestige business 建立优势业务

**Brands and innovation 品牌与革新**

- A focused approach to innovation 关注革新的具体方式
- Driving efficiency and margins 促进效率与利润
- Increased investment in digital marketing 增加在数字化营销方面的投资

**Market development 市场发展**

- Routes to market 市场路径
- Emerging markets 新兴市场
- E-commerce 电子市场

**Agility and cost 敏捷性与成本**

- Zero-based budgeting 零基预算
- Manufacturing base and overheads 生产基地与管理费用
- Leveraging scale 举债经营规模

**People 人员**

- Attracting talent 引进人才
- Developing talent 开发人才
- Values-led and empowered 价值观驱动和赋能

**Consistent 一致性**

- We deliver consistency in underlying sales growth, core operating margin and free cash flow by continuously investing in our supply chain, our brands and marketing, our people and IT.

我们通过不断地在供应链、品牌、营销、员工和 IT 方面进行投资，以确保在销售增长、核心经营利润和自由现金流方面的稳定发展。

**Competitive 竞争性**

● By investing in innovation we can grow our market share while also seeking to enter new markets and new segments.

通过对创新的投资，我们可以扩大我们的市场份额，同时可以寻求增加进入新的市场和新的细分市场的可能性。

**Profitable**

● We seek continuous improvement in our world-class manufacturing to drive cost savings and higher returns, providing extra fuel for growth as cash is redeployed in new strategic opportunities.

我们不断地加强世界级的制造业，以此来降低成本并提高回报率，加力于现金使之为新的战略机遇提供动力。

**Responsible 责任感**

● Growth that's responsible involves having a positive social impact and reduced environmental footprint, which is the essence of the USLP and is essential in protecting and enhancing our reputation.

基于对社会产生积极的影响并减少对环境的不利影响而负责的增长，才是"联合利华可持续行动计划"的核心，同时这也是维护和加强我们声誉的关键。

## 2.6 南苏格兰电力的企业战略及其解读

### 2.6.1 南苏格兰电力的企业战略

与前面几家公司一样，南苏格兰电力的企业战略也是紧扣其企业宗旨提出的，以下是其部分描述：

SSE's core purpose is to provide the energy people need in a reliable and sustainable way. Keeping the lights on requires investment. SSE currently invests £1.5bn a year and employs 20,000 people in order to develop and maintain the UK's energy infrastructure. SSE operates and invests in a balanced range of energy networks, retail and wholesale businesses, with a focus on the long term and our six core values.

南苏格兰电力的核心目标是以可靠、可持续的方式为人们提供所需的能源。要保持灯光常明需要投资，南苏格兰电力目前一年投资 15 亿英镑并雇用 2 万人来开发和维护英国的能源基础设施。南苏格兰电力经营和投资的能源网、零售和批发业务发展平衡，其重点落在长期发展和六个核心价值方面。

### 2.6.2　南苏格兰电力企业战略的解读

关于南苏格兰电力的企业战略，除了以上内容以外，在其公司的网站上并没有找到更多的细节描述。此外，因为南苏格兰电力的企业战略是紧扣其企业宗旨提出的，所以也可以基于前面第 1 章对于其企业宗旨的分析来理解和把握其企业战略的内涵。

## 2.7　森特理克集团的企业战略及其解读

### 2.7.1　森特理克集团的企业战略

以下是森特理克集团的企业战略，它的战略重点聚焦在为客户服务方面：

Our strategy is about satisfying the changing needs of our customers. Serving our customers is what we are known for, what we are good at and where we have distinctive capabilities.

我们的战略是满足客户不断变化的需求，我们之所以为世人所知，我们之所擅长及我们之与众不同能力的体现都在于服务于客户这一点上。

### 2.7.2　森特理克集团企业战略的解读

分析森特理克集团的企业战略所关注的重点可知，它看上去更像是在介绍该公司的企业使命，该公司的企业使命是：我们是一家能源和服务公司，我们所做的一切的重点就是要满足顾客不断变化之需求。当然也可以换一个角度看，即森特理克集团的企业战略完全是为了配合公司的企业使命而提出的。在前文中介绍其企业使命时曾经认为，森特理克集团的企业使命缺乏一个补充性的说明，而于此处介绍公司的企业战略时，它们对之进行了比较详细的解读，这个解读也可以看做对其企业使命的补充。

在森特理克集团对其企业战略发展的解读当中，把重点内容归结为五个方面，它们分别如下。

（1）能源供应。

"为住宅和商业客户提供能源是森特理克的中心要务，我们拥有强势的品牌，有勇于奉献、细心体贴的团队为客户提供服务。我们通过改善客户服务，开发适当业务来留住客户、赢得客户，并提高各种业务效率以加能源供应。"

（2）能源服务。

"由各个领域 12 000 名工程师和技师组成的服务团队造就了我们独特领先的服务能力。我们将开发新的产品满足客户不断变化的需求来提高服务水平。"

（3）分布式能源与电力。

"分布式能源是一个重要的增长领域，森特理克集团为商业和工业客户提供所需的能源技术，其中包括能源效率、灵活发电、能源管理体系和诸如蓄电池等整合未来技术产品。我们将更关注中央发电业务，并结合其能力创造新的分布式能源与电力团队。"

（4）联通的家。

联通的家用产品如智能温控器或其他家用设备对客户越来越重要。森特理克集团在此领域能力超强，他们以其员工和技术优势远远胜出竞争对手。"我们将创建一个新的全球连接的家庭业务，投资于创新，建立我们的领导地位并扩大我们目前的市场"。

（5）能源营销与贸易。

"在液化天然气（LNG）领域，我们已经扩展了业务范围并提高了能力，创造了成熟的优化结构并具备了一定的风险管理能力。我们将以此为基础加强国际能源营销与贸易能力，不断发展我们在液化天然气贸易、优化和风险管理中的作用。"

## 2.8　力拓集团的企业愿景及其解读

### 2.8.1　力拓集团的企业愿景

以下是力拓集团的企业愿景以及针对这个企业愿景所做的描述：

The mining sector is facing very challenging market conditions. In response to these challenges, we have redoubled our focus on productivity, cost reductions and capital discipline across our business—squeezing the maximum possible returns from our existing businesses and ensuring only the best growth projects attract fresh capital. While others in the sector have embarked on similar paths, our early and decisive action in this area is bearing fruit. Financial strength has become a key differentiator in the sector, and our balance sheet remains strong relative to industry peers. Looking beyond the current challenges and uncertainty, the long-term outlook for the mining sector remains positive. In the period to 2030, we expect 220 million new urban residents in China alone. In India and ASEAN, current trends indicate that around 250 million people will urbanise over that same period. GDP growth in emerging Asian economies outside China is expected to average around five to six per cent per annum over the next 15 years. These factors drive demand for the minerals and metals we produce, as essential ingredients of modern life.

矿业部门的市场形势面临严峻挑战。为了应对这些挑战，我们在所有的业务当中加倍关注生产率，降低成本和资本约束——从现有的业务中挤压最大可能的收益以确保发展得最好的项目可以吸引新的资金。因此在这个行业其他人走上类似道路的时候，我们提早在这一领域当机立断的行动已结出累累硕果。资金实力已成为这一行业中的关键因素，相对于业内同行我们的资产负债表有一定的优势。虽然目前存在挑战，还有很多不确定性，但是从长远角度看，采矿业的发展仍是乐观的。到 2030 年，我们预计仅在中国就有 2 亿 2 000 万新的城市居民。在印度和东盟，就目前的趋势表明，大约有 2 亿 5 000 万人将在同一时期内实现城市化。除中国以外的亚洲新兴经济体，在接下来的 15 年 GDP 增长率预计为每年百分之五到百分之六。这些因素导致我们生产的矿物质和金属的需求可以成为现代生活的基本要素。

## 2.8.2　力拓集团企业愿景的解读

分析力拓集团的企业愿景可知，它不同于多数企业的相关性描述。多数企业在描述其企业愿景时往往会提出一个比较远大的目标，而力拓集团的企业愿景则更像是这个企业的工作方针和发展导向，其内容非常具体。在这个愿景描述当中，力拓集团从挑战与机遇两个方面分析了矿业部门的发展形势，并基于这种形势提出了企业非常具体的工作思路。

　　首先，力拓集团分析了矿业部门面对的市场压力，认为这个行业以及在这个行业当中发展的企业当前面临严峻挑战。为了应对这些挑战，力拓集团在所有的业务当中加倍关注生产率，降低成本和资本约束，其目的就是为了从现有的业务中挤压最大可能的收益以确保发展得最好的项目可以吸引新的资金。

　　这样的做法看上去并不像是企业愿景，但是为什么力拓集团还要把它当做愿景来看待呢，那是因为这样的做法并不是现在提出的，而是很久以前提出的。当力拓集团提出这样的工作愿景和工作思路时，其他企业还没有意识到这一点，所以其看上去非常具有前瞻性，而对于企业发展的前瞻性安排当然也就具有了企业愿景的特质。"在这个行业其他人走上类似道路的时候，我们提早在这一领域当机立断的行动已结出累累硕果。"

　　其次，力拓集团分析了矿业部门面对的市场机遇，认为虽然目前存在挑战，还有很多不确定性，但是从长远角度看，采矿业的发展仍是乐观的。为什么力拓集团对于采矿业会有如何乐观的预期呢，那是基于众多数据的分析，包括城市人口的增长，城市化进程的速度，新兴市场 GDP 的发展等。"这些因素导致我们生产的矿物质和金属的需求可以成为现代生活的基本要素"。而有了这样一个判断以后就可以生成企业未来可以更加快速地发展的美好愿景。

## 2.9　苏格兰皇家银行集团的企业愿景与企业战略及其解读

### 2.9.1　苏格兰皇家银行集团的企业愿景

以下是苏格兰皇家银行集团的企业愿景：

Our vision to be trusted, respected and valued by our customers, shareholders and communities.

　　我们的愿景是获得客户、股东和社会的信任、尊敬和珍视。

### 2.9.2　苏格兰皇家银行集团企业愿景的解读

　　分析一下这个愿景可知，它更像是苏格兰皇家银行集团的企业宗旨，或者说是对其企业宗旨的进一步强化，在这里它要回答的不仅是企业要处理好与客户、股东以及社会之间的关系，而且还用极其简练的语言说明了企业应该如何处理好与这些相关利益者之间的关系。为了更加清楚地进行对比，于此不妨回头再看一下苏格兰皇家银行集团的企业宗旨——我们拥有一个简单和唯一的目标，那就是要好好地为顾客服务。它是我们雄心勃勃地希望成为众所周知的坚持不懈地为顾客提供高品质服务银行而要努力工作的核心目标，我们希望获得顾客、股东和社区的信任、尊敬以及珍视。

经过比对可以发现，无论是在苏格兰皇家银行集团看似简短的企业愿景里面，还是在其企业宗旨的描述里，都提到了三个关键词，这三个关键词不是一般的定量说明，而是定性要求，由它们所承载的内容对于任何一个企业来说都是非常高的标准。第一个要求是赢得相关利益者的信任，这是一个很具挑战性的目标，为了实现这个目标，不仅要求企业必须做好基础性的服务工作，而且还要高瞻远瞩地为客户服务，让股东满意，且经得起社会的审视。第二个要求是赢得相关利益者的尊重，这个目标比获得他们的信任还有难度，但同时对于企业的战略性发展也更具引领作用，所以它才成为愿景内容的一个组成部分。第三个要求是赢得相关利益者的珍视，这种要求之下所内含的思想是相关利益者对于企业的不离不弃，有了这样一种珍视，企业就会与相关利益者结成休戚与共的命运共同体，从而可以实现企业雄心勃勃地希望成为众所周知的坚持不懈地为顾客提供高品质服务银行的核心目标。

### 2.9.3　苏格兰皇家银行集团的企业战略

苏格兰皇家银行集团的企业战略可以概括为"三更"，即更强大、更简洁和更公正，为什么要提出这"三更"的企业战略呢，那是因为：

We're changing our culture and priorities. We will be centered in the UK and Ireland and totally focused on giving our customers the best possible service. To do that we must become Stronger, Simpler and Fairer.

我们正在改变我们的文化和重点，我们将工作中心放在英国和爱尔兰，并且集全力于为客户提供最好的服务，为此目标，我们必须变得更强大、更简洁、更公正。

苏格兰皇家银行集团"三更"企业战略的具体内容如下：

（1）Stronger

We are working to ensure that our market leading positions in the UK and Ireland are underpinned by capital strength and a resilient technology platform.

（1）更强大

通过强大的资金和灵活的技术平台来努力确保我们在英国和爱尔兰市场的领先地位。

（2）Simpler

We are focusing on our strength in the UK and Ireland with ambitious targets to reduce costs, improve efficiency and be much simpler for our customers to do business with.

（2）更简洁

我们全力在英国和爱尔兰实现降低成本、提高效率、更简洁地为客户服务的远大目标。

（3）Fairer

Our ambition is to be the best bank for customers. A bank that can help small businesses grow. A bank that is clear and upfront. A bank that supports customers from all walks of life.

（3）更公正

我们的目标是成为客户心中最好的银行，一家可以帮助小企业成长的银行，一家业务明晰正直坦荡的银行，一家支持各行各业客户的银行。

### 2.9.4　苏格兰皇家银行企业战略的解读

分析苏格兰皇家银行集团的三更企业战略可知，它所强调的工作重点或者发展导向是更加强大、简洁和公正。其中，为了实现公司更加强大的目标所要借重的力量是资金和技术，有了资金和技术上的优势，"我们可以进行技术和使我们更具灵活性的项目投资"，"在为客户服务，以及得到客户信任和口碑相传方面，我们要独占鳌头"。简洁的要求是对内降低成本，对外简化为客户服务的程序并提高服务的效率，"我们正在变得效率更高，更易合作"。公正的要求是正直坦荡，可以全面地为各个行业当中的客户以及小企业提供金融支持，"我们支持企业发展和经济增长"。

这三个目标之间有着密切的关联性和逻辑性，其中强大是基础，而基础当中的基础是企业在资金和技术上的实力；简洁是一种能力的提升，它以公司的强大为保证；公正体现的是一种信心，这种信心建立在公司更加强大的实力和更受人欢迎的简洁服务之上。

## 2.10　金巴斯集团的企业愿景与企业战略及其解读

### 2.10.1　金巴斯集团的企业愿景及其解读

以下是金巴斯集团的企业愿景，它是作者见过的最为简短的企业愿景描述之一，英文是六个单词，翻译成中文是六个汉字：

Out what we want to be.

努力达成所愿。

以下就是金巴斯集团对自己公司六字企业愿景所做的补充性说明，从其字面上所表达的思想就可以解读出这家公司为什么要提出这样一个发展愿景，以及这个愿景对于这家企业的发展到底具有什么样的指导作用，"我们的愿景和价值观从字面上就诠释了金巴斯集团的精神和我们所代表的文化"。

To be a world-class provider of contract foodservice and support services, renowned for our great people, our great service, and our great results. Our Vision and Values capture in words the spirit of Compass and what we stand for. They guide the decisions, actions and behaviors of our people; are evidenced in our customers' experience of the service we deliver every day globally; and drive our performance and growth.

力争成为世界一流的签约食品服务和配套服务供应商，因为我们出色的员工、卓越的服务和丰硕的成果而著称于世。我们的愿景和价值观从字面上就诠释了金巴斯集团的精神和我们所代表的文化。这些愿景和价值观指导我们员工的决定、行动和行为，它们被我们在全世界范围内每天提供的服务所证明，并驱动着企业的绩效和公司的成长。

这个补充性的说明可以分做两个部分，第一个部分回答的是企业要努力达成的是什么"愿"；第二个部分回答的是企业为了达成所愿努的是什么"力"。

结合这两个部分的补充性说明回头再看一下金巴斯集团的六字企业愿景，它又可以分成三层意思：

其一是努力。努力工作，努力经营，努力发展，努力成为世界一流的签约食品服务和配套服务供应商。

其二是达成。达成者，实现也，做到也，成功也，"这些愿景和价值观指导我们员工的决定、行动和行为，它们被我们在全世界范围内每天提供的服务所证明，并驱动着企业的绩效和公司的成长"。

其三是所愿。所愿者，目标也，愿景也，追求也，结果是因为企业出色的员工、卓越的服务和丰硕的成果而著称于世也。

如此简短的企业愿景描述再加上清楚的补充说明，既容易让人理解，也方便员工记忆，所以非常值得借鉴。

### 2.10.2　金巴斯集团的企业战略及其解读

以下是金巴斯集团的企业战略，它一方面是对公司企业愿景的强化，另一方面又指出了实现公司企业愿景的路径。

Our objective is to deliver value to our shareholders and customers by leveraging the benefits of being a Group to deliver structured and sustainable organic growth and achieve our vision to be a world-class provider of food and support services.

我们的目标是通过借助集团利益实现结构性的、可持续性的有机增长以实现和传递股东和客户的价值与利益，并最终实现成为世界一流食品和配套服务供应商这一企业愿景。

为了实现公司的企业战略，金巴斯集团又确定了企业战略发展的重点，为了方便读者可以更有层次感地去理解其具体内容，这里将其战略重点分成三个方面——一一进行介绍，而且在介绍的过程当中我们会尽量抽出其中具有普适性的内容，并使用共性的语言描述，以方便读者借鉴和参考。

（1）Developing our existing expertise and strengths in contract foodservice and a range of support services in those sectors and countries that have real prospects for growth, as well as providing the global capability necessary to support our growing international client base.

在那些发展前景看好的部门和国家，发展我们现有的在签约餐饮和广泛的配套服务方面的专长和优势，以及提供必要的全球运作能力以支持我们日益增长的国际客户群体。

这一条的核心思想包括四个方面：其一是选择前景看好的市场；其二是要发挥企业的专长和优势；其三是要为客户提供能力方面的支持；其四是要帮助客户群体发展。合此四个思想所表达的潜台词就是企业努力帮助客户达成所愿，然后企业就可以因此而实现自己的战略目标。

在这四个思想当中最为关键的是其中的第二条和第三条，也就是企业首先要有自己的专长和优势，然后才能发挥它们的作用，这是企业发展的前提；企业首先要有足够的能力，然后才能为客户提供运作能力方面的支持，这是企业发展的基础。有了这两条作为保证，选择前景看好的市场，帮助客户成功，达成企业所愿都是顺理成章的事情。

（2）Delivering the highest quality and service performance, whilst at the same time relentlessly driving to be the lowest cost, most efficient provider.

追求最佳品质和服务绩效，与此同时力争成为所耗成本最低而效率最高的供应商。

这一条的核心思想包括两个方面：其一是在目标设定上要追求最高的品质以及最具效益的服务；其二是在为客户服务时要追求最低的成本以及最高的效率。这两个思想所包含的四个"最级"的要求其中的潜台词是，既要做好自己，也要服务好他人，而其暗含的指导思想是：先在企业内部对自己提出要求，然后再向外积极呼应客户的追求。

（3）Setting the highest standards for corporate governance and responsible business practice, including all aspects of business conduct, health, safety and environmental practices.

制定最高标准以强化公司管理和负责任的业务实践，并且将之贯彻到所有业务的方方面面，如业务执行、健康、安全和环境等。

这一条的核心思想只包括一个方面，那就是在公司管理和业务实践的各个方面都要制定出最高的标准。这是企业的追求，但却不是企业发展的目标，企业发展的目标是要在关联业务的方方面面都能体现这种高标准的要求并能因此而生成企业与客户都需要的效益。没有高标准就没有高效率；没有高标准就没有可持续的高效益。

## 2.11　BAE 系统公司的企业愿景及其解读

### 2.11.1　BAE 系统公司的企业愿景

BAE 系统公司的企业愿景只有很简短的一句话，即：

To be the premier global defence, aerospace and security company.

成为首届一指的全球防卫、航空航天和安全保障公司。

以下是对 BAE 系统公司企业愿景的补充性说明：

We provide some of the world's most advanced, technology-led defence, aerospace and security solutions and employ a skilled workforce of some 83,400 people in over 40 countries. Working with customers and local partners, we develop, engineer, manufacture and support products and systems to deliver military capability, protect national security and people and keep critical information and infrastructure secure. Our culture focuses not on what we do, but on how we do it. If we focus on the how, the future that we wish to attain will follow. We have a culture of Total Performance; a commitment to the highest standards in every aspect of the way we do business. This is guided through four embodying elements: Customer Focus, Financial Performance, Programme Execution and Responsible Behavior.

我们提供世界上最先进的、技术领先的防卫、航空航天和安全解决方案，并在 40 多个国家雇用了 83 400 个技术人员。我们与客户和当地的合作伙伴一起开发、设计、生产和养护我们的产品和系统，以确保我们的军事能力、保护国家安定、人民安全，以及保护重要信息和基础设施的安全。我们的文化所关注的不在于我们做什么，而是怎么做。只要我们坚持关注这一点，我们所期盼的未来便终将到来。我们看重总体绩效文化；致力于所做之事的方式都坚持最高标准。为此公司要受到四个基础性要素的引导，它们分别是客户导向、财务业绩、项目执行和责任行为。

### 2.11.2　BAE 系统公司企业愿景的解读

分析 BAE 系统公司的企业愿景，它虽然只有非常简短的一句话，但却说出了公司所在的行业特点以及企业自身的发展要求。而对自身的要求，BAE 系统公司只用了一个词语进行概括，那就是"首屈一指"，这是任何一个企业在任何一个行业里进行打拼时都渴望实现的终极目标。

在补充性说明当中，为了实现 BAE 系统公司的终极发展目标，BAE 系统公司承诺"提供世界上最先进的、技术领先的防卫、航空航天和安全解决方案"。这一承诺既可以看做公司的发展方向，也可以看做对企业"首屈一指"这一发展目标的注解。事实上，也只有做到了这一点，公司才能当得上行业内"首屈一指"的称号，否则这个称号就只能是一句口号而已。

为了实现 BAE 系统公司的终极发展目标，BAE 系统公司的做法是"与客户和当地的合作伙伴一起开发、设计、生产和养护我们的产品和系统"。

与客户和当地合作伙伴共同进行努力，不仅可以充分利用它们的资源，而且还可以与它们结成利益共同体，有了这样一层关系的存在，BAE 系统公司的可持续发展就有了保障。而实现了这一目标以后，BAE 系统公司就可以做到从开发和设计到生产和养护全价值链的领先优势，从而"确保我们的军事能力、保护国家安定、人民安全，以及保护重要信息和基础设施的安全"。

这其实就是一个共赢的思想。

表达这个思想的这句话当中的主语可以换作任何一个有志向抱负的企业。

任何一个企业这样做了，都会加速它的成功。

为了实现 BAE 系统公司的终极发展目标，还有一些思想和要求需要进一步强化，为此 BAE 系统公司又提出了以下四点说明：

（1）公司的文化所关注的不在于企业做什么，而是要强调企业怎么做。"只要我们坚持关注这一点，我们所期盼的未来便终将到来。"这一条是在强调方法的重要，它所关注的重点是务实和行动。

（2）公司要看重总体绩效文化水平。这一条关注的是组织整体，看重的是企业的统一。

（3）公司致力于所做之事的方式都坚持最高标准。关于这一条可以参考前面一家公司即金巴斯集团对此的解读。

（4）公司要受到四个基础性要素的引导，它们分别是客户导向、财务业绩、项目执行和责任行为。客户导向是西方大国最看重的四大企业价值观之一；财务业绩要的是结果；项目执行强调的是务实和行动；责任行为既是发展的前提和基础，也是企业进步的要求和方向。

# 第3章 英国杰出公司的企业价值观与企业原则

## 3.1 基本情况介绍

如前所论，一个企业之精神文化应该包括企业使命、企业愿景、企业宗旨、企业核心价值观、企业精神和企业理念六个方面的要素。而且从严格意义上说，在一个公司完整的精神文化当中应该包括这六个方面的全部内容，一个也不应该少。

前面两章已经研究了其中的三个方面，即企业使命、企业愿景和企业宗旨以及由企业愿景延伸而来的企业战略，在此要研究的是第四个方面和第五个方面，即企业核心价值观和企业精神。

在西方大国当中，尤其是以英语为母语的美国、英国、澳大利亚和加拿大等国，在它们的企业精神文化当中是没有企业精神这个概念的，具体的原因在《美国杰出公司企业文化研究》当中已经做过分析，而且也得出了这样的一个结论，即关于企业精神的内容在这些国家的企业里被企业价值观或企业发展原则代替了，具体情况如表 3-1 所示。

**表 3-1　中国企业与西方大国企业关于企业精神文化的界定**

| | 中国企业 | 西方企业 |
|---|---|---|
| **S2：精神文化**<br>直验文化 | S2-1：企业使命 | S2-1：企业使命 |
| | S2-2：企业愿景 | S2-2：企业愿景 |
| | S2-3：企业宗旨 | S2-3：企业宗旨 |
| | **S2-4：企业核心价值观** | **S2-4：企业价值观** |
| | **S2-5：企业精神** | **S2-5：企业原则** |
| | S2-6：企业理念 | S2-6：企业理念 |

　　此外，按照作者的理解，核心价值观也是企业价值观的一个构成，只不过因为它比较重要而且在指导意义和影响价值上涉及的人员更多，所以中国企业习惯上称之为"核心"价值观，与核心价值观相对应的次级划分中国企业习惯上又不称之企业价值观而是企业精神；而在西方大国的企业价值观系列当中不是所有的企业都有"核心价值观"，甚至几乎没有企业提及"核心价值观"的说法，在它们的认识当中，排在第一位的价值观就应该发挥最重要和最为核心的指导作用。

　　在英国这 10 家杰出公司当中每一家企业都有自己特别设计的企业价值观（也就是通常意义上所说的企业精神），由此也可以看出英国企业对于企业价值观的集体重视。另外，从涉及企业的数量上来看，英国强调企业价值观的公司要多于美国，具体比较情况可见第 7 章的分析。

　　其中，英国石油公司的企业价值观有 5 个，乐购的企业价值观有 3 个，汇丰银行控股公司的企业价值观有 3 个，联合利华的企业价值观有 5 个，南苏格兰电力的企业价值观有 5 个，森特理克集团的企业价值观有 5 个，力拓集团的企业价值观有 6 个，苏格兰皇家银行集团的企业价值观有 4 个，金巴斯集团的企业价值观有 5 个，BAE 系统公司的企业价值观有 3 个。在这 10 家英国公司当中，设计企业价值观数量为奇数个的有 8 家，这与中国企业又形成了比较明显的差异。在中国企业当中一般会选择偶数个企业价值观也就是企业精神，而且一般是 4 个或是 6 个，之所以这样设计的主要原因在于中国的文化或是中国的文字表达习惯喜欢追求对仗。

　　此外还有两家企业补充说明了自己公司的企业发展原则，这两家公司分别是联合利华和金巴斯集团。其中联合利华所强调的企业原则有 14 个，金巴斯集团设计的企业原则有 5 个。

　　各个公司企业价值观以及部分企业之企业原则的数量可以统计为表 3-2。

**表 3-2　英国杰出公司企业愿景与企业战略界定情况统计表**

| 企业名称 | 企业价值观 | 企业原则 |
| --- | --- | --- |
| 英国石油公司 | 5 个 | |
| 乐购 | 3 个 | |
| 汇丰银行控股公司 | 3 个 | |
| 联合利华 | 5 个 | 14 个 |
| 南苏格兰电力 | 5 个 | |
| 森特理克集团 | 5 个 | |
| 力拓集团 | 6 个 | |
| 苏格兰皇家银行集团 | 4 个 | |
| 金巴斯集团 | 5 个 | 5 个 |
| BAE 系统公司 | 3 个 | |

正如前文所说，表 3-2 的目的不在于统计此书所研究之 10 家英国杰出公司到底有哪些企业明确提出了其公司的企业价值观或是企业原则，这样做的主要目的是要为本章的研究梳理一个分析路径。

以下内容就是按照这个表格当中所列之内容和顺序展开的。

## 3.2 英国石油公司的企业价值观及其解读

### 3.2.1 英国石油公司的五个企业价值观

在英国石油公司的网站上可以明确地找到其关于企业价值观的介绍，它们分别是安全、尊重、卓越、勇气和团队。"我们的五个价值观诠释了我们的一种共识，它们是对企业所坚信的，立志所做的和作为一个组织所追求目标的理解。"

事实上，在本书所研究的 10 家英国杰出公司之企业文化里，以及曾经研究的 10 家美国杰出公司的企业文化当中，在企业价值观这一要素上各个公司都有系统的论述，而且他们的企业价值观都是公开的，人们可以在他们公司的网站上随时找到相关性的资料。

以下是英国石油公司五个价值观的具体内容：

（1）Safety

Safety is good business. Everything we do relies upon the safety of our workforce and the communities around us. We care about the safe management of the environment. We are committed to safely delivering energy to the world.

（1）安全

安全是有价值的，我们所做之一切都依赖于员工的安全和周围环境的安全。我们关注于环境的安全管理，致力于安全地为世界输送能源。

（2）Respect

We respect the world in which we operate. It begins with compliance with laws and regulations. We hold ourselves to the highest ethical standards and behave in ways that earn the trust of others. We depend on the relationships we have and respect each other and those we work with. We value diversity of people and thought. We care about the consequences of our decisions, large and small, on those around us.

（2）尊重

我们尊重我们所在的世界，它始于对于法律法规的遵守。我们胸怀最高的道德标准，以获得别人信任的方式行事。我们依赖于现有的各种关系，彼此尊重，同时也尊重和我们一起工作的人。我们珍视不同的人、不同的思想，我们在意我们所做的决定，因为无论大小，都会对周围人产生影响。

（3）Excellence

We are in a hazardous business, and are committed to excellence through the systematic and disciplined management of our operations. We follow and uphold the rules and standards we set for our company. We commit to quality outcomes, have a thirst to learn, and to improve. If something is not right, we correct it.

（3）卓越

我们从事有风险的行业，通过运营中系统的自律的管理追求卓越，我们遵守和支持公司制定的规则、准则，并且关注质量结果，渴望学习和提高。如果有什么事情是错误的，我们必改之。

（4）Courage

What we do is rarely easy. Achieving the best outcomes often requires the courage to face difficulty, to speak up and stand by what we believe. We always strive to do the right thing. We explore new ways of thinking and are unafraid to ask for help. We are honest with ourselves, and actively seek feedback from others. We aim for an enduring legacy, despite the short term priorities of our world.

（4）勇气

我们所做之事并不容易。要得到最好的结果往往需要有面对困难的勇气，直言不讳，还要坚持信念。我们总是努力去做正确的事情。我们探索新的思维方式，勇于寻求帮助。我们对自己坦诚，并积极寻求别人的反馈。我们追求长久的传承，而不是短期的利益。

（5）One Team

Whatever the strength of the individual, we will accomplish more together. We put the team ahead of our personal success and commit to building its capability. We trust each other to deliver on our respective obligations.

（5）团队

无论个人的力量有多大，我们总是相信众人拾柴火焰一定会更高。为此，我们将团队置于个人功绩之前，且不断建设团队的力量。我们彼此相信以互相帮助实现各司其职之目标。

### 3.2.2　英国石油公司企业价值观的解读

如果想要全面地理解英国石油公司的企业价值观，首先要看一下一个公司之价值观应该表达的内容是什么。

前面说过，西方英语系大国杰出公司的企业价值观并不做核心与非核心的区别，它们往往融合的是中国企业习惯上称之为企业核心价值观和企业精神的内容。所以，在此在把握它们的企业价值观时可以参照中国企业对于核心价值观以及企业精神的界定。

其中，"核心价值观"是一个企业最为核心的价值判断，它是企业全员都应该坚持的精神指导。如果说企业宗旨要回答的是"企业为什么存在，为谁而存在"的话，那么"核心价值观"要回答的就是"企业如何存在，如何为谁而存在"的问题。

企业精神是精神文化的基础内容，它要说明的是企业全体成员应该以什么样的精神状态去工作、学习和生活。企业精神虽然是以企业组织的名义提出的，但是指导的却是每个成员个体的行动。而与每个成员个体自发形成的精神不同，企业精神是从整体上指导所有个体成员的行为，因而在结果上它又变回了企业组织的精神。

如果把以上所说之核心价值观与企业精神的界定融合在一起，就是本书所说且为各个西方国家杰出公司所坚持之企业价值观要表达的内容，它需要界定和想要表达的是：一个企业和这个企业的员工应该如何存在和发展，以及应该如何为客户和社会服务和创造价值。

在同一个企业之内，"核心价值观"一般只有一个，否则就不能称之为"核心"的价值观；而企业精神往往表现为多个方面，至于到底是几个方面没有任何的规定性，也没有规定的依据和理由，这要看企业在现实发展过程中想要强调什么精神，或者它们认为员工有什么样的精神状态对企业发展最为有利。在中国企业界存在着一个很有意思的现象，大多数企业在提炼自己的企业精神时，一般喜欢提炼四个，或是提出四个。这或者是和汉语的语言表达习惯和人的记忆能力有关，汉语的表达习惯一般喜欢追求对仗，这就决定了通常不会选择奇数个；根据人的记忆能力和企业发展的需要，两个太少，六个或者八个又太多，所以四个是一个很好的选择。而西方英语系大国却没有这样的成例，它们并不在乎是奇数个，还是偶数个，正如这里英国石油公司类同于企业精神的企业价值观的数量是五个，下面的乐购公司是三个，而汇丰银行也是五个；美国的雪佛龙公司是七个，威瑞森电信公司是四个，而美国银行多达九个。

　　分析以上英国石油公司的企业价值观，首先可见其对此的重视之情，"我们的五个价值观诠释了我们的一种共识，它们是对企业所坚信的，立志所做的和作为一个组织所追求目标的理解"。其言外之意就是，如果没有了这些价值观的引领，那么企业的发展就会失去方向，就会没有目标，而员工的工作就会无所适从，就不知道所为何来，所去何方。

　　下面结合作者的理解，具体解读一下这五个价值观：

　　（1）英国石油公司的第一个价值观所强调的内容与这个企业所在的行业相关，对于石油开采、生产、运输、储藏、销售的各个环节而言，"安全"都是最重要的。关于这一点可以对照美国石油类公司的价值观进行理解，在此以马拉松原油公司为例，该公司五个价值观当中排在第一位的就是重视健康和安全，"我们公司的商业行为针对员工、订约人以及我们工作于其中的社区坚持一个高水平的健康和安全标准"。再看一个同样需要格外重视安全的行业，即航空航天业，在这个行业里最知名的企业当然要数波音公司，在波音公司的七个价值观当中排在第三位的也是安全，"我们把人的生命和健康永远放在第一位，为此要采取具体的行动以保证工作环境的安全、产品的安全和服务的安全，我们既对自己的安全负责，也对他人的安全负责，在实现质量、成本和过程的目标的同时，我们绝对不会牺牲安全"。回头再看一下英国石油公司对于安全是如何要求的，"安全是有价值的，我们所做之一切都依赖于员工的安全和周围环境的安全。我们关注于环境的安全管理，致力于安全地为世界输送能源"。

　　经过对比分析英美这三家公司可以得出这样一个结论，即任何一个企业在选择适合其发展的企业价值观时，一定要考虑它们所在行业的特点，并且要把它们置于优先考虑的地位。由这个结论延伸到英国石油公司这样的企业以及它所处的行业可以得出另外一个结论是，身处具有一定危险性行业的企业必须把"安全"视为企业发展所必须坚持的一个重要价值观。

　　（2）英国石油公司第二看重的价值观是"尊重"。事实上，在英美国家很多企业里都会把"尊重"当做一个重要的价值观提出。例如，美国雪佛龙公司的第三个价值观就是"尊重多样性"。"在我们工作的任何地方我们都会尊重和学习那里的文化，我们认为每一个人的唯一性都是有价值的和值得尊敬的，不同的人和各种各样的观点都应该得到这种尊重。我们注重内部成长环境的营造，并且乐于为多样性的人员、思想、才能和经历搭建平台。"威瑞森电信公司的第二个价值观也是"尊重"。"我们深信那是一个关键的思想，即尊重企业经营各个方面的每一个人员，我们重视多样性，也乐于为个性化搭建发展的平台，并愿意仔细聆听他人所言。"波音公司的第五个价值观是"信任和尊重"。"我们在所有的领域都要正直、诚实和始终一致地工作，我们要营造一种公开的和重视内部提升的文化，所有的人身在其中都可以受到公平的对待，所有的人在这里都有机会为企业贡献自己的力量。"宝洁公司的第一个价值观是"我们尊重每一位员工"。"我们相信每一位员工都能够并且愿意发挥其最大的潜力；我们珍视每个员工的不同之处；我们激发和帮助员工去实现更高的期望、标准和具有挑战性的目标；我们如实反映个人的工作表现。"

　　通过以上举例，再结合英国石油公司的这个价值观，读者就可以感知到这些国家的企业他们所说之尊重的内涵与要义。只不过，美国的几家企业其所强调的尊重之对象主要还是企业的员工以及员工的多样性。与它们相比，英国石油公司所说之尊重其目标相对更为多元，除了尊重员工以外，他们的尊重对象还有其他方面的内容，如"我们尊重我们所在的世界，它始于对于法律法规的遵守。我们胸怀最高的道德标准，以获得别人信任的方式行事"。再者，"我们依赖于现有的各种关系，彼此尊重，同时也尊重和我们一起工作的人"。还有，"我们珍视不同的人、不同的思想，我们在意我们所做的决定，因为无论大小，都会对周围人产生影响"。根据这些语言描述可知，英国石油公司所说之尊重对象不仅包括员工，还包括环境、法律、道德、合作伙伴、其他关联的人员等。

　　关于尊重的话题如果做一点延伸的话，它首先应该强调的是"自尊"和"自重"。在尼采的哲学里对此有过十分精彩的描述，依照他的理解，每一个人，每一个企业如果不知道尊重自己的话就不知道应该如何去尊重别人。所以说，自我尊重不仅仅是一个态度，而且还是一个前提，有了这个前提，这个世界就是一个相互尊重的世界。否则，只是尊重他人而不尊重自己就是一种虚伪的假象；只是尊重自己而不尊重他人，在行为上就会表现出极端的自私。一个自私的人没有朋友，而一个自私的企业就会失去它的顾客和合作伙伴。因此，个人会成为孤家寡人，企业会失去可持续发展的外部环境，这显然既不是企业所要，也不是个人所求之境界。

　　（3）英国石油公司的第三个价值观是"卓越"，关于"卓越"这个企业价值观多数西方企业都很看重，并且喜欢使用类似于"优秀"和"杰出"这样的词汇去描述它。例如，雪佛龙公司的第七个价值观是"追求优秀的绩效表现"。"我们承诺在我们所做的每一件事情上都力争优秀，而且我们会不断努力地去提高它们，我们满怀热情地去追求超乎预期的结果，这些结果既属于我们，也属于我们的合作伙伴。我们追求优秀结果的努力源自于我们的能力和紧迫感。"

威瑞森电信公司的第三个价值观也是"追求优秀的绩效表现"。"我们坚持追求高水平的绩效表现,鼓励创新性的思想并鼓励团队合作共同进行创新性地探索,我们从不会停止这样的追求,即持续地努力以帮助客户有更好的体验,且每天都能够找到满足客户需求的新的方法。"美国银行的第四个价值观是"追求杰出的管理"。"在过去的三年里,我们已经成为一个更加精简,更容易做生意和更容易在此工作的公司。我们收缩了注意力,把它们集中在对我们的客户和客户最重要的业务和服务上。我们正在减少非核心活动的费用,并为公司的其他增长机会进行投资。"

借助这三家美国企业的举例,读者应该可以明确地感受到一个企业在追求"卓越"时所持有的态度和考量。回头再看一下英国石油公司对于卓越的解读又可以加深人们对于这个企业价值观的理解。在英国石油公司看来,所谓的卓越首先应该是"通过运营中系统的自律的管理去追求它",这是可以保证公司卓越而且可以持续性地实现卓越的关键。其次要"遵守和支持公司制定的规则和准则",这既是企业追求卓越的基础,也是公司可以一直追求卓越的保障;此外还要"关注质量结果",这既是企业运营和管理的导向,同时也是判断公司卓越与否的标准;为了实现卓越的目标,企业上下还要"渴望学习和提高",这是企业和个人可以持续实现卓越的最为重要的条件。最后还要做到,"如果有什么事情是错误的,我们必改之",这是真心追求卓越者必须具备的品质,也是一个反向的明确要求。

(4)英国石油公司的第四个价值观是"勇气",这是在研究美国十家杰出公司的价值观时所没有看到的内容,在中国企业的企业文化里也很少见到关于勇气的直接描述。宝洁公司有过相关性的界定,只不过他们用的是"积极求胜"这个思想,具体表述为,"我们决心将最重要的事做得最好;我们不会满足于现状,不断去寻求突破;我们有强烈的愿望去不断完善自我,不断赢取市场"。

回头再看一下英国石油公司对此的说明,这个说明非常具有参考价值,"我们所做之事并不容易。要得到最好的结果往往需要有面对困难的勇气,直言不讳,还要坚持信念。我们总是努力去做正确的事情。我们探索新的思维方式,勇于寻求帮助。我们对自己坦诚,并积极寻求别人的反馈。我们追求长久的传承,而不是短期的利益"。

分析这个说明可知,英国石油公司所说之勇气首先是要勇于面对困难,虽然公司所在之行业里充满挑战,但是作为有追求的企业必须要敢于知难而进,知难而进是具有勇气的表现,知难而退则是懦弱的象征。

这里所说之勇气还可以指"直言不讳",具体表现为不讳于直言自己的想法,不讳于直言自己之缺点,不讳于给予他人以直言相告,不讳于直言自己需要表达之一切。事实上,敢于直言是绝对需要勇气的,而能否接受别人的直言同样也离不开勇气。个人没有勇气接受他人之言，则难有进步；对于他人之失不敢于直言则难以说得上真诚。所以说，能否直言是判断一个人是否有足够勇气的一个重要标准，也是判断一个企业是否具有足够勇气的重要参考。关于这一点是绝大多数中国企业以及中国企业的员工所欠缺的，这主要是受我们文化的影响，同时也是受制于环境的约束，我们的文化要求是"静坐常已过，闲谈莫议他非"，我们的环境往往给人的感觉是"言多有失"，"木秀于林则风必摧之"。

英国石油公司所说之勇气的第三个方面表现在企业可以坚持自己的信念上。坚持自己的信念看上去很容易，但是做起来也非常困难，因为它要经常受到环境、时代和利益的挑战。试想一下，有多少人和多少企业能够抵挡得了环境和时代的冲击，又有多少人和多少企业能够抵制得了利益的诱惑。坚持做自己听起来很雄壮，但是真得做起来却很需要勇气。

除了以上三个方面以外，英国石油公司所说之勇气还表现为以下五个方面的要求：

一是努力去做正确的事情，这不仅需要勇气而且还需要智慧。

二是不断探索新的思维方式，这是一个企业能否进行创新和能否鼓励创新的重要表现。

三是勇于寻求帮助，这首先需要勇气承认自己存在不足。

四是对自己坦诚，并积极寻求别人的反馈。

五是追求长久的传承，而不是短期的利益。

（5）英国石油公司所看重的第五个价值观是"团队"，关于这一点，对于任何一个企业而言都是怎么强调都不过分的。英国石油公司对此的表述是，"无论个人的力量有多大，我们总是相信众人拾柴火焰一定会更高。为此，我们将团队置于个人功绩之前，且不断建设团队的力量。我们彼此相信以互相帮助实现各司其职之目标"。而作者对此的看法是，"团队优先"是一个指导思想，它要求在企业管理的各项工作当中都要做到共同追求，共同决策，共担责任，共对压力，共同学习，共同成长，如此才可以保证企业员工全面进步，各尽所能，各司其职，各负其责，人尽其才，才尽其用，各展所长，相互照应，也只有这样才能实现企业管理的快速执行，技能互补，专业分工，交叉培训，有情有义，互帮互助，真诚守信，相互敬重，齐心协力，协同合作，高效配合，如果做到了这些就可以帮助企业不断提高效率且不断创造效益。

事实上，英美大国尤其是美国的企业是比较注重个人价值的，但是这并不妨碍他们建构高绩效的团队，而且这种团队恰恰就是在尊重个人价值，重视个人作用的基础上建立起来的。如果要深入地理解这个思想，看一下美国的 NBA 球队就会非常清楚了。在 NBA 的球队当中是不排斥个人英雄主义的，甚至是在大力宣传个人英雄主义，但即使是再能打的明星球员他们也明白一定要注重团队之间的配合，否则球队不赢球，则个人再有能力也不会成功。

　　与英美大国的企业比较起来，中国的企业在建构团队方面先天就有着文化上的优势，我们的文化比较看重集体主义，人们喜欢在组织当中找到的认同感，而且乐于对上级和权威表达臣服和尊重，每个人在言行之中都会充分考虑到对于身边之人也就是团队成员的影响，以及非常在意身边之人也就是团队成员对于自己的评价和认可。这些文化上的特质都是建构团队的基础，不可或缺。但是在我们的文化当中，也有一些因素不利于高绩效团队的建设，这包括平均主义、老好人思想、枪打出头鸟等。

　　基于以上对于中国与英美国家在企业文化上的差异分析可知，如果融合了两个方面的企业文化优势，则无论是中国的企业还是西方的企业都可以建构起高绩效的团队，都可以在充分尊重个人价值的基础上确保团队组织的协同与配合。这样，既可以满足个人对于绩效和效益的追求，也能够实现团队组织对于绩效和效率的要求。

## 3.3　乐购公司的企业价值观及其解读

### 3.3.1　乐购公司的三个企业价值观

　　乐购公司很看重企业价值观在企业发展过程当中的作用，他们认为，"价值观有助于将公司之所想付诸实践"。( Our Values help us to understand how to put this into practice )。

　　以下是其具体的描述：

Since we first introduced our Tesco Values more than a decade ago, they have become a vital part of our culture-and an essential underpinning of our growth and success. They ensure that every person at Tesco understands what is important—about how we work together as a team and how customers are at the centre of what we do. They are universal values, which have helped guide our people as Tesco has grown into new markets and new countries.

　　十多年前我们首度介绍乐购的价值观，自那以后这些价值观就成了我们企业文化的重要组成部分，同时也是我们成长和成功的重要基石。这些价值观可以确保乐购的每一个员工深刻理解重要之所在，即团队合作和顾客至上；这是放之四海而皆准的价值观，它帮助指引我们的员工，指引乐购进入新的市场，走向新的国家。

　　以下是其公司三个价值观的具体内容：

（1）No one tries harder for customers

Understand customers

Be first to meet their needs

Act responsibly for our communities

Understanding people—customers, colleagues, communities—and what matters to them, and then trying to make those things better, is at the heart of Tesco. It's about listening to people and talking to them using all the tools at our disposal—from Clubcard data to social media—and then acting by changing and innovating to meet their needs.

（1）竭尽全力为顾客服务

理解客户

顾客至上/客户需求优先

对社会负责

理解人们，包括顾客、员工和社会之需求，促其实现，是乐购公司的核心要务。这要求尽其所能地听其心声且广开言路，从充分利用会员卡信息到发挥社交媒体的作用，然后因势而动，创新性地满足大家的需求。

（2）We treat people how they want to be treated

Work as a team

Trust and respect each other

Listen, support and say thank you

Share knowledge and experience

We know that looking after our colleagues in a culture of trust and respect is essential to the success of Tesco. Where colleagues feel recognized and rewarded for the work they do together, where they have the opportunity to get on and where they are supported in their development as they move through their careers in the business—they in turn try their hardest for customers.

（2）用人们喜欢的方式对待他们

团队合作

相互信赖和尊重

倾听、支持和常说谢谢

分享知识与经验

我们知道信任员工和尊重员工是乐购公司的制胜法宝，这是因为员工一旦在工作中得到认可、得到回报、得到前进的机会，并在职业生涯中得到支持和发展——他们就会以最努力的工作来回报客户。

（3）Every little help makes a big difference

Helping to reduce food waste globally and ensuring surplus food goes to those in need

Making it easier to live more healthily

Sourcing great quality, affordable and sustainable products

Making a positive contribution to the communities where we operate

Every little help makes a big difference—it's the value we live by to ensure we serve our customers, colleagues and their communities a little better every day. It really captures how, when we add up all the small things we do, Tesco can make a big difference to the issues customers, colleagues, communities and wider society care about.It covers the little things we do every day as well as linking these things together to contribute to the bigger global initiatives in which we are involved. It helps us take the right actions to restore trust and transparency in our business.

（3）小善举，大不同

降低全球食物浪费，确保富余食物送至需要人群

让健康生活更容易

追求物美价廉、可持续的产品

为所在社区做出积极的贡献

小善举、大不同——这是我们所依存的价值导向，具体说来就是每天为客户、为员工和为社会做得更好一点，这也是我们如何通过所做的一桩桩小事一点一点地累加，进而对乐购公司的客户、员工和更广泛的社会群体所关心的问题产生大大不同的过程，这关乎一件件小事，更关乎小事联结而成的我们正在做的全球大倡议，它有助于我们采取正确举措恢复信任、恢复业务透明度。

### 3.3.2　乐购公司企业价值观的评述

英国石油公司的五个价值观是偏重于对内的要求，安全、尊重、卓越、勇气和团队等多数是对于企业内部而言的；与之不同的是乐购公司的三个价值观其针对目标分别指向了企业内外三个群体，即顾客、员工和社会，而且这三个价值观

表面上看是分别指向了这三个群体，但实际上在每一个价值观当中又交替地提出了如何对待其他两个方面群体的要求。

分析乐购公司的第一个价值观其所强调的思想是人们所熟悉的顾客至上与客户导向，关于这一价值观在本章当中会多处论述和多种相应的解读。不过乐购公司在此所说之满足顾客所需是一个宽泛的概念，这其中还包括满足员工之所想以及社会之所求。"理解人们，包括顾客、员工和社会之需求，促其实现，是乐购公司的核心要务。"而如何才能做到这一点呢，这就要求"尽其所能地听其心声且广开言路"，而且还要"因势而动，创新性地满足大家的需求"。

分析乐购公司的第二个价值观其所强调的重点是如何对待员工，也就是如何使用员工喜欢的方式对待他们。在这个过程当中乐购公司所主张的思想就是本书前面所论之"利他"主义，具体表现为四个细节，它们分别如下：①团队合作；②相互信赖和尊重；③倾听、支持和常说谢谢；④分享知识与经验。在这四个细节当中，最为重要的一点还是信任和尊重员工，因为"信任员工和尊重员工是乐购公司的制胜法宝"，有了这一样一个法宝，即"员工一旦在工作中得到认可、得到回报、得到前进的机会，并在职业生涯中得到支持和发展，他们就会以最努力的工作来回报客户"。如果用中国式的思想来理解乐购公司的这一价值观就是"企业投员工以李，则员工会报企业以桃"，企业如果能让员工开心的话，则员工就一定会让企业满意。

分析乐购公司的第三个价值观其所强调的重点是如何对待社会，其中核心的思想是六个字，即"小善举，大不同"，而其看重的细节工作也包括四个方面，它们分别如下：①降低全球食物浪费，确保富余食物送至需要人群；②让健康生活更容易；③追求物美价廉、可持续的产品；④为所在社区做出积极的贡献。在乐购公司针对第三个价值观的解读过程当中，又将之扩展到了员工与客户方面，"小善举、大不同——这是我们所依存的价值导向，具体说来就是每天为客户、为员工和为社会做得更好一点"。具体做法就是"通过所做的一桩桩小事一点一点地累加，进而对乐购公司的客户、员工和更广泛的社会群体所关心的问题产生大大不同的过程"，而其结果是，"这关乎一件件小事，更关乎小事联结而成的我们正在做的全球大倡议，它有助于我们采取正确举措恢复信任、恢复业务透明度"。

## 3.4 汇丰银行的企业价值观及其解读

### 3.4.1 汇丰银行的企业价值观

与前面两家公司不同的是，汇丰银行针对其企业价值观先提出了一个总体性的认识，然后又将其分解为三个方面的细节，最后又对这些价值观做了一个补充性的说明。

其总体性的认识是：

At HSBC, how we do business is as important as what we do. We seek to build trust-based and lasting relationships with our many stakeholders to generate value in society and deliver long-term shareholder returns.

在汇丰银行，如何做事和做什么事同等重要。我们寻求同各个利益相关者建立以信任为基础的持久关系，以创造社会价值，并实现股东的长期回报。

其三个方面的细节要求如下：

Our values define who we are as an organization and what makes us distinctive. We believe in acting with courageous integrity. We are:

我们的价值观定义了作为一个组织我们扮演什么样的角色，什么又使我们独特。我们坚信勇敢正直，我们是这样的：

（1）Dependable

Standing firm for what is right, delivering on commitments, being resilient and trustworthy. Taking personal accountability, being decisive, using judgment and common sense, empowering others.

（1）可靠的

我们坚持正义、履行责任、灵活可靠、勇于担责、果断决策、正确判断、善用常识，并为他人助力。

（2）Open to different ideas and cultures

Communicating openly, honestly and transparently, welcoming challenge, learning from mistakes. Listening, treating people fairly, being inclusive, valuing different perspectives.

（2）接纳不同理念和文化

我们坦诚交流、诚实透明、欢迎挑战、吸取教训、广泛倾听、平等待人、包容内敛、珍视异见。

（3）Connected to customers, communities, regulators and each other

Building connections, being aware of external issues, collaborating across boundaries. Caring about individuals and their progress, showing respect, being supportive and responsive.

（3）与客户、社会、监管机构彼此紧密联系

我们广泛建立联系、对外警醒、跨界合作、关心个人及其进步、表达尊敬、相互支持、有求必应。

其补充性的说明如下：

These values reflect the best aspects of our 150-year heritage. They are critical to fulfilling our purpose of helping businesses to thrive, economies to prosper and people to realize their ambitions. The scale of our operations makes our values all the more important. We serve more than 47 million customers around the world, ranging from individuals to the largest of companies. We are committed to conducting our business in a way that delivers fair value to customers, strengthens our communities and helps ensure a properly functioning financial system. We employ more than a quarter of a million people, and provide opportunities for professional development and personal growth. Our people represent more than 150 nationalities and reflect our diversity and reach. We value diversity as essential to who we are and our ability to fulfill our purpose. Our training programs reinforce a culture that is grounded in our values. In 2015, we completed a three-year program of values-led leadership training for all employees. We want to recognize and reward people for doing the right thing. Every employee's conduct during the year is taken into account during their performance appraisal. We also encourage employees to recognize the efforts of colleagues whose behavior and actions exemplify our values. "By setting the highest standards of behavior our aim is that all of our employees and customers can be proud of our business "—Stuart Gulliver HSBC Group Chief Executive.

这些价值观是我们 150 年价值传承的精华体现。它们至关重要，可以使企业生机勃勃、经济繁荣昌盛、人们心想事成。我们的经营范围使得我们的价值观变得更加重要。我们共为世界各地的 4 700 多万家客户服务，这些客户包括个人，也包括一些大型公司。我们为客户提供物有所值的服务，促进社会经济发展，并建立一个能正常运作的金融体系。我们有 25 多万名员工，并为其提供职业发展和

个人成长的机会。这些员工来自 150 多个国家，这体现了员工的多样性也说明我们业务范围的广泛性。我们珍惜我们的企业定位，珍惜实现企业宗旨的能力，也同样珍惜这种多样性。我们的培训计划是对根植于价值观的企业文化的巩固。2015年，我们完成了对员工进行的为期三年以价值观为导向的领导力培训。我们认可并奖励正确的行为。每个员工一年内的表现都会体现在其绩效考核中。同时我们鼓励员工认可同事身上展现价值观的所作所为。汇丰银行集团的执行总裁 Stuart Gulliver 这样说道：我们的目的是通过建立最高的行为标准让我们的员工与客户都能以我们的企业为傲。

### 3.4.2　汇丰银行企业价值观的解读

汇丰银行对于企业价值观的重视是由来已久的，"这些价值观是我们 150年价值传承的精华体现，它们至关重要"，而且汇丰银行也从这种对于价值观的重视当中获益匪浅，"它们可以使企业生机勃勃、经济繁荣昌盛、人们心想事成"。

分析汇丰银行企业价值观的总体性描述可知，它包括三个方面的思想：

一是"在汇丰银行，如何做事和做什么事同等重要"。关于这个思想，后面有两家公司认为，如何做事比做什么事还要重要。与这两家公司比较，汇丰银行的表述更为稳妥，它在看重如何做事的同时也关注所做之事是什么。事实上，如果不重视所做之事是什么，而只关注如何做事，则所做之事如果有错、有误，就会出现做事方式越有效，而背离企业发展初衷越远的可能，这不应该成为企业发展的逻辑。当然，如果知道所做之事是什么，而且也知道应该把这样的事情做好，但是却于做事的过程当中没有采用高效的方法，则同样达不到企业发展之要求。是故，如何做事与做什么样的事对于任何一个企业而言都是非常重要的，都应该慎重考虑之。

二是"寻求同各个利益相关者建立以信任为基础的持久关系"，在这句话当中，最为核心的思想是"信任"。其要表述的思想可以理解为，让别人相信自己，自己也要相信别人，如此才能建立各方进行长期合作的持久关系。否则只图一时之利，而做失信于人的事情，就会失去可以共同做事的基础，合作关系也就难以维系。这个道理很好理解，可是要坚持下来就不是那么容易，它考验的是一个企业做事情的原则与企业家做事情的智慧。当然，这里所说之信还只是信任，后面 BAE 系统公司所说之信则除了信任以外，还有追求被信赖的目标，那是一种更高的境界，关于这个方面的思想可以参考后文对于 BAE 系统公司企业价值观的解读。

　　三是"创造社会价值，并实现股东的长期回报"，在这两者之间，创造社会价值是基础，实现股东的长期回报是目标。如果倒置了这个关系并把它推向极端，只图实现股东的价值而忽视或损害了社会利益，则企业的发展就会失去基础。同样的，只关注社会利益而忽视股东的价值就会失去股东的支持，如此企业的发展也同样不可持续。

　　分析汇丰银行企业价值观的三个细节可知，这既是企业对自身提出的明确要求，也是企业于发展过程当中为了实现自我而界定的路径与方向，"我们的价值观定义了作为一个组织我们扮演什么样的角色，什么又使我们独特"。

　　第一个细节要求企业应该成为一个可靠的公司，为了做到这一点，企业对内要坚持正义、履行责任、灵活可靠、勇于担责、果断决策、正确判断和善用常识；对外要时刻想着为他人助力。

　　第二个细节要求企业应该成为一个兼顾多样性和包容性的公司，这是多数西方大国杰出公司所看重的企业发展理念之一。为了做到这一点，不同的公司会提出不同的要求，如雪佛龙公司的第三个企业价值观就明确强调公司要"尊重多样性"，为此，"在我们工作的任何地方我们都会尊重和学习那里的文化，我们认为每一个人的唯一性都是有价值的和值得尊敬的，不同的人和各种各样的观点都应该得到这种尊重。我们注重内部成长环境的营造，并且乐于为多样性的人员、思想、才能和经历搭建平台"；波音公司的第四个价值观认为企业应该注重"多样性和内部提升"，为此，"我们看重技术、力量和多样性团队的不同观点，我们创造一个可以合作的工作空间，让所有的员工可以共同致力于为顾客寻找问题解决的方案，并不断地推进我们的商业目标"。

　　回头再看一下汇丰银行对于企业多样性的要求是"接纳不同的理念和文化"，其具体的做法是，"我们坦诚交流、诚实透明、欢迎挑战、吸取教训、广泛倾听、平等待人、包容内敛、珍视异见"。

　　第三个细节要求企业应该与客户、社会、监管机构建立紧密的联系，且要积极地进行互动。在与外界密切地进行联系的同时，还要对外部环境时刻保持清醒的头脑，要以宽容和包容的态度与多方进行合作而不要拘泥于企业发展的一小圈子。企业为此要主动关心他人，真诚地尊重他人，真心地支持他人的发展，以此来赢取他人对企业的真正关心，对企业及企业人员的全面尊重以及对于企业发展的大力支持。

　　总结汇丰银行企业价值观的要义可知，一个让人们信赖并感觉可靠的企业，一个注重多样性且包容的公司，定然能够与外界积极地进行互动以争取到各方的支持。而有了内外各方的支持与促进，一个企业做成百年老店就不是梦想，汇丰银行一百五十多年的发展历史就是对此最好的证明。

## 3.5　联合利华的企业价值观与企业原则及其解读

与前面 3 家公司不同的是，在联合利华表述企业价值观的同时，还提出了相关性的企业发展原则，这一做法在 10 家英国杰出公司里，只有金巴斯集团与之相同。

联合利华的企业价值观一共体现在 5 个方面，而其发展原则的设计则涉及诸多方面。

### 3.5.1　联合利华的五个企业价值观

以下是联合利华的五个企业价值观：

（1）Always working with integrity

Conducting our operations with integrity and with respect for the many people, organizations and environments our business touches has always been at the heart of our corporate responsibility.

（1）诚实以对

以诚实和尊重的态度对待和企业有联系的人、组织以及环境，这一直是我们公司职责的核心内容。

（2）Positive impact

We aim to make a positive impact in many ways: through our brands, our commercial operations and relationships, through voluntary contributions, and through the various other ways in which we engage with society.

（2）积极影响

我们致力于通过下列方式对各界产生积极影响：品牌影响力、商业运作、伙伴关系、志愿贡献，以及各种其他社会方式。

（3）Continuous commitment

We're also committed to continuously improving the way we manage our environmental impacts and are working towards our longer-term goal of developing a sustainable business.

（3）长期责任

我们致力于改善方式以降低对环境的影响，致力于发展长期可持续业务的目标。

（4）Setting out our aspirations

Our Corporate Purpose sets out our aspirations in running our business. It's underpinned by our Code of Business Principles which describes the operational standards that everyone at Unilever follows, wherever they are in the world. The Code also supports our approach to governance and corporate responsibility.

（4）建立愿景

我们的企业宗旨是在企业运营过程中建立愿景。这在《商业准则》中有所体现，这个准则所提出的运营标准，只要是联合利华的人，无论你在世界的什么地方，都得遵守。同时这个准则也支持我们的管理方法和公司职责。

（5）Working with others

We want to work with suppliers, agents, distributors and other third parties who have values similar to our own and work to the same standards we do. Our Responsible Sourcing Policy and Responsible Business Partner Policy, aligned to our own Code of Business Principles, comprises of twelve principles covering business integrity and responsibilities relating to employees, consumers and the environment.

（5）与人合作

我们要与供应商、代理商、分销商等第三方合作，我们价值观类似，工作机制一致。我们的《负责任采购政策和负责任生意伙伴政策》，连同《商业准则》涵盖了从企业诚信到与员工、客户和环境责任的十二条原则。

### 3.5.2　联合利华企业价值观的解读

分析联合利华的第一个企业价值观其核心思想就是"诚实"，"以诚实和尊重的态度对待和企业有联系的人、组织以及环境，这一直是我们公司职责的核心内容"。而"诚实"这个价值观是西方大国杰出公司公认的第一价值观，这在美国杰出公司的身上体现得更为明显，雪佛龙公司、威瑞森电信公司、波音公司等都把它置于公司企业价值观的首位，其中雪佛龙公司是这样界定的，"我们待人与待己都会坚守诚实的态度，我们在所有的事务处理上都会坚持最高的道德标准，我们说到做到且想到做到，我们对我们的工作和行为高度负责并且义无反顾"；威瑞森电信公司是这样描述的，"诚实是我们做任何事情时都要坚持的核心品质，我们诚实、正直、坚守道德信念，我们把诚实视作一个基础，有了这个基础我们就能处理好与我们的顾客、社区、股东之间的关系"；波音公司是这样说明的，"我们走在高水平的道德之路上，以实现我们的承诺为荣，我们每个人都把完成自己的责任看做应该之事而不只是任务"。

在这些杰出公司的企业文化当中，都认为"诚实"是一个企业存在和发展的基础，是企业追求的核心品质，是企业最高的道德标准，是一个企业兴旺发达必不可少的前提条件。

针对这种现象，在《美国杰出公司企业文化研究》当中，作者曾经有过这样的描述：

这样的一个现象既有一点让我们觉着意外，也有一点让我们觉着惭愧，我们很多的企业在设计企业文化尤其是提炼精神文化之"企业精神"时，往往更看重的是拼搏、进取、创新、奋斗、卓越这样激励人心、激励斗志的内容，而很少有企业把"诚实"放在"企业精神"的第一位。可事实上如果没有了"诚实"作为基础，则所有的追求和奋斗就有可能偏离正确的轨道甚至会出现不择手段的现象，假货、冒牌货、价高质低、以次充好这样的事情就会时有发生。如果是这样，那么一个公司就永远也不可能成为伟大的企业，它的前景只能是一片暗淡却绝对谈不上会有光明的未来。

在联合利华的第一个企业价值观当中除了强调"诚实"以外，还提到了"尊重"，这其实可以看做两个企业价值观，在英国石油公司的企业价值观当中，"尊重"这一思想就是独立出现的，对此前面已经做过比较深入的分析。

"尊重"和"诚实"一样都是一种态度，尊重的对象都是与企业有联系的人、组织以及环境，它们同时也是第 7 章综合了英国和美国 20 家公司的企业价值观以后概括出来的英美两国企业都比较重视的六个企业价值观之二，其他四个是"员工"、"顾客"、"绩效"和"团队"。

联合利华的第二个企业价值观其核心思想是"积极"，这种"积极"主要是指对外施加积极的影响，而施加这种影响的方式包括品牌影响力、商业运作、伙伴关系、志愿贡献，以及各种其他社会方式。此外，这种"积极"虽然从表面上看是对外施加影响，但同时也是对内提出的明确要求，因为所有的事情都是由人来做的，都是由具体的企业员工完成的，所以当企业大力提倡"积极对外"的态度时，对内就会对企业的员工产生巨大的促进。而当所有的人都在积极地做事情，都在积极地思考应该如何更好地做事情的时候，公司的影响力自然也就生成了。

联合利华的第三个企业价值观其核心思想是"责任"，在本书所研究的十家英国企业里还有两家也把"责任"作为它们的价值观，但是与另外两家公司不同的是，联合利华在这里所强调之责任不是短期的责任，一时完成就消失的责任，而是"长期的责任"，是终企业发展所有时间里都应该坚守的责任。这种责任的主要表现是致力于改善方式以降低对环境的影响，而实现这种责任的方法则是致力于发展企业长期可持续的业务，它们之间是一种相互影响和彼此促进的关系，也就是说：善待环境就会得到环境的长期支持，有了环境的长期支持才有企业长期发展业务或是发展长期业务的可能；而有了企业可持续发展的长期业务，则企业才有可能对环境持续地产生正向的和积极的影响。

联合利华的第四个企业价值观其核心思想是"愿景"，愿景是什么，它是指导企业发展的方向，有了愿景的指导企业的发展才有明确的目标，而为了实现企业的愿景就必须脚踏实地地做事情，所以，只要是联合利华的人，无论你在世界的什么地方，都得遵守公司为了实现企业愿景而设定的行为准则，它同时也支持公司的管理方法和公司职责。

联合利华的第五个企业价值观其核心思想是"合作"，这个"合作"不是其他几家企业所提之"团队合作"，而主要是指企业"对外的合作"，它明确指出要与供应商、代理商、分销商等三方合作。与各方合作的基础是什么，是诚实；为了实现与各方的良好合作要遵循的标准是什么，是公司的政策与准则。诚实是合作的基础，而政策与准则是合作的依据，有了这样两条作为保证，企业就能建立起与各方的紧密和可持续的合作关系。

概括联合利华的企业价值观就是"诚实"、"积极"、"责任"、"愿景"和"合作"，任何一个企业有此五种思想作为指导都会发展得很好，而且可以很好地进行长期发展。

### 3.5.3　联合利华的十三个企业原则

以下是联合利华的十三个企业原则：

（1）Standard of Conduct

We conduct our operations with honesty, integrity and openness, and with respect for the human rights and interests of our employees. We shall similarly respect the legitimate interests of those with whom we have relationships.

（1）行为准则

我们企业运作的原则是：诚实守信、公开坦诚、尊重人权和员工利益，同时，我们尊重合作伙伴的正当权益。

（2）Obeying the law

Unilever companies and employees are required to comply with the laws and regulations of the countries in which we operate.

（2）遵守法律

联合利华公司和员工要遵守所在国家的法律法规。

（3）Employee

Unilever is committed to a working environment that promotes diversity and equal opportunity and where there is mutual trust, respect for human rights and no discrimination. We will recruit, employ and promote employees on the sole basis of the qualifications and abilities needed for the work to be performed. We are committed to safe and healthy working conditions for all employees. We will provide employees with a total remuneration package that meets or exceeds the legal minimum standards or appropriate prevailing industry standards. We will not use any form of forced, compulsory, trafficked or child labor. We are committed to working with employees to develop and enhance each individual's skills and capabilities. We respect the dignity of the individual and support the right of employees to freedom of association and collective bargaining. We will maintain good communications with employees through company based information and consultation procedures. We will ensure transparent, fair and confidential procedures for employees to raise concerns.

（3）对待员工

联合利华的工作环境是包容多样性的，在这里机会均等、相互信任、尊重人权、拒绝歧视。我们招聘、雇用和提拔员工的唯一标准是工作所需的资格与能力。我们为员工提供安全健康的工作条件。我们将为员工提供符合或超过法定最低标准或类似同行业标准的薪酬总额。我们拒绝任何形式的强迫、强制、贩卖或使用童工。我们致力于与员工合作，发展和提高每个人的技能与能力。我们尊重个人尊严，支持员工自由结社和集体谈判的权利。我们将通过公司信息与咨询程序与员工建立良好的沟通。我们确保透明、公正和保密程序以及员工的关切。

（4）Consumers

Unilever is committed to providing branded products and services which consistently offer value in terms of price and quality, and which are safe for their intended use. Products and services will be accurately and properly labeled, advertised and communicated.

（4）对待客户

联合利华致力于提供品牌的产品和服务，这一直是通过价格和品质来实现的并确保人们使用安全，这些产品和服务有精确恰当的定价、广告和联系方式。

（5）Shareholders

Unilever will conduct its operations in accordance with internationally accepted principles of good corporate governance. We will provide timely, regular and reliable information on our activities, structure, financial situation and performance to all shareholders.

（5）对待股东

联合利华将按照国际公认的公司治理原则进行运作。我们将及时、定时和切实地向股东汇报我们的活动、组织结构、财务状况和业绩表现。

（6）Business Partner

Unilever is committed to establishing mutually beneficial relations with our suppliers, customers and business partners. In our business dealings we expect our partners to adhere to business principles consistent with our own.

（6）对待合作伙伴

联合利华致力于与供应商、客户和商业伙伴建立彼此互利的相互关系。在我们的业务往来中，我们期望我们的合作伙伴坚持与我们一致的业务原则。

（7）Community Involvement

Unilever strives to be a trusted corporate citizen and, as an integral part of society, to fulfill our responsibilities to the societies and communities in which we operate.

（7）社区参与

联合利华力争成为值得信赖的企业公民，作为社会的一个组成部分，它承担着对社会的责任和对我们所在社区的责任。

（8）Public Activities

Unilever companies are encouraged to promote and defend their legitimate business interests. Unilever will co-operate with governments and other organizations, both directly and through bodies such as trade associations, in the development of proposed legislation and other regulations which may affect legitimate business interests. Unilever neither supports political parties nor contributes to the funds of groups whose activities are calculated to promote party interests.

（8）社会活动

鼓励联合利华公司促进和维护其正当权益。联合利华直接或通过行业协会与政府和其他组织合作，其立法与规则有可能影响到这个行业的合法商业利益。联合利华既不支持政党之争，也不为某政党谋权益而提供政治献金。

（9）The Environment

Unilever is committed to making continuous improvements in the management of our environmental impact and to the longer-term goal of developing a sustainable business. Unilever will work in partnership with others to promote environmental care, increase understanding of environmental issues and disseminate good practice.

（9）对待环境

联合利华致力于持续降低对环境的影响，并以建立可持续发展业务为长远目标。联合利华将与其他合作伙伴合作，促进环境保护，增强对环境问题的理解，广泛宣传好的做法。

（10）Innovation

In our scientific innovation to meet consumer needs we will respect the concerns of our consumers and of society. We will work on the basis of sound science, applying rigorous standards of product safety.

（10）对待创新

在通过科技创新满足客户需求方面，我们将尊重客户和社会之需求，在完善科学的基础上，运用严格的产品安全标准。

（11）Competition

Unilever believes in vigorous yet fair competition and supports the development of appropriate competition laws. Unilever companies and employees will conduct their operations in accordance with the principles of fair competition and all applicable regulations.

（11）竞争

联合利华相信蓬勃而公平的竞争，支持发展适当的竞争法，联合利华公司及全体员工将按照公平竞争原则和所有适用法规来运营公司。

（12）Business Integrity

Unilever does not give or receive, whether directly or indirectly, bribes or other improper advantages for business or financial gain. No employee may offer, give or receive any gift or payment which is, or may be construed as being, a bribe. Any demand for, or offer of, a bribe must be rejected immediately and reported to management. Unilever accounting records and supporting documents must accurately describe and reflect the nature of the underlying transactions. No undisclosed or unrecorded account, fund or asset will be established or maintained.

（12）企业诚信

联合利华不给予也不接受任何直接或间接的贿赂、不当的业务优惠或经济获益，任何员工不得提供、赠与或接受有可能导致贿赂的礼物或礼金，凡有任何索贿、行贿的要求都应立即拒绝或向管理部门报告。联合利华的会计记录和凭证必须精确记录和反映每笔基础交易的真实状况，资金和财物都要公开，都要记录在册，并存档。

（13）Conflicts of Interest

All Unilever employees are expected to avoid personal activities and financial interests which could conflict with their responsibilities to the company. Unilever employees must not seek gain for themselves or others through misuse of their positions.

（13）利益冲突

联合利华所有员工应避免个人活动或财务利益与其公司职责相冲突。禁止联合利华员工中饱私囊、以权谋私。

### 3.5.4　联合利华企业原则的解读

在《美国杰出公司企业文化研究》里，在作者所选取的 10 家美国杰出公司当中，有两家企业除了提出企业价值观以外还曾经设计过公司的企业原则，其中 JP 摩根大通的商业原则一共有二十条之多，宝洁公司有八条。而在这本书当中所选择的 10 家英国杰出公司里，也有两家企业同时提出了企业价值观和企业原则，其中联合利华的企业原则也多达十四条，而金巴斯集团的企业原则有五条。

经过对比可知，JP 摩根大通的二十条商业原则被分成了四个大类，即杰出的顾客服务，卓越的经营管理，对于诚实、公平和个人的承诺，以及关于伟大的团队和赢的文化。而联合利华的企业原则就没有进行这种分类，它关注了企业发展的方方面面工作和各种相关利益者。在这里可以从联合利华的企业原则当中提炼若干关键词，以帮助读者更为准确地把握这家公司的经营思想和管理理念，它们分别如下：诚实守信、公开坦诚、尊重他人、遵守法律、善待员工、多样包容、机会均等、相互信任、尊重人权、拒绝歧视、积极沟通、透明公正、善待客户、精确宣传、服务股东、利益一致、善待合作伙伴、积极且正确地参与社区和社会活动、保护环境、积极创新、公平竞争和坚持原则等，其内容相当丰富。

## 3.6　南苏格兰电力的企业价值观及其解读

### 3.6.1　南苏格兰电力的六个企业价值观

在南苏格兰电力公司的企业网站上找到的资料显示，该公司的企业价值观一共有六条，具体内容如图 3-1 所示。

图 3-1　南苏格兰电力公司的企业价值观

将图 3-1 当中南苏格兰电力公司的企业价值观译成中文如下：

安全：我们坚信所有事故都是可以避免的，所以凡我们所做之事必须安全负责，否则宁愿不做。

服务：我们将客户当下及未来所需作为我们一切工作之核心。

效率：我们简化所做之事，注重提高效益，避免浪费金钱、材料、能源与时间。

可持续性：我们的决定和行动必须符合道德标准，且是负责任的和平衡发展的，它们要有助于当代和子孙后代的环境、经济和社会的幸福安康。

卓越：我们努力变得更好、更聪明、更具创新性，我们无论做什么都要力求做到最好。

团队合作：我们支持和珍惜我们的员工，享受开诚布公的团队工作方式。

### 3.6.2　南苏格兰电力企业价值观的解读

分析南苏格兰电力的第一个价值观，它所强调的内容与前面的英国石油公司一样也是"安全"。为什么会这样呢，因为它本身也是一个能源公司，既然同为能源公司，英国石油公司所看重的企业文化南苏格兰电力公司也一样需要看重。基于此也进一步验证了前面所提出的一个观点，那就是企业的价值观首先会受到所在行业特点的影响。除了同样看重"安全"的价值观以外，南苏格兰电力公司在界定公司的安全理念之时，也强调了英国石油公司所强调过的两个观点：一是，只要努力所有的不安全是可以避免的；二是，要么安全地去做，要么干脆就别做。

南苏格兰电力的第二个价值观即"服务"，它实际上是对顾客至上和以客户为中心这一思想的演化，"我们将客户当下及未来所需作为我们一切工作之核心"。而好好地服务于顾客，努力帮助顾客实现他们之所想，这是世界五百强企业公认的四个最为主要的企业文化之一。前文中，作者曾经为这一思想做过一个注解，在后面也还会强调这个注解，那就是"对于任何一个企业而言，真诚服务顾客的思想是怎么强调都不过分的"。

南苏格兰电力的第三个价值观，它强调的内容是"效率"。而关于效率，在雪佛龙公司的第七个价值观当中是这样说的，"我们承诺在我们所做的每一件事情上都力争优秀，而且我们会不断努力地去提高它们，我们满怀热情地去追求超乎预期的结果，这些结果既属于我们，也属于我们的合作伙伴。我们追求优秀结果的努力源自于我们的能力和紧迫感"；在威瑞森电信公司的第三个价值观当中是这样描述的，"我们坚持追求高水平的绩效表现，鼓励创新性的思想并鼓励团队合作共同进行创新性地探索，我们从不会停止这样的追求，即持续地努力以帮助客户有更好的体验，且每天都能够找到满足客户需求的新的方法"。与这两家美国企业比较起来，南苏格兰电力公司关于效率的说明更为简洁和务实，"我们简化所做之事，注重提高效益，避免浪费金钱、材料、能源与时间"。

南苏格兰电力的第四个价值观，它所强调的内容是"可持续性"。对于可持续发展，南苏格兰电力公司认为它的基础是公司一切之决定和行动必须建立在遵守道德标准的基础之上，这是第一个层次的要求；第二个层次的要求是公司之一切决定和行动必须承担起企业和个人应负之责任；第三个层次的要求是企业的发展必须平衡现在与未来之关系，既要有助于当代，也要福及子孙。关于可持续性发展的理念，在美国杰出公司的企业价值观当中少有体现，但是多数美国公司每年度都会出一个可持续性发展的报告，这说明他们也同样重视这个思想。而在本书所研究的另外 9 家英国杰出公司当中，多数也都有提出年度可持续发展报告的惯例。

南苏格兰电力的第五个价值观，它所强调的内容是"卓越"，这与英国石油公司的第三个价值观相同。虽然这两家公司都以"卓越"作为自己企业的价值观之一，但是这两家企业在对卓越的理解上又有所不同。英国石油公司认为卓越的前提是要坚持运营中系统的和自律的管理，此外还要遵守和支持公司制定的规则和准则，这是基础性的工作同时也是企业追求卓越的基础，没有了这个基础，企业之卓越就没有了根本。而有了这样一个根本以后，企业再关注质量结果，渴望学习和提高，并且坚持有错就改的做法，如此就可以实现企业追求卓越之目标。而南苏格兰电力所理解的卓越就没有英国石油公司那样系统和具象化，它更多的是把它当做公司发展的一个愿景和指导，"我们努力变得更好、更聪明、更具创新性，我们无论做什么都要力求做到最好"。前面也曾经分析过美国杰出公司的卓越观，其往往把其与公司的绩效联系起来进行表述，把能否实现企业的高绩效作为判断企业是否卓越的重要标准。

南苏格兰电力的第六个价值观，它所强调的思想是"团队合作"。团队合作是世界五百强企业最为看重的四个企业文化内容之一，由此也可以看出团队合作之于企业发展的重要性。针对南苏格兰电力关于团队合作的解读可以参照前面对于英国石油公司重视团队的分析，事实上英国石油公司对于团队合作的理解比南苏格兰电力更为深入。

## 3.7 森特理克集团的企业价值观及其解读

### 3.7.1 森特理克集团的五个企业价值观

以下是森特理克集团的企业价值观，它包括五个方面的内容：

（1）PRIORITISING SAFETY

Health and safety are fundamental to our business. They span everything we do, from working in customers' homes to securing energy offshore. By minimizing hazards, we can keep our people, customers and communities safe and work more efficiently.

（1）优先考虑安全

健康和安全使我们业务的基础，这涵盖一切我们所做之事，包括在客户家中工作的安全，也包括海上能源开采的安全，通过最大限度地减少危害，我们可以保证员工、客户和社会的安全和更有效的工作。

（2）SUPPORTING CHANGING CUSTOMER NEEDS

Energy can be complex but we are making it easier to understand and control, while ensuring support for those most in need.

（2）满足不断变化的客户需求

能源问题可能是复杂的，但我们正努力使它变得更容易理解、更容易控制，与此同时确保满足最需要人群的需求。

（3）SECURING ENERGY TO FUEL SOCIETY

The world of energy is changing and we must adapt to it by sourcing and optimizing energy supplies that satisfy the changing needs of our customers, while minimizing negative social and environmental impacts.

（3）确保能源为社会添砖加瓦

能源社会正在发生变化，我们必须适应这种变化，主要方式是通过扩大能源来源和优化能源供应，这样就可以满足客户不断变化的需求，同时也能最大限度地减少对社会和环境带来的负面影响。

（4）SAFEGUARDING THE ENVIRONMENT

Fossil fuels contribute to climate change so we are helping customers reduce their carbon while driving down emissions across our business.

（4）保护环境

矿物燃料会导致气候变化，所以我们在降低我们业务中碳排放的同时，一直在帮客户减少其碳排放量。

（5）SUPPORTING OUR PEOPLE AND PARTNERS

Quality relationships with our people and partners helps evolve how we do business and determine our long-term success.

（5）积极的员工和合作伙伴关系

与员工和合作伙伴良好的关系会有助于我们的业务状况和长远的成功前景。

### 3.7.2 森特理克集团企业价值观的解读

分析森特理克集团的企业价值观，它包括五个方面的内容，针对企业五个关键领域的工作重点。第一个价值观针对的是安全，第二个价值观针对的是客户，第三个价值观针对的是社会，第四个价值观针对的是环境，第五个价值观针对的是员工与合作伙伴。如果单纯看其后面四个价值观的话，这更像是对其公司企业宗旨的界定和解读，它全面回答了企业如何处理与员工、客户、合作伙伴、社会、环境之间关系这一重大问题。

关于其重视安全的价值观，前面在介绍英国石油公司和南苏格兰电力公司时已经做过解读，同样作为能源行业的企业，重视安全永远是他们这类企业必须首先认真关注的发展理念。为了强调这一价值观，森特理克集团又在其中加入了两个关键词，一个是加在标题上的"优先"，另一个是加于其内容说明当中的"一切"，借此公司要表达的是：一切都要注意安全，安全永远会被置于企业最优先考虑的地位。

关于其重视客户的价值观，这是世界五百强企业普遍关注的理念，是一个具有普适性的思想，只不过森特理克集团于其中又加入了一个关键词，那就是"容易"，也就是要通过企业的努力让服务于顾客变得更容易，让顾客更容易得到最好的服务。这句话说起来容易，做起来却不那么容易。首先要以顾客至上的理念作为指导，其次要借助企业强大的技术力量，最后还要深入和细致地研究顾客之所需要与之所想要。

关于其重视社会的价值观，这也是一个杰出公司都会关注的思想，而森特理克集团基于自身所在行业的特点提出了更适合自家企业的要求，那就是适应能源社会的时代变化，通过扩大能源来源和优化能源供应以满足客户不断变化的需求。除此之外，作为能源企业，最大限度地减少能源开采与生产对社会和环境带来的负面影响，也是企业不可推托之责任。

作为能源企业不可推托的责任还包括要在自己降低碳排放的同时，还要帮助客户减少其碳排放量，针对于此，森特理克集团提出了自己的第四个价值观，而如果用四个字来概括这个价值观的话，那就是要"善待环境"。这样做的原因不是"善待环境，企企有责"，而是"善待环境就是善待自己，失去了环境的支撑任何企业都难谈可持续性地发展"。

森特理克集团的第五个价值观也是一个普适性的理念，那就是要善待员工和合作伙伴，因为："与员工和合作伙伴良好的关系会有助于我们的业务状况和长远的成功前景。"事实上，如何善待员工以及如何善待合作伙伴可以分成两个话题，很多企业在其价值观设计过程当中，也是将它们分开考虑的。对于这两个话题，前面已经分析了很多，后面还要进行更多的分析，所以读者可以有选择地参考前后几家企业在这两个话题上的解读内容。同时作者在此还要给出一个建议，即具体企业在设计关于员工和合作伙伴的价值观时最好将它们分开进行，因为这两个因素对于企业的发展实在是太重要了，分开强调除了表示更加重视的心情以外，还可以把相关的企业价值观和企业理解说得更清楚、更透彻。

## 3.8　力拓集团的企业价值观及其解读

### 3.8.1　力拓集团的企业价值观

以下是力拓集团的企业价值观，它虽然只有短短的一句话，但却指明了力拓集团的企业价值观也包括四个方面，那就是"尊重"、"正直"、"团队合作"和"责任追究"。除此之外，在后面第 6 章力拓集团的首席行政官山姆·沃尔什的致辞当中还补充了一些价值观，具体内容见后文分析。

Rio Tinto's values of respect, integrity, teamwork and accountability support these sustainable development principles.

力拓集团的尊重、正直、团队合作和责任追究的价值观支持企业可持续发展的原则。

### 3.8.2　力拓集团企业价值观的解读

正如前面所说，分析力拓集团的企业价值观在于 4 个方面，它们分别如下：①尊重；②正直；③团队合作；④责任追究。因为在其公司网站上并没有找到针对这 4 个企业价值观的补充性说明，所以在此不方便进行深入的分析，此外，这 4 个价值观的内容在本书所研究的其他 9 家英国杰出公司当中都曾经出现过，所以读者可以比照这 9 家企业的相关性解读进行理解和参考。

## 3.9　苏格兰皇家银行集团的企业价值观及其解读

### 3.9.1　苏格兰皇家银行集团的四个企业价值观

以下是苏格兰皇家银行集团的企业价值观，它包括四个方面的内容，即顾客至上，同心协力，正确行事和长远考虑。

（1）Serving customers

We exist to serve customers. We earn their trust by focusing on their needs and delivering excellent service.

（1）顾客至上

我们的存在的意义就是为客户服务。关注客户需求，为其提供卓越服务，我们就可赢得信任。

（2）Working together

We care for each other and work best as one team. We bring the best of ourselves to work and support one another to realize our potential.

（2）同心协力

我们彼此在意、齐心合力以共创佳绩，我们全力以赴、相互支持以发挥潜能。我们各展所长、相互配合以创最佳公司。

（3）Doing the right thing

We do the right thing. We take risk seriously and manage it prudently. We prize fairness and diversity and exercise judgment with thought and integrity.

（3）正确行事

我们做正确之事。对于冒险，我们严肃以待、谨慎处理。我们弘扬公正包容、深思熟虑、诚信管理。苏格兰皇家银行的诚信与每个员工的个人诚信密不可分。

（4）Thinking long term

We know we succeed only when our customers and communities succeed. We do business in an open, direct and sustainable way. Because the bank's size and reach is so great, our actions can have a long term impact throughout the world.

（4）长远考虑

我们深知只有客户成功、社区成功才有我们的成功，因而我们以开放直接、可持续方式开展业务。因为银行规模宏大、涉及面广，所以我们的一言一行对世界都会产生长远的影响。

### 3.9.2　苏格兰皇家银行集团企业价值观的解读

苏格兰皇家银行集团非常注重企业价值观在企业发展过程当中的指导作用，他们认为，"我们将一系列共同的价值观作为我们如何做生意的核心指导。我们的价值观并不新鲜，但抓住了我们在最佳状态如何做事的精髓"。

分析其第一个价值观，是所有企业都应该看重的一个思想，那就是"顾客至上"。正如苏格兰皇家银行集团所说，这一思想并不新鲜，但是如何在企业经营过程当中体现和实现顾客至上的思想每个企业却各有不同的追求和要求。针对于此，苏格兰皇家银行集团认为有两点非常重要：

第一，企业要明确"我们存在的意义就是为客户服务"，如果企业不能为客户服务，或者客户不需要企业的服务，那么企业就失去了生存的根本，其他一切的工作也就失去了意义。很多企业能够想到这一点，但是却做不到这一点；很多企业一时可以做到这一点，但是却坚持不下去。这不是什么高深的道理，却是有的企业可以长盛不衰，而有的企业却昙花一现的主要原因。

第二，既然认为顾客是非常重要的，那就要关注其需求，满足其需要，并为其提供卓越的服务，如此才是真心地为顾客着想，才能赢得客户和顾客的信任。赢得客户和顾客的信任是很多企业的目标，又不是很多企业的目标，这也是区分一个企业是否卓越和能否卓越的关键性问题，对此可以这样理解，即赢得客户和顾客的信任不仅是企业可以发展的最大支持，而且也是企业可以持续发展的最大动力，缺之不可，赢之不易，是故要用心去做事情，真心去想方法，任何一个有追求的企业在这个方面都是一样的要求，概莫能外。

做到了就可以卓越，做好了就可以一直卓越，很多企业在苦苦寻求企业卓越发展之法，但却放弃了坚持这样一个价值观的努力，结果一切的工作不自觉中就变成了舍本逐末的做法。也正是基于这样一个原因，作者曾经在前面分析另外两家企业的相关思想时补充了一句话，即对于顾客的重视和关心是怎么强调都不过分的事情。对此还可以用另外一句最为朴素的中国话去表达，"顾客是我们的衣食父母"，失去了父母的照顾，我们的衣食将没有着落。

分析其第二个价值观，从字面上说要"同心协力"，而内含之思想则是要注重团队建设与团队运行，而关于其所理解的团队合作，可以从其解读当中挑选十六个字进行概括，那就是"彼此在意，共同努力，竭尽全力，相互支持"。这样的十六个字事实上已经被包括在前文中分析英国石油公司相关理念时，作者为之补充的九十六个字当中。

　　根据统计研究得出的结论可知，世界五百强企业普遍关注的四个企业文化内容分别是顾客至上、团队合作、善待员工和诚实正直，而英格兰皇家银行集团的第一个价值观和第二个价值观正是这种研究结论的验证之一。

　　分析其第三个价值观，它的立足点在于企业所处行业的特点，正如前文所说，任何一个企业的企业文化都必然会受到所在行业特点的影响，石油类企业、航空航天、矿产类企业它们基于行业特点最为关注的企业价值观是"安全"，而如苏格兰皇家银行集团这样的企业，它们基于行业的特点必须要关注的企业价值观就是"风险"，所以其于此处所说之"正确行事"的重点就是要认真对待风险并且要严格管理风险。除此之外，才是重视公平和多样性。

　　分析其第四个价值观所说之长远考虑，是针对其企业宗旨提出来的，其企业宗旨是，"我们拥有一个简单和唯一的目标，那就是要好好地为顾客服务。它是我们雄心勃勃地希望成为众所周知的坚持不懈地为顾客提供高品质服务银行而要努力工作的核心目标"，"我们希望获得顾客、股东和社区的信任、尊敬以及珍视"。结合这个企业价值观与企业宗旨得出的要求就是其所说之长远发展的内涵，即通过长期不懈地努力，以获得顾客、股东和社区的信任、尊敬以及珍视。而有了这种信任、尊敬和珍视以后，企业就可以更加长远地发展下去。

## 3.10　金巴斯集团的企业价值观与企业原则及其解读

　　金巴斯集团的企业价值观有五个方面的内容，它们分别是开放，信任和诚实，追求品质，通过团队合作赢得胜利，责任和安全可行；其企业原则也有五个方面，它们分别是安全、健康和环境第一，为客户和消费者提供服务，开发员工潜能且重视多样性，盈利增长和持续关注性能和效率。

　　以下是其企业价值观和企业原则的内容以及作者对这些内容的解读。

### 3.10.1　金巴斯集团的企业价值观

金巴斯集团的企业价值观如下：

（1）Openness, Trust and Integrity

We set the highest ethical and professional standards at all times. We want all our relationships to be based on honesty, respect, fairness and a commitment to open dialogue and transparency.

（1）开放、信任和诚实

我们在企业发展的全过程当中建立起最高的道德准则和专业标准。我们希望基于诚实、尊重、公平、开诚布公的对话和坦诚的态度来建立各种关系。

（2）Passion for Quality

We are passionate about delivering superior food and service and take pride in achieving this. We look to replicate success, learn from mistakes and develop the ideas, innovation and practices that will help us improve and lead our market.

（2）追求品质

我们热衷于提供卓越的食物和服务，并为实现这一目标引以为傲。我们渴望不断成功，对失误引以为戒，不断形成自己的发展理念，敢于创新和勇于实践，这些都有助于我们改进市场并且引领市场的发展。

（3）Win Through Teamwork

We encourage individual ownership, but work as a team. We value the expertise, individuality and contribution of all colleagues, working in support of each other and readily sharing good practice, in pursuit of shared goals.

（3）通过团队合作赢得胜利

我们鼓励个人所有，同时坚持团队合作。我们重视专业知识，重视个性，并鼓励所有成员齐心合力，在工作中相互支持，而且能够乐于分享，共同追求目标。

（4）Responsibility

We take responsibility for our actions, individually and as a Group. Every day, everywhere we look to make a positive contribution to the health and wellbeing of our customers, the communities we work in and the world we live in.

（4）责任

无论是个人还是集体，我们都要对自己的行为负责。每一天，我们都期望为客户的健康和福祉做出积极的努力，对我们工作的社区和我们生活的世界做出积极的贡献。

（5）Can-do Safely

We take a positive and commercially aware "can-do" approach to the opportunities and challenges we face.

（5）安全可行

对于机遇和挑战，我们积极应对，并用商业上是否"可行"这一方法来进行权衡。

### 3.10.2　金巴斯集团企业价值观的解读

在金巴斯集团看来，企业价值观的作用在于，"我们的价值观可以确定我们共同的信念，并且指引我们的行为"。其中其所说的信念相当于世界观，而所说的指导行为相当于方法论，既能够提供世界观上的指导，又能够提供方法论上的选择，合其两者的作用就是哲学的作用。所以有的公司也把自己企业的价值观称之为"经营哲学"。

具体分析金巴斯集团的第一个企业价值观，它其实表达了三个方面的思想，即"公开"、"信任"和"诚实"，而这三个方面的思想每一个都可以成为独立的企业价值观。以其中的"诚实"为例，前文已经说过，它是世界五百强企业普遍重视的四个企业文化内容之一，在这10家英国企业里，联合利华就把它放在了企业价值观的第一位。而在《美国杰出公司企业文化研究》所选择的10家企业里有多家公司也是这样做的，如雪佛龙公司、威瑞森电信公司、波音公司等，对此前面已经做过分析。

在金巴斯集团看来，诚实不仅仅是一种道德上的自我约束，它还表现为对于规则和准则的遵守，这一点与前述所说之几家企业相比较有新意。有了这样一个思想作为指导，"我们在企业发展的全过程当中建立起最高的道德准则和专业标准"，这是此时诚实、彼时诚实、时时可诚实的重要基础。

既然"公开"、"信任"和"诚实"三个思想都可以成为指导一个企业发展的重要价值观，那么为什么有的企业，如金巴斯集团还要把它们三者合到一起来提出呢，这主要是因为它们三个之间存在着一定的逻辑关系。其中公开是一种诚实的表现，而诚实是可以公开的基础，因为公开和诚实，企业就可以获得顾客和社会的信任。相反的，如果不公开就谈不上诚实，不诚实就不可能得到他人的信任，因为得不到他人的信任企业就会失去客户的青睐和社会的支持，从而也就失去了可以发展的基础。所以一个有志于进步的企业就应该做到，"我们希望基于诚实、尊重、公平、开诚布公的对话和坦诚的态度来建立各种关系"。

分析金巴斯集团的第二个企业价值观，它所说的"追求品质"类同于前面一些公司提出的"追求卓越"，追求卓越就是要"热衷于提供卓越的食物和服务，并为实现这一目标引以为傲"。为了追求卓越的品质，企业有很多工作要做，"我们要对失误引以为戒"，"我们要不断形成自己的发展理念"，除此之外还应该有更高的要求，那就是"我们要敢于创新和勇于实践"，"我们要积极成为市场发展的领导者"等。一个企业经过这样一系列的努力以后，它就可以追求到卓越的品质，而有了卓越的品质以后企业就可以成就自己卓越的品牌，而有了卓越品牌的企业它就可以卓尔不群，不可战胜。基于这样一种考虑建立起来的逻辑是很多企业追求的理想，把这个逻辑再概括一下就是：追求品质，追求卓越，创造品牌，从而打造企业的核心能力。

分析金巴斯集团的第三个企业价值观讲得也是"团队合作"，而关于"团队合作"前面已经做过很多的分析。在此分解一下金巴斯集团的"团队合作"，其中另有很多细致的思想和安排：第一，团队合作不排除个人所有，鼓励个人进步应该成为团队卓越的前提；第二，团队合作不会埋没个人的才华，相反的要以个人的才华与个性为基础；第三，鼓励个人进步并主张全面发挥个人的能力不等于要以牺牲团队合作为条件，相反的只有强调团队的齐心合力，才能够为个人能力的发挥创造更好的平台，只有与他人相互之间进行支持才可以成就更加强大的自己；第四，团队合作要以分享团队所得为保证，只是努力工作却不能分享团队收益，个人的努力就会失去持久的动力；第五，团队合作要以目标为导向，人人共同追求目标之时，一个优秀的团队就建立起来了。

分析金巴斯集团的第四个企业价值观，它的核心思想就是"责任"，而关于"责任"联合利华讲"长期责任"，力拓集团讲"责任追究"，而金巴斯集团所说之"责任"才最具有普遍性的特点，它有四个基础层次的界定：第一，个人要有责任，个人要为自己的行为负责；第二企业要有责任，企业要为企业的活动负责；第三要对客户负责任，"每一天，我们都期望为客户的健康和福祉做出积极的努力"；第四要对社区和社会尽责任，要"对我们工作的社区和我们生活的世界做出积极的贡献"。

分析金巴斯集团的第五个企业价值观，它的核心思想就是"安全"，而关于"安全"前面已经有几家公司在强调，其中英国石油公司更是把"安全"作为其第一个价值观正式提出。只不过金巴斯集团当做企业价值观所说之"安全"与前面几家公司所要表达的思想并不相同，在这里它主要是指"安全运行"，而在后面的企业原则处再提"安全"时，其所指之意才与英国石油公司和力拓集团等言及之"安全"相同，关于这一点将在后面做进一步的解读。

### 3.10.3 金巴斯集团的企业原则

金巴斯集团的企业原则如下：

（1）Safety, Health and Environment First

Never to compromise on the health and safety of our customers and our people, and to manage responsibly the impact that our business has on the environment.

（1）安全、健康和环境第一

永不牺牲客户和员工的健康和安全，并负责地对待因我们的业务对环境产生的影响。

（2）Delivering for Clients and Consumers

To earn the continued loyalty of our customers by consistently demonstrating why we are the first choice for quality, service, value and innovation.

（2）为客户和消费者提供服务

通过始终如一地展示为什么我们以质量、服务、价值和创新为首选，来获得持续的客户忠诚度。

（3）Developing our People and Valuing Diversity

To recognize the diversity and contribution of our people. We create a work environment that is challenging and provides the opportunities and support for everyone to develop, learn and succeed.

（3）开发员工潜能且重视多样性

认识员工多样性和承认其贡献。我们创造具有挑战性的工作环境，为每个人提供机会并支持其发展，学习和成功。

（4）Profitable Growth

To deliver shareholder value through disciplined, sustainable growth, underpinned by strong governance, that contributes to and leverages the benefits of our global scale.

（4）盈利增长

通过有规划的、可持续的增长为股东创造价值，这种增长与强有力的政府支持是分不开的，这有助于我们全球规模效益的发挥。

（5）Constant Focus on Performance and Efficiency

To deliver the highest quality and performance, whilst relentlessly driving to be the lowest cost, most efficient provider.

（5）持续关注性能与效率

提供最好的品质和性能，同时不懈地努力成为成本最低，效率最高的供应商。

### 3.10.4　金巴斯集团企业原则的解读

从某种意义上说，一个公司的企业原则是对其企业价值观的补充，两者有着紧密的关系。只不过从价值观的角度看，企业价值观发挥的是精神引领的作用；而从原则的角度看，企业原则发挥的是刚性约束的作用。也就是说，企业价值观是柔性的，企业原则是刚性的，企业价值观是通过企业领导者们的引导而形成的，而企业原则一般是由企业管理的制度、机制、准则和规则作为保证而执行的。在金巴斯集团看来，企业原则的作用是"它们可以指引我们的决策"。

永远都不牺牲客户和员工的健康和安全，并且要负责任地对待因企业的业务而对环境产生的影响，这是金巴斯集团运营的第一个原则，也是该企业所信奉的做一切事情都应该信守的基础和前提。

关于这一原则在前面几家英国企业的价值观当中也有提及，但那些企业多数都是资源和能源类的公司。在美国的杰出公司里也有多家企业提及这个思想，只不过他们多数也是以企业价值观的形式提出的，如雪佛龙公司的第六个价值观认为，在企业发展的过程当中应该坚持人与环境优先的企业价值观，"我们把工作环境的健康和安全以及保护环境和财产置于最优先考虑的地位，我们的目标是通过严格地执行我们的优秀操作管理系统以赢得世界一流的绩效并因此而广受尊重"。从内容上看，雪佛龙公司所提出的这一条价值观与金巴斯集团对于这一原则的解读非常相近，但是雪佛龙公司也是一个能源类企业，他们提出这样的价值观似在情理之中。而像金巴斯集团这样非资源类、非能源类和非高风险类的企业也能在企业发展过程当中坚持这样一条原则，那就说明它是一个伟大的公司，是一个负责任的企业。如果他们做的也像他们说的那样，那么其公司就是一个真正的以人为本的企业，是一个真正地追求人与环境和谐的公司。如果中国的企业都能够坚持这样一个原则的话，那么假货、冒牌货、各种不安全的食品和商品就会永远消失了，这会使得我们的社会变得更加美好。事实上我们有很多企业是能够坚持这一原则的，但是也有少数企业在其发展的过程当中只是以逐利为目标而忽视了这一原则，它们失去了企业发展的良心，所以应该受到严厉的惩罚。

为客户和消费者提供服务其实算不上是一条原则，它应该是任何一个企业都必须做到的事情，但是金巴斯集团通过自己的注解为之赋予了不一样的内容，在他们的注解当中明确提出了要坚持这一原则必须以获得客户的忠诚度为目标，这就明显抬高了如此原则的评价标准。此外他们还指出了公司为实现这一目标应该采用的办法是要组合借助质量、服务、价值和创新的影响力与作用。

开发员工潜能且重视多样性是金巴斯集团的第三个企业发展原则，而这一原则在很多美国公司的企业文化里被设计成了企业发展理念。在《美国杰出公司企业文化研究》所选择的 10 家美国企业里，持有这种理念的公司多达 8 家，它们分别是埃克森美孚石油公司、雪佛龙、威瑞森电信、波音公司、马拉松原油、富国银行、花旗集团和宝洁公司。无论是企业原则也好，还是企业理念也罢，他们所主张的思想都是要认可员工的多样性并且要承认员工的贡献。为此，金巴斯集团的做法是，"我们创造具有挑战性的工作环境，为每个人提供机会并支持其发展、学习和成功"。

金巴斯集团的第四个企业发展原则是盈利增长，具体说就是"通过有规划的、可持续的增长为股东创造价值"。这又是一个普适性的原则，它被很多公司表述为企业发展的宗旨。只不过金巴斯集团在此又给出了不一样的解读，他们认为，"这种增长与强有力的政府支持是分不开的，有了这种支持将会有助于我们全球规模效益的发挥"。至于他们是如何获得政府支持的，本书在研究的过程当中并没有找到相关性的资料，但是他们这种希望得到政府支持的思想具有很重要的参考价值。事实上，任何一个企业在其发展的过程当中都应该寻求政府的支持，只不过这种支持不是强求可得的，获得它的前提一定是首先要得到社会的认可并且能够造福于所在的区域，没有了这样一条，理性的政府都不会无原则地给出帮助企业发展的支持，否则没有原则的支持只能造成市场竞争的混乱。

金巴斯集团的第五个企业发展原则是持续关注性能和效率。其中，性能是基础，效率是目标。对于任何一个企业而言，其所生产的产品和提供的服务性能上去了，而企业追求的效率目标自然也就实现了。否则只关注效率，而忽视性能，那就是一种舍本逐末的做法。在本书所研究的 10 家英国杰出公司当中，非常看重效率的企业还有南苏格兰电力公司，只不过他们没有以企业原则的形式提出这一要求，而是以企业价值观的形式将之明确为企业发展的指导思想。

## 3.11　BAE 系统公司的企业价值观及其解读

### 3.11.1　BAE 系统公司的三个企业价值观

BAE 系统公司的企业价值观一共包括三个方面的内容，具体如图 3-2 所示。

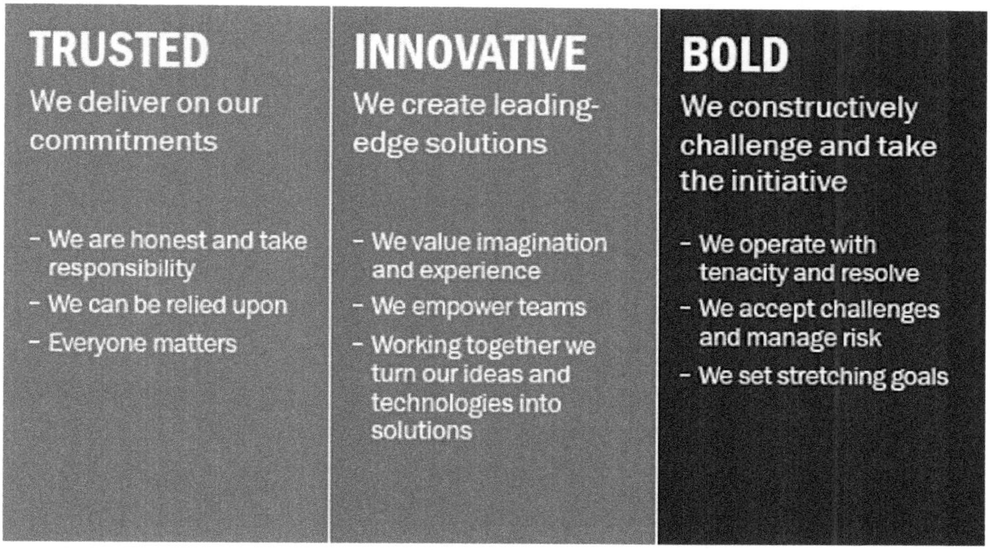

**TRUSTED**
We deliver on our commitments

- We are honest and take responsibility
- We can be relied upon
- Everyone matters

**INNOVATIVE**
We create leading-edge solutions

- We value imagination and experience
- We empower teams
- Working together we turn our ideas and technologies into solutions

**BOLD**
We constructively challenge and take the initiative

- We operate with tenacity and resolve
- We accept challenges and manage risk
- We set stretching goals

图 3-2　BAE 系统公司的企业价值观

（1）信赖（TRUSTED）——"我们信守承诺"

——我们是诚实负责的

——我们是值得信赖的

——每一个人都很重要

（2）创新（INNOVATIVE）——"我们创造优势领先的解决方案"

——我们重视想象和经验

——我们支持团队合作

——共同努力将想法和技术转换成解决方案

（3）勇敢（BOLD）——"我们积极挑战，敢为人先"

——工作中我们意志顽强坚定不移

——我们接受挑战并能管理风险

——我们设立不断延展的目标

### 3.11.2 BAE 系统公司企业价值观的解读

分析 BAE 系统公司的企业价值观可知，其用了三个关键词来表达三重思想，结合这三重思想还可以引申出其与中国企业文化的比较。

其中第一个关键词是 TRUSTED，这个词可以翻译成"信任"或"被信任"，也可以翻译成"信赖"或"被信赖"，而根据 BAE 系统公司的三条注解可知，在这里翻译成"信赖"或"被信赖"更为合适，因为"信赖"是"信任"和"依赖"的合成，让人信任是一种境界，让人因为信任而依赖是更高一层的境界。

或许 BAE 系统公司要追求的就是这种更高的境界。

无论 BAE 系统公司的真实想法是什么，中国企业在参考借鉴这一条企业价值观时则一定要取这种更高的境界作为目标，它曾经是我们最为宝贵的品质。近些年来，很多短视的企业为了急功近利式的发展一度把它忽略了，而忽略了它去追求发展，实质上就等于放弃了企业的未来。

为了追求"被信赖"的目标有很多工作去做，也可以分成很多的层次去追求，在这个追求的过程当中的第一步也是这件事情的前提应该是"信守承诺"，说到做到，"诚实负责"。事实上，不诚实的个人是无法赢得别人信任的，不负责任的人也不会让人依赖，所以说只有在诚实和负责的基础上，然后"我是值得信赖的"，"我可以被信赖"这样的承诺才会为人所信服。

以上所说是针对个人，以下所论是针对企业，针对企业的要求比针对个人的要求要复杂得多。

对于企业而言，为了实现让人信赖的目标，每一个员工都很重要，只有每一个人都能做到让别人信任，然后才会有"我们是值得信赖的"这样的结局。否则，如果有一名员工做出了让客户和顾客不信任的事情，那么客户和顾客就会因此而失去对企业信赖的信心，企业也就没有守住对于客户和顾客的承诺。

关于承诺，唐朝的魏征曾经写过一首诗，其中有两句是这样说的"季布无二诺，候嬴重一言"。

想一想"千金难买季布的一个承诺"，这是一种什么样的为人和处世的态度，它除了让别人感觉踏实以外，也让自己安心。

第二个关键词是 INNOVATIVE，也就是创新，关于创新，BAE 系统公司的理解是，"我们创造优势领先的解决方案"。众所周知，西方大国的杰出公司都是很看重创新的，但是在它们的企业文化当中却很少将创新作为一种价值观正式提出。在《美国杰出公司企业文化研究》所分析的 10 家企业当中，没有一家在其价值观当中直接提过"创新"，只是在雪佛龙公司的企业价值观体系当中提到过类似的"尊重独创性"的说法，"我们不断地寻找新的发展机会且乐见打破常规的工作方法，我们借助创造力去发现和寻找事先没有想到的解决问题的现实可行的办法，我们的经验、技术和毅力可以确保我们能够战胜任何的挑战并在这个过程中传递我们的价值"；在本书所研究的 10 家英国公司里，也很少有企业提及"创新"。这是一个很有意思的现象，或者可以理解为他们认为创新是必然的，所以不用特别提出。也或者他们所看重的"卓越"、"杰出"及"重视学习"等内容也可以替代"创新"的思想，正如 BAE 系统公司谈及"创新"时所重点描述的也不是"创新"而是"创造"。

除了前面所说以外，BAE 系统公司的创新观还有三点值得借鉴和参考，具体如下：

第一，创新首先要重视员工们的想象力和经验，如果没有员工们的全面参与、自由参与和主动参与，就不会有企业创新式的发展。

第二，创新离不开团队合作。

第三，创新不是空谈理念，而应该将创意思想和创新技术变成现实的解决方案。

第三个关键词是 BOLD，也就是"勇敢"。对于"勇敢"不同的人会有不同的理解，而 BAE 系统公司对此的解读是"我们积极挑战，敢为人先"。其中，"积极"是一种宝贵的态度，"敢为人先"既是目标也是手段，而"主动接受挑战"则是实现这一目标的主要路径，这些都是大勇敢的真表现。

为了接受挑战，企业除了要有主动出击的思想以外，还要在工作过程当中，注意以下三点：

（1）意志顽强坚定不移，这是可以勇敢的基础。

（2）勇敢者非逞匹夫之勇也，所以不要把急躁冒进、不守规则、无视风险与积极勇敢混为一谈。

（3）勇敢不是一时之状态，而应该成为企业人员应该保有的精神常态，这才是企业真勇敢的界定。

人们经常说文化是可以跨国界的，尤其是具有普适性的文化内容可以在不同的国家同时产生，也可以在不同的国家共同使用。如果把 BEA 系统公司的企业价值观用三个字来概括的话，那就是信、智和勇，而这样的三个标准在中国古代历来就是国家和军队等各类组织选择高层次人才的主要指标。

关于这个说法可以略举一例。

在孙子兵法当中，孙子就把高级将领也就是这里所说的企业人才应该具有的能力分成了五类：第一类是智，这就相当于 BAE 系统公司所说之创新，创新的基础是技术和知识，有了技术和知识同时还知道运用的人就可以称之为智者，一个企业的智者越多，其创新的能力就会越强，这也是为什么很多企业重视培训员工技能和培养员工能力的一个非常重要的原因。第二类是信，也就是 BAE 系统公司所说之信赖，信则不欺，信则有诚，信则守诺，信则可依，无信不立，有信必立。第三类是仁，也就是孔子所说的爱人，在企业管理过程当中这既可以指爱员工，也可以指爱顾客，同时还可以指爱企业发展之其他相关利益者。西方大国杰出公司所提倡的多样性理念、员工发展理念、顾客至上的理念等，其实都是这种爱人的具体表现，如果没有了爱人作为基础，提出再多的理念也都是没有用的。第四类是勇，也就是 BAE 系统公司所说之勇敢，它可以表现为锐意进取，可以表现为意志顽强，可以表现为坚定不移，可以表现为敢于接受挑战等。第五类是严，治军要严，待己要严等。

从孙子兵法所说的智、信、仁、勇、严当中抽出三个字就是 BAE 系统公司所坚持的企业价值观，那就是信、智和勇。如果把另外两个字再还原回去，就是中国企业在建立企业价值观体系时可以采用的一种路径，在这种路径选择的过程当中，只需要像 BAE 系统公司那样加上自己企业的理解和需求就可以了。

# 第4章 英国杰出公司的企业理念及其重点内容

## 4.1 基本情况介绍

前面 3 章已经分别研究了英国杰出公司企业精神文化六要素当中的企业使命、企业宗旨、企业愿景、企业核心价值观和企业精神（企业价值观）等五个方面的内容；而本章要研究的是精神文化六要素当中的最后一个要素，即企业理念，以及其所包括的具体内容和相关英国杰出公司在这些理念内容上的不同解读。

表 4-1 展示的是企业理念在企业精神文化当中的地位。

**表 4-1 企业理念在企业精神文化当中的地位**

| 企业文化 | 企业文化的 4S 构成 | 4S 企业文化内容细分 |
|---|---|---|
| | 中国企业 | 西方企业 |
| **S2：精神文化**<br>**直验文化** | S2-1：企业使命 | S2-1：企业使命 |
| | S2-2：企业愿景 | S2-2：企业愿景 |
| | S2-3：企业宗旨 | S2-3：企业宗旨 |
| | S2-4：企业核心价值观 | S2-4：企业核心价值观 |
| | S2-5：企业精神 | S2-5：企业价值观 |
| | **S2-6：企业理念** | **S2-6：企业理念** |

根据作者在《4S 企业文化与 7P 绩效管理及其互动影响研究》当中得出的结论，一个企业的企业理念也可以称之为"企业总体工作理念"，因为与它对应的还有一个"基础性理念体系"，也就是西方学者所说的"企业亚文化"的内容。

因为"企业总体工作理念"是指导企业全体人员如何开展工作的指导思想，所以它必须具有全面性和高度的概括性，因此，中国的企业习惯上只设计一个"企业总体工作理念"，同时再设计若干个"基础性工作理念"或者也可以称之为"企业亚文化"以作为辅助和补充。

表 4-2 展示的就是企业理念在"4S"企业文化当中的地位及其与企业亚文化的关系。

**表 4-2 企业理念在 4S 企业文化当中的地位及其与亚文化的关系**

| 企业文化 | 企业文化的 4S 构成 | 4S 企业文化内容细分 |
|---|---|---|
| 4S 企业文化结构<br>及其构成内容 | S1：表象文化<br>直感文化 | S1-1：物质表象文化 |
| | | S1-2：行为表象文化 |
| | | S1-3：制度表象文化 |
| | S2：精神文化<br>直验文化 | S2-1：企业使命 |
| | | S2-2：企业愿景 |
| | | S2-3：企业宗旨 |
| | | S2-4：企业核心价值观 |
| | | S2-5：企业精神 |
| | | **S2-6：企业理念**<br>**（总体工作理念）** |
| | **S3：亚文化**<br>**（基础性工作理念体系）**<br>直接文化 | **S3-1：分公司文化** |
| | | **S3-2：子公司文化** |
| | | **S3-3：部门文化** |
| | | **S3-4：团队文化** |
| | | **S3-5：小组文化** |
| | S4：在生成文化<br>直生文化 | S4-1：未界定的亚文化 |
| | | S4-2：未确定的精神文化 |

与中国的企业不同，在西方大国的企业当中没有清楚的总体工作理念界定，它们一般会重视若干个企业理念，并认为这些理念对于企业的发展而言是同等重要的。也正是基于这个原因，西方大国在其企业文化体系当中也很少有明确的亚文化设计，它们的相关内容被分散在这些公司的企业价值观和企业理念当中。

到底一个企业应该重视哪些企业理念并没有定论，中国的企业与西方的企业在这个问题上会有不同的考虑，即便同属西方大国的美国和英国它们的杰出公司也不会选择完全相同的内容。

在《美国杰出公司企业文化研究》当中，作者重点分析了四个企业理念，它们分别是"多样性与包容性理念"、"员工发展理念"，"战略发展理念"和"创新发展理念"等。此外，作者还研究了部分企业的"统一理念"和"文化优先理念"。

表 4-3 是作者收集到的 6 家英国杰出公司所看重的具体企业理念内容，这 6 家公司分别是英国石油公司、乐购、汇丰银行控股公司、联合利华、森特理克集团和 BAE 系统公司。

**表 4-3　英国杰出公司企业理念设计情况统计表**

| 企业名称 | 企业理念 |
| --- | --- |
| 英国石油公司 | 员工理念 |
| 乐购 | 员工理念 |
| 汇丰银行控股公司 | 企业多样性理念 |
| 联合利华 | 创新发展理念 |
| 南苏格兰电力 | |
| 森特理克集团 | 员工理念 |
| 力拓集团 | |
| 苏格兰皇家银行集团 | |
| 金巴斯集团 | |
| BAE 系统公司 | 责任理念 |

从这个表格当中可以看出，英国的杰出公司更加看重的两个企业理念也是"员工理念"和"多样性理念"，只不过看重这些理念的公司在数量上与美国企业相比要少得多。此外，还有 8 家英国杰出公司非常看重"企业战略理念"，关于这一点已经在前面第 2 章进行了分析，所以在此就不再重复研究。再者，也有 1 家英国公司，即联合利华也重视"创新发展理念"，只不过与美国的 4 家企业进行比较的话，在数量上还是美国企业比较多。而 BAE 系统公司所重视的"责任理念"是独一无二的，无论是在美国的 10 家杰出公司当中，还是在此研究的其他 9 家英国企业里，都没有系统提出过"责任理念"。事实上，这些没有提出"责任理念"的企业并不代表他们不重视企业责任，只是在他们的企业文化体系当中，没有像 BAE 系统公司那样将之进行了系统地阐述。

表 4-3 同时也是本章的研究路径，这个研究路径与《美国杰出公司企业文化研究》在分析相关性问题时所采用的安排不同。在那本书当中，因为对于同一理念进行关注的美国企业都比较多，所以作者依照不同企业关注的相同理念进行了归类，然后进行了比较集中的分析；而在这本书当中，因为关注同一理念的英国公司不是非常集中，所以作者还是按照这些英国公司在其国内的排名为序对他们所持有的理念顺次进行了研究，而没有采用归类研究的方法。

至于如何将美国企业与英国企业在相同理念上的不同看法进行对比的问题，将放在第 7 章进行研究，当然，在第 7 章进行比较的不仅仅是这两个国家杰出公司的企业理念，还包括他们之间在企业使命、企业宗旨、企业愿景、企业价值观和企业原则上的同与不同。

## 4.2　英国石油公司的员工理念及其解读

### 4.2.1　英国石油公司的员工理念

以下是英国石油公司的员工理念:

Projects to challenge you. People to inspire you. Training to develop you. BP offers everything you need for a rewarding career. Our commitment to building a stronger, more sustainable energy future is matched by our commitment to the people who will make it a reality. So we'll invest in your development, equipping you with the technical skills for the present and ensuring you have a fulfilling, long-term career.

　　项目挑战你,人们激励你,培训发展你,英国石油公司为你提供成就有意义事业所需之一切。我们要建设更加强大、更具可持续能源未来的努力与我们培养可将这一切变为现实的员工的努力是密不可分的,所以我们要投资于员工发展,使其不但具备当下所需之专业技能,而且还要确保其具备长期从事让人具有满足感事业的能力。

### 4.2.2　英国石油公司员工理念的解读

　　依据表4-3可知,在本书所选择的10家英国企业当中,比较重视员工理念的有英国石油公司、乐购公司和森特理克集团这三家企业。三家企业重视员工的理念是相同的,但是各自重视的角度与采用的具体促进方法又各不相同。

　　分析英国石油公司的员工理念可知,虽然它的内容表述比较简短,但是表达的思想和要求却非常清楚,其核心思想是:帮助员工成长,然后借助员工的成长以带动企业的不断发展;其论证的逻辑是:员工是企业的资源,优秀的员工需要企业培养,培养出优秀的员工就能帮助公司获得长足进步的最为优质的资源。

　　事实上,"帮助员工成长而后成就企业"是多数西方杰出公司共同持有的员工发展理念,这个思想是清楚的,也是容易为人所接受的,但是如何才能帮助员工成长,各家公司又会有不同的安排和设计。

　　归纳英国石油公司在"帮助员工成长"方面的做法可以概括为以下几条。

　　(1)企业为了自身的发展必须强化针对员工的培训工作,"培训发展你","我们投资于员工发展，使其不但具备当下所需之专业技能，而且还要确保其具备长期从事让人具有满足感事业的能力"。

（2）对于员工的培养与培训应该寓于企业日常的工作过程当中，企业要以项目运营的实际操作来锻炼员工的各个方面能力，"项目挑战你"，"以项目训练你，让你的成长与项目的成功同步进行"。

（3）以从事伟大的事业作为主要带动员工发展的动力，"英国石油公司为你提供成就有意义事业所需之一切"。

关于员工发展理念，美国的杰出公司也都非常重视，在《美国杰出公司企业文化研究》所选择的 10 家企业里，正式提出自己员工理念的企业有埃克森美孚石油公司、雪佛龙公司、威瑞森电信、JP 摩根大通、波音公司、花旗集团和富国银行。经过研究发现，这 7 家公司的员工理念和员工管理方法各有千秋，独具特色，而且都能够做到"独领风骚于所在的行业，事半功倍地应用于所在的企业"。

探究中国的员工管理理念，可以上溯到很久以前，在作者所研究的另外一本书即《六韬三略论管理》当中曾经有三分之一的篇幅在探讨这个话题，由此也可以看出中国人自先秦时代甚至更早的时候就已经开始关注"员工"在组织发展过程当中的作用，而且极尽其激励的智慧与决心。在《六韬三略论管理》和《美国杰出公司企业文化研究》当中概括出来的结论是："得人才者得天下"，这永远是企业经营的第一要义；"得人才真心工作者可以雄视天下"，这永远是企业管理的第一要义。基于这样一个指导思想，作者认为在企业文化建设与管理的过程当中应该始终把"员工理念与员工管理"放在一个突出的位置，"重视它，努力做好它，然后企业就可以长足地进步和快速地发展"。

分析到此，回头再看一下英国石油公司员工理念的核心思想，它极具激励性，也很为员工着想，如果把它当做是企业招纳人才的广告语似乎非常合适，"项目挑战你，人们激励你，培训发展你，公司为你提供可以成功的一切条件"。

加入就有机会，加入就会得到帮助，加入就会成功。

那你还等什么呢？

## 4.3　乐购公司的员工理念及其解读

### 4.3.1　乐购公司的员工理念

乐购公司的员工理念可以分为两个层次，第一个层次是思想上的阐述，它要表达的是企业员工管理的主要思路；第二个层次比较微观和可操作，它要说明的是其支持员工发展的具体做法。

首先看一下其理念上的界定：

Our colleagues serve our customers and distribute our products every day. It really matters that we give them the greatest possible support to do their work and develop as individuals. We want all our colleagues to be proud of what they achieve and feel supported to put customers first in everything they do.

我们的员工每天都要为顾客服务，并销售我们的产品，因而我们在他们的工作当中提供最大限度的支持和个人成长空间就变得尤为重要。我们希望让所有的员工都可以以自己的成就为傲，并在践行"顾客至上"的工作理念时可以感受到强大的支持力量。

其次再看一下其支持员工发展的具体做法：

Over the last year our business has gone through a significant restructuring and, wherever possible, we have tried to make sure that colleagues are the first to know about any changes which will affect them. This commitment to be open and transparent will continue once the transformation process is complete. In addition, we have worked hard to do everything we can to support colleagues and offer expert advice as they face changes to their roles and the organization. In those cases where we have had to unfortunately close stores, we have tried where possible to find another position for them in an alternative store. Despite the challenges, we have continued to expand our training programs to help colleagues understand our compliance policies, grow their knowledge and develop their skills. An example of this is our training program around the new Code of Business Conduct, which was rolled out to all colleagues at the beginning of 2015.

在过去的一年中，我们对业务进行了重大调整，在可能的情况下，我们竭尽所能地让员工可以在第一时间获悉可能对其产生影响的变化。改革进程一经结束，我们也会力求做到公开和透明。此外，我们尽心竭力地支持每一位员工，当其面对职位调整或调转时，为其提供专业建议，当很不幸地碰到某家店关闭时，我们会不遗余力地为其在另一家店中找到相应职位。尽管面临挑战，我们仍不断扩大我们的培训计划，以帮助员工了解我们的条例政策，并增长他们的知识以及发展他们的技能，这可以以我们在新的《商业行为准则》中的培训计划为例，此计划是在 2015 年初由所有同事共同推出的。

### 4.3.2　乐购公司员工理念的评述

在分析乐购公司的员工理念之前，可以先看一下美国杰出公司的代表埃克森美孚石油公司是如何做的和如何想的，它们公司在这个方面的论述除了可以帮助读者深入理解这个理念以外，还可以帮助本书分析乐购公司的员工理念与员工管理竖立一个参照对象。

以下是埃克森美孚石油公司的论述，"我们致力于员工的专业发展并支持他们的职业目标。我们致力于培养多样化的高素质人才，借由他们致力实现企业的商业优势。我们使用一个长期的和职业导向的方法，包括招募优秀的人才和提供机会以广泛地发展个人能力并完成他们的任务。我们的员工文化植根于一个广泛的共同承诺，包括共同致力于安全，保持诚信，完成高质量的工作和争做良好的企业公民"。

相对于埃克森美孚石油公司的员工管理理念，乐购公司的员工管理理念也非常具有提振精神的作用，"我们希望让所有的员工都可以以自己的成就为傲，并在践行顾客至上的工作理念时可以感受到强大的支持力量"。此外，在乐购公司的员工管理理念当中也暗含着英国石油公司员工理念一样的出发点，那就是帮助员工成长，然后借助员工的成长以带动企业的不断发展，"我们的员工每天都要为顾客服务，并销售我们的产品，因而我们在他们的工作当中提供最大限度的支持和个人成长空间就变得尤为重要"。

综合对比埃克森美孚石油公司和乐购公司的员工理念，可以从中梳理出如下几个要点：

（1）企业发展的基础是员工，员工的努力是企业可以成长的最为主要的动力，这是一个极其朴素的思想。

（2）因为员工的成长对于企业的成功非常重要，所以企业必须为员工的成长与成才创造一切可能之条件。

（3）对于员工最大的激励是帮助他们成功，而及时肯定员工们的成功并给予他们相应的奖励是确保企业可持续发展的关键。

（4）员工们的成长是一个系统工程，对此企业必须进行系统地管理，而在管理的过程当中加强对于员工们的培训工作是重中之重，这其中包含的最为主要的思想就是"先授之以渔，然后再让其捕鱼，最后再给之以鱼"。

（5）为了完成企业多元化的目标，必须培养多样性的员工，在培养员工的过程当中要注重给予他们长期的和职业化的导向，以让他们能够在企业长期发展，并且可以发展出属于自己的职业能力。

（6）企业要建立系统的员工文化，要真心关心员工，要待员工以诚并对之守信。

以上所提之六条既可以看做一个公司有效管理员工的指导思想，也可以把它们看做管理员工的具体做法，在提及做法之时，还可以从乐购公司对待员工的具体方法当中再提炼三条，以作为前面六条的补充，它们分别如下：

（1）让员工参与和感受企业改革，在这个过程当中企业要对员工保持公开和透明。

（2）尽心支持每一位员工，不放弃任何一位员工。

（3）公司可以借企业的行为准则和各种政策帮助员工管理的理念实现落地的目标。

如果一个企业能够坚持以上所说之九条员工管理思想和方法的话，那么这个企业的员工管理工作一定会成功，而企业的发展也会因此建立大成功之最为重要的基础。

## 4.4　汇丰银行的多样性理念及其解读

### 4.4.1　汇丰银行的企业多样性理念

汇丰银行将企业发展的"多样性理念"视为其成功运营之根基，以下为其具体表述内容：

Diversity is in our roots. HSBC was founded 150 years ago to finance trade between Europe and Asia. We brought together different countries and cultures, as we still do today. We believe that diversity brings benefits for our customers, our business and our people. The more different perspectives we have, the better equipped we'll be to meet the demands of our diverse global customer base—whether they are starting a business, exporting to new markets or planning for retirement. We want HSBC to be a place where people feel they can be themselves. That's why, as an employer, we aim to provide a flexible, open and supportive working environment where employees feel able to speak up, where everyone is valued and respected, and where progression is based on merit. Our employees lead seven global networks to promote diversity and make sure everyone feels included. They focus on gender, age, ethnicity, sexual orientation, religion, working parents and disability. At HSBC we aim to achieve gender balance, and to increase the number of women in senior leadership roles.

多样性是我们的根基。汇丰银行于 150 年前为促进欧亚的金融贸易而生，正如今天我们一直所做的那样，我们连通了不同的国家与文化。我们相信，多样性可以为我们的客户、我们的业务及我们的员工带来好处，我们所有的不同观点越多，就越可以让我们更好地满足全球不同客户群之诸如创业、开发新市场或筹划退休等各个方面的需求。我们希望汇丰银行可以成为一个让员工做真正自己的地方，这就是为什么作为雇主，我们希望提供一个灵活开放、相互支持的工作环境的原因，在这里员工可以直言不讳，在这里每一个员工备受重视，深受尊重，在这里做得好就会有所回报。我们的员工遍布七个全球体系，为促进多样性，要确保所有人都囊括在内，包括不同性别、年龄、种族、性取向、宗教的人，以及双职工和残疾人。在汇丰银行，我们力求性别平衡，并增加高管中女性的数量。

### 4.4.2　汇丰银行多样性理念的解读

从一般性逻辑看，人们研究或对待一件事情时所经历的过程应该分作三步走：第一步分析是什么，第二步研究为什么，第三步提出怎么办之方法。

而汇丰银行在此表述其多样性理念时所采取的逻辑顺序与前面所说略有不同，首先谈的是为什么，其次指出是什么，最后给出的是怎么办，下面就按照其逻辑做出我们的分析：

首先看一下"为什么"的话题，也就是说汇丰银行为什么要采用多样性的发展理念呢，那是因为，"我们相信，多样性可以为我们的客户、我们的业务以及我们的员工带来好处"，为什么会这样说呢，因为"我们所有的不同观点越多，就越可以让我们更好地满足全球不同客户群之诸如创业、开发新市场或筹划退休等各个方面的需求"。

以上所述不仅仅是汇丰银行为什么要坚持多样性理念的原因，而且它还可以看做所有企业为什么要重视多样性理念的主要理由。这个理由如下：

（1）坚持多样性，有利于企业员工的发展。

（2）坚持多样性，有利于企业业务的多元化。

（3）坚持多样性，可以满足客户多样性的需要。

只要是有利于企业的业务，有利于企业的员工，有利于企业的客户，最终就一定会有利于企业的发展，这才是企业坚持多样性的真正目标。

其次看一下"是什么"的话题，也就是要分析一下汇丰银行多样性发展理念的主要内容，它包括两个方面：

第一个方面为多样性所指的人群是谁。

汇丰银行将它确定为两大群体，即员工和客户，这正如汇丰银行行政总裁欧智华（Stuart Guliver）所说，"我们应该展现更多我所热爱的多样性，因为我希望员工来上班时可以做自己，我希望全世界成千上万的客户在汇丰银行可以看到自己的影子"。

第二个方面为针对主要人群所理解和设定的多样性的内容是什么。

虽然很多企业的"多样性理念"都不是完全针对员工提出的，但是针对员工的那部分往往是每个企业都会重视的内容，汇丰银行也不例外，它的主要目标对象也是员工，而员工的多样性被汇丰银行界定为七个群体的同步发展，即不同性别、年龄、种族、性取向、宗教的人，以及双职工和残疾人的协同进步。

最后分析一下"怎么办"的话题，也就是在发展员工多样性的时候，汇丰银行是怎么做的，这也可以分做两个方面：

第一个方面，"我们希望汇丰银行可以成为一个让员工做真正自己的地方，这就是为什么作为雇主，我们希望提供一个灵活开放、相互支持的工作环境的原因"。把这句话整理下可以更清楚地看出它要表达的意思，那就是"为了体现和发展员工的多样性，企业要创造一个灵活开放和相互支持的工作环境，以让员工在这样的环境里可以做自己，保持自己的风格，且可以与众不同"。

第二个方面，"在这里员工可以直言不讳，在这里每一个员工备受重视，深受尊重，在这里做得好就会有所回报"。在这简短的一句话里包括了四个方面的思想，由这四个方面的思想作为指导企业可以采取四种促进员工发展多样性的措施，这四个方面的思想及做法分别如下：

（1）员工在企业里可以直言不讳，可以直接表达自己的所思所想，企业为了鼓励员工畅所欲言，应该建立可以让员工能够充分表达所思所想的渠道和机制。

（2）企业要重视员工，企业应该如何重视员工呢，关于这一点可以参照前面乐购公司的做法。

（3）企业要尊重员工，这包括要尊重员工的多样性，要尊重员工的独创性，要尊重员工的个性，等等。

（4）企业要认可员工的工作，要及时肯定员工的努力，要及时地和机制化地对努力工作的员工给予奖励和鼓励。

除了汇丰银行以外，作者没有找到其他几家英国公司谈论多样性理念的资料，但是这并不等于他们不重视企业的多样性发展，事实上每一家英国杰出公司对此都很重视。

除了英国企业重视多样性理念以外，美国公司对此也非常重视，在《美国杰出公司企业文化研究》所选择的 10 家企业当中，几乎每个公司也都有大量的关于企业文化之多样性理念的介绍，在那本书当中，作者集中研究了埃克森美孚石油公司、雪佛龙公司、威瑞森电信、波音公司、马拉松原油、富国银行、花旗集团和宝洁公司。基于针对这些公司的研究，再加上对于英国企业的分析可以得出的主要结论有以下三条：

（1）只要是企业的员工就要一视同仁，平等对待，不可歧视。

（2）企业要尽一切之所能帮助和支持所有的员工全面发展，并让他们都能够从企业的发展当中获益。

（3）帮助员工就是发展企业，员工进步了，企业也就成功了。

为了帮助读者更进一步理解多样性对于企业发展的重要，以及为了强调多样性企业应该做出哪些方面的努力，在此可以回顾一下埃克森美孚石油公司的总裁Rex W. Tillerson 所做的一个相关致辞：

思想、技能、知识和文化的多样性和包容性使埃克森美孚石油公司更具竞争优势，更加富有弹性，更能驾驭复杂和不断变化的全球能源业务。每一天我们都要超越传统的参考框架，借助多样性发展独特的观点和应对每一个人面对的挑战以增强我们的力量。我们致力于建设一个有才华的、多样化的员工队伍，创造一个能使每一位员工都有机会表现出色的环境。这些是我们多年经营的核心原则。

我们在多样性和包容性方面的努力是广泛的。它们的范围从吸引和发展全球劳动力并把他们整合在一个工作环境当中，到重视独特的视角和价值观，鼓励每一个人的成长，对所有员工都表示我们的尊重，借助对教育的合作伙伴和社区发展的举措提高我们所在区域的生活和工作质量等。

我们的全球工作平台反映了当地社区和文化的特色。我们的目标是寻找并雇佣那些有才华、有奉献精神的员工，然后给他们学习、成长和成功的机会。其结果是我们建构了一个多元化的和多方位的可以为有才华的员工提供发展机会的工作平台，这些员工有着不同的观点、不同的想法和不同的出生背景。

我们的多样性和包容性记录是员工和股东们可以引以为傲的事情之一，我们保证继续建立一个工作平台，它将确保我们一直是一个可以从各个角度都经得起推敲的全球化的公司。

无论是英国的杰出公司，还是美国的杰出企业，它们都是非常重视多样性理念的。这些公司之所以重视多样性理念其初始原因就是为了借助员工的多样性发展，以实现企业发展多元化业务的目标。例如，美国新当选的总统特朗普的企业就非常重视多样性，在他的公司里，女性高管的数量远远多于男性高管。

也有的企业之所以重视员工的多样性发展，是考虑到了企业应该肩负的社会责任，或者是企业的发展形成了重视多样性的传统。但是公司于多样性方面的诉求，归根到底还是以考虑企业发展的需要为出发点的，关于这一点可以集中体现在以上致辞的第一句话当中，"思想、技能、知识和文化的多样性和包容性使埃克森美孚石油公司更具竞争优势，更加富有弹性，更能驾驭复杂和不断变化的全球能源业务"。

## 4.5　联合利华的创新发展理念及其解读

### 4.5.1　联合利华的创新发展理念

重视创新无疑是所有杰出公司之所以杰出的一个重要原因，这一点是肯定的。但是，不同的企业对待创新的理念以及所采用的促进创新的方法又是不一样的，这一点也是肯定的。

以下所述就是联合利华所特有的创新发展理念的主要内容。

Innovation is at the heart of Unilever's ambition to grow sustainably. Science, technology and product development are central to our plans to keep providing consumers with great brands that improve their lives while having a positive impact on the environment and society.

创新是联合利华追求可持续发展之雄心目标的关键，科学、技术和产品开发是我们规划的核心，这可以确保我们不断为客户提供伟大的品牌以提高他们的生活品质，同步对环境和社会还可以产生积极的影响。

以下所述是联合利华创新发展理念的具体体现及其所采取的具有自己企业特点的七项措施：

（1）Finding new ways to grow sustainably

All our innovations are based on key insights into what consumers want and need. We aim to develop products that have purpose, so that consumers choose them again and again. We work on a wide portfolio of projects, combining the search for breakthrough technologies with the constant drive to respond to competitors, move into new markets, and make our products more sustainable. The products we develop through innovation, whether by ourselves or through our extensive partnerships with leading scientists, academic institutions, suppliers and specialist businesses, play an essential role in our ambition to make a positive impact on the world around us. Many of the challenges of improving health and well-being, reducing environmental impact, and improving nutrition will be met through science and technology, and we want to be at the forefront of this work.

（1）寻求新方式以求可持续发展

我们所有的创新都建立于洞察消费者之所想、之所需的基础之上，我们致力于开发具有一定目标性的产品，以便使之成为消费者反复必选之物。我们致力于一个广泛的项目组合，将寻求突破性技术与不断地同竞争对手应对相结合，从而进入新的市场，使我们的产品更具可持续性。通过创新所开发的产品，无论是自主开发的，还是同权威科学家、学术机构、供应商或者是专业企业广泛合作开发的，对实现我们的目标，即对我们所在的世界产生积极影响这一目标，均发挥着至关重要的作用。提高人们的健康与福祉、减少对环境的消极影响、改善营养，这些挑战都将通过科学和技术得以实现，我们希望走在这一道路的最前沿。

（2）Excellence from lab to shelf

Our innovation process goes through three main stages - research, development, and product launch.

（2）从实验室到货架处处卓越

我们的创新过程经历三个主要阶段：研究、开发和产品发布。

（3）Research at our world-class facilities

Our six main R&D centers in the US, UK, Netherlands, India and China work on the science and technologies that can be applied to our product development process. Our research aims to bring together the best thinking and ideas from wherever they exist—not only do we pull together the best scientific expertise from within Unilever, but we also work closely with universities and specialist companies. We have a strong record for achieving breakthrough innovations—disruptive technologies that meet consumer needs better than any available alternatives, and which can make a big impact.

（3）在世界级设施上进行研究

我们在美国、英国、荷兰、印度和中国的六个主要研发中心，都致力于科学和技术研究，这些研究可应用于产品开发的全过程。我们的研究旨在汇集不同出处的最棒的思路和想法，这不仅要求联合利华内部的科技专业人才齐心协力，同时要与大学和专业公司紧密合作。我们有实现突破性创新的辉煌记录，这就是满足消费者需求的颠覆性技术，这样的技术远胜于任何替代做法，并能产生重大影响。

（4）Developing products that meet consumer needs

Product design teams take our breakthroughs in science and technology one step further, turning unique insights into the products that consumers want and need. Development and testing of new technology takes place until it fits the product description—perfecting a formulation so that it looks great and is stable when stored, for example, or developing packaging that suits the product format, delights the consumer, and minimizes environmental impact. Next we test the product thoroughly—first to ensure it is safe and will live up to our standards of performance, then with consumers to make sure it meets their needs.

（4）开发满足消费者需求的产品

产品设计团队把我们在科学和技术上的突破推进一步，即将独特的见解转化成消费者所想所需的产品。新技术的开发和测试会一直进行到符合产品说明为止，例如，为了看起来很棒和贮存稳定要完善配方，或者要开发适合产品规格、消费者喜欢并且环保的包装。接下来，我们要对产品进行全面测试，首先确定它是否安全，其次看它是否符合性能标准，然后要看它是否满足消费者需求。

（5）Launching new products into our markets

Our R&D Deploy teams draw on local knowledge - such as consumer preference, the regulatory framework, legal considerations and competitor products - as they ready a product for launch into a new market. They work closely with colleagues in marketing and supply chain to make sure the new product can be manufactured efficiently and meets the needs of our consumers.

（5）不断将新产品投放市场

当做好将某一产品投放新市场准备时，研发部署团队会基于如消费者偏好、规章制度、合法报酬或竞争对手产品等当地情况，与负责营销和供应链的同事齐心共力，以确保新产品能高效生产，并满足消费者需求。

（6）Investment in a brighter future

More than 6 000 Unilever R&D professionals are building our brands through innovation. We invest around €1 billion in R&D each year, and we hold a portfolio of more than 20 000 patents and patent applications.

（6）为更美好未来进行投资

6 000 多位联合利华专业研发人员正通过创新建设我们的品牌，我们每年将大约 10 亿欧元投资于研发部门，持有超过 20 000 项专利和专利申请的投资组合。

（7）Open Innovation

We have a vision of a better future for our world and our business—and we want partners to share it. If you have a new design or technology that could help us grow our business and solve the challenges we've set ourselves, we'd like to work with you through Open Innovation.

（7）进行开放式创新

我们的愿景是让我们的世界、我们的业务有更加美好的未来，并希望我们的伙伴可以共享这一愿景。如果您拥有可以促进我们企业发展，帮助应对我们完成自我设定挑战的新设计、新技术，我们愿意通过开放的创新方式与您合作。

### 4.5.2　联合利华创新发展理念的解读

在这样一个快速发展和全面变革的时代，任何一个企业都离不开创新的支持，离开不断地创新企业就会失去大发展的动力，这几乎已经成为一个企业界的共识。可是，为什么要创新以及如何开展工作才能促进创新呢，对此，联合利华的创新发展理念和创新举措给出了很好的答案。对此，我们继续沿用前面乐购公司的分析逻辑进行解读，首先看为什么，其次讲是什么，最后再分析怎么办。

首先，联合利华为什么如此重视创新呢。

那是因为它可以"确保我们不断为客户提供伟大的品牌以提高他们的生活品质，同步对环境和社会还可以产生积极的影响"。为客户提供伟大的品牌是为了赢得客户的信赖；对环境和社会产生积极的影响是为了从环境和社会当中得到持续的支持；而有了客户的信赖和环境与社会的支持以后，企业就具备了大发展之基础。相反的，如果不重视创新，不对产品和服务进行升级，久之就会失去客户的信赖，从而会失去企业发展的源；如果不重视创新，不借助创新对环境和社会产生积极的影响，社会和环境也就不会为企业提供正向的支持，从而会失去企业发展的本。任何一个企业的发展，如果没有了客户与社会的本源支撑都注定要失败。

"其他企业通过创新在为客户不断提供更好的服务，在对环境不断产生积极的影响，我们的企业如果不进行创新，只一味墨守成规，故步自封，长此以往，甚至用不了多长时间是不是就会出现企将不企的局面呢。"一个企业这样想时，一个企业进步；多个企业这样想时，多个企业进步；所有的企业都这样想时，社会进步。这就是当代企业发展的逻辑，也是当代社会可以如此快速发展的一个重要原因。

作为一个成熟的企业，联合利华当然能够想到这一点，而且肯定不会脱离这样一个时代发展的潮流。

其次，既然创新对于企业发展如此之重要，那么联合利华又是如何对待创新的呢。

"创新是联合利华追求可持续发展之雄心目标的关键，科学、技术和产品开发是我们规划的核心"，这就是联合利华对待创新的态度。而有了创新的驱动和基于创新目标所设计的规划，企业就有了大发展的保证。

最后，既然联合利华认可企业创新的重要，而且在具体的工作过程当中又表现了对它的重视，为此它又是如何做的呢。

依所前述资料可知，联合利华的创新工作有七个方面的重点，在此可以将其七个方面的重点工作做一下梳理并将之扩展成可以直接为读者提供参考的十一个条目。

第一，创新必须要有明确的目标，这个目标又可以分成两个层次。第一个层次的目标要以顾客和客户为导向，也就是要把创新工作"建立于洞察消费者之所想、之所需的基础之上"，然后"开发具有一定目标性的产品，以便使之成为消费者反复必选之物"。第二个层次的目标是大目标，从联合利华的角度看，那就是要提高人们的健康与福祉，减少对环境的消极影响，并且不断地改善人们的营养状况。有了这样一个大目标之后，反过来还会为第一个层次的创新目标提供愿景和方向。概括这一条的核心思想就是，"企业创新必须坚持目标导向"。

第二，在企业创新的过程当中以及多元化的创新体系里，技术上的突破无疑是重点，在突破技术难题时，一定要建立创新性的团队，要致力于由项目引导来整合企业内外的创新性资源。

第三，企业在进行创新性的工作时，还要关注竞争对手的动向，要确保在与对手进行竞争时始终处于领先或是高出一筹的状态，从而确保企业可以一直战胜对手而不是被对手所击败。

第四，企业创新工作的推进可以采用多种方式，既可以自主进行创新，也可以同权威科学家、学术机构、供应商或者是专业企业广泛地进行合作以实现联合创新。从某种意义上说，联合创新是一种更有效的选择。

第五，企业在进行创新时，要注意创新的过程性，或者说为了实现高水平的创新成果，必须坚持"全过程创新"的工作思路，并对应地设计全员参与和全过程管理的创新性工作机制。

第六，作为世界性的企业，还要整合世界性的创新资源，要全面和充分地利用企业所在地、所在国的创新性人才和技术创新的力量，从而可以形成企业强大的创新合力。

第七，创新有多种形式，有渐进式的创新，有局部革新，也有颠覆性创新，它们可以同时体现在企业的创新进程和创新工作当中，可以发挥不同的促进企业发展的作用。

第八，创新要转化为生产力，技术要变成产品，新产品要经过各种测试，"首先确定它是否安全，其次看它是否符合性能标准，最后要看它是否满足消费者需求"。

第九，在进行创新时，企业内部要加强合作，各个部门要高度协同，研发团队要直接面对市场，"与负责营销和供应链的同事齐心共力，以确保新产品能高效生产，并满足消费者需求"。

第十，创新不仅要为企业当下发展提供动力，还要面向未来进行规划，这项工作要与企业的品牌管理密切配合，在过程当中还要注意专利的申请、保护和运用。

第十一，高水平的创新要有开放式的创新文化作为支撑，"我们的愿景是让我们的世界、我们的业务有更加美好的未来，并希望我们的伙伴可以共享这一愿景"，"如果您拥有可以促进我们企业发展，帮助应对我们完成自我设定挑战的新设计、新技术，我们愿意通过开放的创新方式与您合作"。

关于创新发展的理念，在《美国杰出公司企业文化研究》所选择的 10 家企业当中，有 4 家企业也明确提出了这一理念而且相应地设计了自己的创新工作机制，这 4 家企业分别是埃克森美孚石油公司、雪佛龙公司、JP 摩根大通和花旗集团。其中，埃克森美孚石油公司认为可持续发展是公司的未来，为此公司所有的员工都必须承诺不断地创新和不断地进步。雪佛龙公司比较重视技术创新，"技术创新在低商品价格的时代可以区分我们的表现"，"我们的技术既可以帮助我们找到和商业化新的石油和天然气，也可以帮助我们从现有的油田当中恢复更多的资源。创新可以使我们能够整合数据和信息，以便于我们能够有效地管理和发展我们的全球资产。创新可以帮助我们安全可靠地运行并且尽可能给环境带来最小的影响"。JP 摩根大通也非常重视技术创新，"技术可以被利用作为一种强大的推动者。它可以缓解执行支付的挑战，可以降低全球组织的复杂性，可以提高财务的可知度"。花旗集团在创新方面的认识是，"为使超过二十亿的人进入经济主流，花旗和我们的合作伙伴需要以新的方式思考、行动和投资"。

## 4.6 森特理克集团的员工理念及其解读

### 4.6.1 森特理克集团的员工理念

森特理克集团的员工理念与其他公司的提法不同，在提出其员工理念之前他们先明确了自己公司的发展方向和面临的挑战，然后基于公司的发展诉求，提出了对于员工和希望加入人员的期许和承诺。

下面首先看一下森特理克集团对于自己公司定位的界定以及对公司面临挑战的说明：

The markets in which we operate are rapidly changing. We see that we have a key role as the UK's largest domestic energy supply business to lead the industry to a more sustainable future. Our challenge is to secure long-term energy supplies for our customers and to help build a sustainable future. Operating in a global market, it's our role to secure and supply the energy that keeps millions of businesses and homes running. We need to understand and deliver what customers want today and tomorrow, while meeting the challenges of an unpredictable and changing energy market. More than just meeting the needs of today, we are investing considerable effort to create a future for more efficient and sustainable energy solutions. From developing the UK's largest wind farm to installing micro generation power in the home and advising customers on energy efficiency, every part of our organization is working towards this goal. We're involved in every step of the energy story, from source to supply—in fact, we are a key force in leading and shaping change in the energy industry. Where do you fit in? Whatever their role, our people are using their experience and expertise to make an impact on one of the biggest challenges facing the world today: securing our energy supply, now and in the future. We're working towards becoming the leading integrated energy company in our chosen markets. It's an interesting time to be in the industry and we've plenty of challenges to meet across our businesses.

我们经营的市场正在迅速变化，我们知道，作为英国最大的国内能源供应企业，如何引导本行业在未来的可持续发展，我们的作用至关重要。我们面对的挑战是长期为客户安全地提供能源，并助力建立可持续发展的未来。在全球市场上运作，我们的职责是确保提供足够的能源以让千千万万家企业和家庭正常运转和生活。我们需要理解并为客户提供当下和未来之所需，与此同时还要应对来自不可预知、不断变化的能源市场的各种挑战。我们不仅要满足当今市场需求，还要花大气力以创造更高效的未来，并提出可持续的能源解决方案。从开发英国最大的风电场，到在家里安装微型发电机，再到为客户提供能源效益建议，我们的每一步都在朝着这个目标不断地迈进。我们参与了能源问题的从源头到供应的每一环节，事实上，我们是主导和把握能源行业变化的关键力量。适合你的位置在哪？无论职责如何，我们的员工都在用自己的经验和专业知识对当今世界所面临的最大挑战施以影响，此挑战指的是确保现在和未来的能源供应。我们正在努力成为目标市场上领先的综合性能源公司，现在是本行业令人瞩目的时期，业务中我们要面对很多挑战。

以下是森特理克集团基于公司的企业定位和面临的挑战而提出的十条员工理念：

（1）Shape Your Future

Success for us means that you can see a compelling future ahead of you within the business.

（1）帮助您塑造未来

对于我们来说，成功就意味着在你面前的业务具有令人瞩目的未来。

（2）Great Opportunities

We're a leading energy company—one of the Top 50 companies in the FTSE100 by market capitalization. We're also a diverse company with powerful UK consumer brands such as British Gas and Dyno, our Centrica Energy business sources and generates energy both locally and internationally and our business in North America continues to grow. We focus entirely on energy and related services—activities which offer exciting opportunities across a wide range of career paths throughout the UK, and internationally. Every one of our people has a role to play in driving our business forward. Whether you're in engineering or marketing, IT or finance, at Centrica you'll have the chance to make a real contribution to the company.

（2）帮助您创造机遇

我们是一家领先的能源公司，是伦敦金融时报 100 指数股票市值排名前 50 位的公司之一；我们同时是一家多元化的公司，拥有强大的消费品牌如英国天然气公司和赛道公司；我们公司的业务，包括地方和国际能源生产业务，在北美的业务发展迅速。我们专注于能源和相关服务，我们举办活动，目的是在英国和国际上广阔的职业生涯道路上提供更多激动人心的机会。我们每一名员工都有责任促进业务发展，不管你是在工程部门、营销部门、信息技术或是金融部门，只要在森特理克你就有机会为公司做出真正贡献。

（3）Career Development

The success of our business depends on that of our people. At Centrica you'll have a career, not just a job. We're committed to identifying potential, providing development and career opportunities, and empowering you to make a difference in our business. We'll support you with ongoing general and specialist training, accessible learning and development and a chance to gain professional qualifications. Our talent management strategy focuses on developing people at all levels to secure the future management of the company. Whether it is developing the 100 graduates on our graduate development program or the thousands of apprentice engineers and customer service advisers we bring into our business every year, we take your development seriously. In fact, last year we spent over £24m on developing our people.

（3）帮助您的职业发展

我们事业的成功取决于员工的成就。在森特理克，你将拥有一项事业，而不单单是一份工作。我们致力于发现潜能，提供培养，创造机遇，并鼓励你在业务上闯出一番自己的成就。我们通过普通培训、专业培训、学习培养和晋升专业资格机会等方式对员工提供各种支持培养。我们的人才管理战略着眼于各层次员工的培养，以确保公司未来的管理无虞。无论是研究生培养计划中对 100 个研究生的培养，还是每年新进的成千上万的见习工程师或客户服务顾问，我们都认真对待其发展。事实上，我们去年投入 2 400 万英镑来培训员工。

（4）Employee Engagement

We listen to our employees and we care about what our employees think. We promote two-way involvement in decision-making at all levels of the organization and have initiatives in place for measuring employees' perceptions. For example, listening to feedback from our employees is just as important to us as gaining feedback from our customers.

（4）鼓励员工参与

我们听取员工建议，在意员工所想，促进公司内部各层次决议的双向参与，并辅以相应措施体察员工想法，如我们认为听取员工反馈和获取客户反馈同等重要。

（5）Speak-Up

We are committed to dealing responsibly, openly and professionally with any genuine concerns. We encourage our employees to raise the matter with their line managers or a human resources manager in the first instance. However, we provide a confidential and independent 'Speak Up' helpline for employees who wish to raise concerns and maintain anonymity. The helpline is run by an external organization called Expolink.

（5）鼓励大声讲出来

对于大家真正关注的问题，我们采用负责、公开、专业的处理方式。我们鼓励员工在问题一出现时就跟主管经理或人力资源经理反映，对于想匿名提出问题的员工，我们提供单独、保密的'讲出来'热线，此热线由一家叫 Expolink 的外部公司管理。

（6）Our Culture

We have an open, honest culture that's based on mutual trust and respect. We're committed to helping our people fulfill their potential. You'll find many exciting opportunities and challenges with Centrica. Our team working ethos and strong sense of community contribute to our success not just as individuals but as part of the greater team. Everyone is rewarded fairly for their efforts, recognizing the valuable contribution we make to the business. We're proud of what we do and are continually striving to be better. But don't just take our word for it! As we continually strive to become a better business and a better place to work, we are comparing ourselves against, and looking to learn from, the best organizations in the world. In fact, parts of our organization have recently been ranked #3 in the Financial Times Best Places to Work and in the top 50 of the UK's Best Companies to Work For according to the Sunday Times.

（6）我们的员工文化

我们的企业文化是建立在信任、尊重基础之上的一种公开、坦诚的文化。我们致力于帮助员工发挥其潜能，森特理克为员工提供诸多令人振奋的机遇和挑战。不是作为个人，而是作为更大团队的一部分，我们承载的团队合作精神和强烈的社会意识，这些都有助于我们的成功。每个人都公平地按劳分配其所得，这是我们对其为公司所做贡献之价值体现。我们对自己所做之事都十分自豪，并不断努力变得更好，但不要认为我们只是说说而已，我们要成为更好的企业，要具备更好的工作场所，要与世界上最好的企业做比较，并向其看齐和学习。事实上，我们企业的一部分地点已进入《金融时报最佳工作场所》排名前三名，而据《星期日泰晤士时报》统计，我们公司成功跻身于英国最佳公司前 50 名。

（7）Diversity

We value individuality and are committed to creating a truly inclusive workplace.

（7）鼓励多样性

我们珍视鲜明个性，并致力于创造具有真正包容性的工作环境。

（8）Work-Life Balance

We value our people and want to build long-term relationship together. This means we're committed to thinking creatively about ways of working that will help you achieve a healthy work-life balance. We have a flexible working policy and support requests for flexible working arrangements wherever possible. In particular, we provide support for those employees who have caring responsibilities – whether for a member of the family or for a close friend.

（8）工作生活平衡

我们珍视自己的员工，希望能长期共事，这就意味着我们要创新思考，找出利于员工实现工作和生活相平衡的方式。我们工作政策灵活，在需要的情况下实行弹性工作制，尤其是对那些要照顾别人的员工提供帮助，无论他们要照顾的是家人还是亲密的朋友。

（9）Employee Wellbeing

The health, safety and security of our employees is a core priority. Our occupational health teams and well-established systems are geared to support you in maintaining a productive and healthy life with our business.

（9）注重员工福祉

员工的健康和安全保障是我们的重中之重。我们专业、健康的团队和完善的系统可以确保员工积极健康地工作。

（10）Corporate Responsibility

We believe that being a successful commercial company goes hand in hand with being a good corporate citizen. At Centrica, we encourage our people to take responsibility. You'll have a real opportunity to make a positive contribution to our company, our customers and to the communities in which we operate.

（10）鼓励承担责任

我们相信一个成功的商业公司跟优质的企业公民密不可分。在森特理克，我们鼓励员工承担责任，因为员工有实实在在的机会为公司、为顾客和所在社会做出积极贡献。

### 4.6.2　森特理克集团员工理念的解读

分析森特理克集团的员工理念，它比美国的埃克森美孚石油公司、雪佛龙公司、威瑞森电信、JP 摩根大通、波音公司、花旗集团和富国银行，以及英国石油公司和乐购公司所提出的员工理念都要丰富得多，它不仅提出了对员工的期待，而且还明确了对于企业自身的诉求，以及基于这种诉求之下对员工的要求。

下面针对其员工理念的十条具体内容一一进行解读：

分析森特理克集团的第一条员工理念，它用了一句非常鼓舞人心的话语进行了表达，其言外之意是，作为一个有追求的企业可以为员工提供的不仅仅是一个工作，而且还是一个平台，一个可以参与伟大事业的工作平台，"成功就意味着在你面前的业务具有令人瞩目的未来"。

这样的语言，对于有着伟大理想和远大抱负的人才比开出多高的薪资都要更具吸引力。

这样的语言，也是中国人最为熟悉的表达方式，在中国传统文化的典籍当中不乏如此具有感召力的论述。事实上，在《六韬三略论管理》当中作者就曾经介绍过这样的语句，其中最为经典的就是在"上略"篇中黄石公所言，"夫主将之法，务揽英雄之心。赏禄有功，通志于众。故与众同好靡不成，与众同恶靡不倾。治国安家，得人也。亡国破家，失人也。含气之类，咸愿得其志"。

含气之类，咸愿得其志的意思是人人都有自己的志向追求，而能够满足人们追求自己志向的组织一定是众望所归和众心所属的，这样的组织一定能够广招天下英才。

分析森特理克集团的第二条员工理念，可以将之看做对于第一条理念的补充。在第一条理念当中，企业保证可以帮助员工塑造未来，这是一个指导思想，可是企业如何做才能把这个思想变成现实从而帮助员工塑造未来呢，从逻辑上看，这首先要求企业必须为员工发展提供机遇。可是一个企业怎样做才能够为员工发展提供机遇呢，它的前提是不是应该要求这个企业自身先要拥有和创造大量的机遇。这就好比大河有水小河满，大河无水小河干，作为大河之企业如果拥有了大量的发展机遇就相当于被注满了水，随之而来的就是员工这样的小河也会被水注满。对此，森特理克集团是这样说的"我们是一家领先的能源公司"，"我们同时是一家多元化的公司，拥有强大的消费品牌"，"森特理克能源公司的业务既包括当地和国际能源生产业务，还包括北美的业务"，"我们专注于能源和相关服务，我们举办活动，目的是在英国和国际上广阔的职业生涯道路上提供更多激动人心的机会"。

以上所说可以看做森特理克集团能够为员工发展提供机遇之原因，因为它们是真正的满水大河。

以下所说可以看做森特理克集团准备为员工发展提供机遇之要求，这个要求其实也是一种承诺。

"每一名员工都有责任促进业务发展，不管你是在工程部门、营销部门、信息技术或是金融部门，只要在森特理克你就有机会为公司做出真正贡献。"

如此看来，企业有大量的发展机遇而且也愿意为员工的发展提供机遇，而含气之类又咸愿得其志，所以需要人才之企业与需要机遇之人才在此处是可以达成一拍即合之状态，并实现各取所需之目标的，而只有这样的目标对于人才而言才最具吸引力。

分析森特理克集团的第三条员工理念，给人的感觉是更加贴心，这种贴心的感觉首先把员工放在了很重要的地位，"我们事业的成功取决于员工的成就"。基于这样一句话，员工可以得到的判断是"自己重要"，"企业需要自己"，"企业想着自己"。企业为什么能够想着自己呢，那是因为企业本身想成功，因为企业想成功，所以企业所给予自己的帮助就应该是一种实实在在的帮助。

有了这种实实在在地帮助，员工自己也一样会获得实实在在的成功。

这是一个真实的逻辑。

当然，企业说你重要，你就真得重要吗，那可未必；但是企业如果用行动表示了你的重要，而且为了你的重要而给你很多的帮助，这时你是不是就可以感觉到自己的重要呢，至少你可以感觉得到企业给予你的那份重视。"在森特理克，你将拥有一项事业，而不单单是一份工作"；"我们致力于发现潜能、提供培养、创造机遇，并鼓励你在业务上闯出一番成就"；"我们通过普通培训、专业培训、学习培养和晋升专业资格机会等方式对员工提供各种支持培养"；"我们的人才管理战略着眼于各层次员工的培养，以确保公司未来的管理无虞"。

有了以上这些措施，每一名员工都应该感觉到自己的重要了，这种重要源自于企业对于员工的高度重视，而这种重视的集中表现就是企业帮助员工成长，所采用的主要方法是多角度、全方位地对员工进行培养和培训。

培养员工是重视员工，重视员工是企业希望因为员工的成长而成功。

这是非常令人信服的逻辑。

此外，关于培训员工那是怎么强调都不过分的事情，它是企业今天成功和未来也可以成功的最好投资，也应该是最大的投资。

基于以上分析还可以反向补充一个结论，即任何一个只管使用员工却不管培养员工又说重视员工的公司都是虚伪的企业。

分析森特理克集团的第四条员工理念，是更为具体的指导思想，或者说是一个非常具体的工作思路。有了这样一种思路，不仅仅可以体现出企业对于员工的重视，而且还把员工真正地拉入了企业自己的阵线，使员工可以与企业融为一体而不是作为对立面去被管理和被拉拢。这个具体的工作思路就是鼓励员工参与，"我们听取员工建议，在意员工所想，促进公司内部各层次决议的双向参与，并辅以相应措施体察员工想法，如我们认为听取员工反馈和获取客户反馈同等重要"。

分析森特理克集团的第五条员工理念，可以视为是对第四条理念的补充，即企业在意员工所想，就必须首先有途径让员工讲出所想，就要设计可以让员工大声讲出所想的政策。为此，森特理克集团的做法是，"对于大家真正关注的问题，我们采用负责、公开、专业的处理方式。我们鼓励员工在问题一出现时就跟主管经理或人力资源经理反映，对于想匿名提出问题的员工，我们提供单独、保密的热线"。

分析森特理克集团的第六条员工理念，它不是一个单独的思想，而是一个系统的论述。

在这个系统论述当中，首先对于前面所研究的企业价值观进行了补充。这个补充的价值观专门针对员工，即基于企业的员工，"我们的企业文化是建立在信任、尊重基础之上的一种公开和坦诚的文化"。为了更好地说明这一点，在此不妨回顾一下森特理克集团的企业价值观，它包括五个方面的内容，其中第一个价值观针对的是安全，第二个价值观针对的是客户，第三个价值观针对的是社会，第四个价值观针对的是环境，第五个价值观针对的是员工与合作伙伴。前面四个价值观与员工的利益无关，第五个价值观虽然谈及了员工，但是并没有谈到应该如何处理企业与员工的关系，只是强调"与员工和合作伙伴良好的关系会有助于我们的业务状况和长远的成功前景"。而企业应该如何处理与员工的关系呢，在补充的价值观当中森特理克集团首先明确提出应该信任员工和尊重员工，然后要在此基础上建立一种公开和坦诚的文化。关于信任和尊重，在前面一章分析各个公司的企业价值观时曾经做过大量的解读，读者可以参照那些内容来理解这里所述。除了强调要信任和尊重员工以外，森特理克集团认为善待员工之事所做之工作应该还有很多，这包括"我们致力于帮助员工发挥其潜能，森特理克为员工提供诸多令人振奋的机遇和挑战"，

"每个人都公平地按劳分配其所得，这是我们对其为公司所做贡献之价值体现"。

进一步分析森特理克集团的第六条员工理念，在这里还提出了团队合作的思想，即员工"不是作为个人，而是作为更大团队的一部分，我们承载的团队合作精神和强烈的社会意识，这些都有助于我们的成功"。

在第六条员工理念的最后，企业还表达了为了帮助员工的成功企业应该成为什么样的企业，"我们对自己所做之事都十分自豪，并不断努力变得更好，但不要认为我们只是说说而已，我们要成为更好的企业，要具备更好的工作场所，要与世界上最好的企业做比较，并向其看齐和学习"。

分析森特理克集团的第七个员工理念，就是前面汇丰银行和美国的埃克森美孚石油公司、雪佛龙公司、威瑞森电信、波音公司、马拉松原油、富国银行、花旗集团和宝洁公司都非常看重的多样性理念。关于多样性理念，森特理克集团首先的表态是，"我们鼓励多样性"，然后具体的做法是"我们珍视鲜明个性，并致力于创造具有真正包容性的工作环境"。

分析森特理克集团的第八个员工理念，其核心思想就是要平衡员工的工作与生活，"我们主张工作生活平衡"，"我们珍视自己的员工，希望能长期共事，这就意味着我们要创新思考，找出利于员工实现工作和生活相平衡的方式"。其具体的做法是，"我们工作政策灵活，在需要的情况下实行弹性工作制，尤其是对那些要照顾别人的员工提供帮助，无论他们要照顾的是家人还是好朋友"。

分析森特理克集团的第九个员工理念，是一个更为具体的思想，那就是要注重员工的福祉，"员工的健康和安全保障是我们的重中之重"，"我们专业、健康的团队和完善的系统可以确保员工积极健康地工作"。

分析森特理克集团的第十个员工理念，它是在前面九个理念的基础上对于员工提出的要求。企业为员工想好了一切，做足了安排，自然也要求员工应该回报企业。只不过这种要求不是单纯要求员工的，它同时也要求企业自身，"我们相信一个成功的商业公司跟优质的企业公民密不可分"。有了这样一种企业自我要求的内容，然后提出了希望员工能够与企业同成长和共进退的思想。"在森特理克，我们鼓励员工承担责任，因为员工有实实在在的机会为公司、为顾客和所在社会做出积极贡献。"

## 4.7　BAE系统公司的责任理念及其解读

### 4.7.1　BAE系统公司的责任理念

在BAE系统公司的网站上没有找到前述几家英国公司以及美国一些公司共同

强调的企业理念，但却找到了一些关于责任的论述，在此可以将之称为"责任理念"，其具体内容表述如下：

（1）Creating a successful and sustainable business requires more than financial results. The Company places great importance not just on what we do, but how we do it. Responsible business is embedded within the Company's Strategy and is supported across the business via our Corporate Responsibility (CR) agenda. （2）Clear governance structures and visible leadership play a vital role in embedding CR throughout the Company. Learn how we manage CR, report on progress and engage with external stakeholders. （3）We operate in five principle markets-Australia, India, Saudi Arabia, the UK and US. Combined with regional locations. We also export products and services. Learn how CR is embedded in our decision making and throughout our business. （4）We work to reduce our products' environmental impacts at every stage of their life cycle—from concept, design and manufacture through to use and disposal. Learn more about how we are providing support for customers to maintain products while they are in use and dispose of them at end-of-life. （5）As a major manufacturer, our operations have a significant impact on the environment through the energy and resources we use and the waste we generate. We are working to reduce the environmental impact of our operations and helping our customers and suppliers do the same. （6）An overview of our ethics program, highlighting how we continue to embed our program internationally, drive the right behaviors by supporting employees in making ethical decisions and embedding responsible business practices. （7）Our Code of Conduct, ethics training programme and Ethics Helpline gives practical guidance and examples to help employees deal with important ethical issues. （8）We want to make sure that every one of our employees- returns home safely at the end of each day. We give employees training and tools to help them do this. （9）Our employees are highly skilled with the engineering and technical know-how we need to support our business. Learn more about how we attract and retain top talent by making BAE Systems a great place to work.

　　（1）创造成功和可持续的业务需要的不仅仅是财务业绩。公司看重的不是我们做什么，而是怎样做。负责任的做事态度深深根植于公司的企业战略，《企业责任议程》在全公司所有业务内都有所体现。（2）明晰的管理结构和明确的领导治理在将公司责任贯彻到全公司的方方面面的工作中时，让它起着至关重要的作用，我们要学会如何处理公司责任，报告进展情况和与外部利益相关者友好相处。（3）我们在澳大利亚、印度、沙特阿拉伯、英国和美国五个主要市场及相关区域有业务往来，同时出口产品和服务。我们学习如何在做决策和整个公司运作过程中贯彻公司责任意识。（4）在产品周期的每一阶段，从理念、设计、生产到使用和报废，我们都尽力减少对环境所产生的负面影响，我们学习更多的知识来教给客户在使用产品时如何保养和用完产品后如何处置。（5）作为一家主要的生产商，我们所使用的能源和资源以及生产制造出来的废物对环境都会产生重大影响，我们竭尽全力地降低由于我们的运营对环境造成的负面影响，并促进客户和供应商也参与到此行动中来。（6）我们的道德规范准则综述强调了如何将此规范在国际上推广，并通过支持员工做正确的道德决定和负责任的商业行为来促使员工坐正行端。（7）我们的《行为准则》，道德培训计划和道德热线很实际地指导我们如何处理重要的道德问题，并为我们展示了具体实例。（8）我们希望公司的每一个员工在工作后都能安全地回到家里，我们为员工提供培训和相应工具以做到这一点。（9）我们的员工技艺精湛，这种技术和知识是公司运营所必需的，我们要学得更多以吸引人才、留住人才，主要的方式是在 BAE 系统公司营造令人愉悦的工作环境。

### 4.7.2　BAE 系统公司责任理念的解读

分析 BAE 系统公司的"责任理念"，其中包含着大量的如何处理企业与各方利益者之间关系的思想，这样看来，其"责任理念"更像是对其企业宗旨的补充和说明。事实上，在其公司网站上并没有找到明确的关于企业宗旨的界定，这个"责任理念"恰恰可以补上企业在这个方面的短项。

如果从总体上来看待 BAE 系统公司关于"责任理念"的论述，可以将之分成两个大的方面，第一个方面是介绍企业责任理念的内容，第二个方面是在谈论如何基于责任意识以处理企业与合作伙伴、环境以及员工之间的关系。

下面逐条来看一下其责任理念的具体内容及其要表达的思想：

前面两条可以看做 BAE 系统公司对于"责任理念"的全面认识，其中第一条是重点，即"创造成功和可持续的业务需要的不仅仅是财务业绩，公司看重的不是我们做什么，而是怎样做，负责任的做事态度深深根植于公司的企业战略"。在这句话里，后面的一句又是重点中的重点，"负责任的做事态度已经深深根植于公司的战略"，这说明 BAE 系统公司已经把责任的理念上升到企业战略发展的高度。事实上，也正是因为这句话，本书才把其公司看待责任的思想视为一个重要的企业理念。其他的企业也都在强调责任，但是更多的时候是把责任当做具体的工作要求，而没有将之放于战略性的地位。

第二条可以看做对第一条的补充，也就是为了进一步说明公司已经将"责任理念"根植于企业战略之中，BAE 系统公司是如何做的。在其众多的做法当中最为主要的一条是，"明晰的管理结构和明确的领导治理在将公司责任贯彻到全公司的方方面面的工作中时，让它起着至关重要的作用"。在第二条的后半部分，它又表达了企业宗旨应该表达的思想，即"我们要学会如何处理公司责任，报告进展情况和与外部利益相关者友好相处"。这句话同时也可以看做针对后面几条的总括性说明。

从第三条开始，BAE 系统公司开始具体谈论其处理与合作伙伴、环境以及员工之间关系的态度和做法，其中做法多多，而态度只强调一个，那就是"主动且全面地负起责任"。

其中，第三条可以看做其处理与合作伙伴关系的指导思想，"我们在澳大利亚、印度、沙特阿拉伯、英国和美国五个主要市场及相关区域有业务往来，同时出口产品和服务。我们学习如何在做决策和整个公司运作过程中贯彻公司责任意识"。分析这句话的重点，还是紧扣公司的"责任理念"，也就是在处理与合作伙伴关系的时候，必须要贯彻公司的责任意识。有了这样的意识指导，自然就会生成企业负责任的行为；有了公司负责任的行为，就可以与合作伙伴长久地保持紧密的合作关系；有了与合作伙伴长久且紧密的合作关系，企业就获得了大发展的条件和保证。

第四条是其在处理与环境关系时所把握的一个原则，即"在产品周期的每一阶段，从理念、设计、生产到使用和报废，我们都尽力减少对环境所产生的负面影响"，这是企业基于责任理念对于自我提出的要求。此外，"我们学习更多的知识来教给客户在使用产品时如何保养和用完产品后如何处置"，这是企业基于责任理念对于自我提出的向企业外延伸的要求。有了这样两个要求，企业对环境负责任的态度就有了具体的行动指南。

第五条先是对第四条所说思想进行了解释，"作为一家主要的生产商，我们所使用的能源和资源以及生产制造出来的废物对环境都会产生重大影响"，有了这样一层解读以后，"我们竭尽全力地降低由于我们的运营对环境造成的负面影响，并促进客户和供应商也参与到此行动中来"。后面这一句话可以看做对前面第四句话所说的"对环境负责"的再次确认和进一步的强调。

第六条和第七条表面上是在谈论公司的道德规范，而实际上是在提出对于员工的要求，"我们的道德规范准则综述强调了如何将此规范在国际上推广，并通过支持员工做正确的道德决定和负责任的商业行为来促使员工坐正行端"；"我们的《行为准则》，道德培训计划和道德热线很实际地指导我们如何处理重要的道德问题，并为我们展示了具体实例"。这两句话所包含的思想可以看做对于员工作用的重视，言外之意就是，企业应负之责任必须由员工来落实，也只能通过员工来落实，而员工的行动是分散的，是多元的，为了确保员工于工作过程当中全面体现企业的责任理念，就必须以道德和准则系统地要求他们。

　　第八条和第九条集中表达了公司对于员工的关心，这同时也是企业处理与员工关系的基调，"我们希望公司的每一个员工在工作后都能安全地回到家里，我们为员工提供培训和相应工具以做到这一点"；"我们的员工技艺精湛，这种技术知识是公司运营所必需的，我们要学得更多以吸引人才、留住人才，主要的方式是在 BAE 系统公司营造令人愉悦的工作环境"。综合这两条的思想，企业系统考虑了员工在企业内与企业外的最大需求，而满足员工的这种需求是企业最大的责任。

　　借助这种责任的实现所换来的是企业员工真心实意地帮助企业实现前述各个方面的责任。

　　借助公司对于责任理念的强调，就可以实现企业在各个方面的发展目标，这也正是企业强调责任理念的目的所在。

# 第5章 英国杰出公司的行为准则
# 与行为文化

## 5.1 基本情况介绍

前面四章已经基于所收集到的资料研究了 10 家英国杰出公司的企业精神文化六要素，并且分别对这些内容进行了解读。下面要研究的是这些公司的行为准则及其所反映的行为表象文化。

"行为表象文化"又叫"行为文化"，它是企业表象文化的三大构成之一，其于"4S"企业文化当中的地位如表 5-1 所示。

表 5-1 行为表象文化及其在 4S 企业文化当中的地位

| 企业文化 | 企业文化的 4S 构成 | 4S 企业文化内容细分 |
|---|---|---|
| 4S 企业文化结构及其构成内容 | **S1：表象文化**<br>**直感文化** | S1-1：物质表象文化 |
| | | **S1-2：行为表象文化** |
| | | S1-3：制度表象文化 |
| | S2：精神文化<br>直验文化 | S2-1：企业使命 |
| | | S2-2：企业愿景 |
| | | S2-3：企业宗旨 |
| | | S2-4：企业核心价值观 |
| | | S2-5：企业精神 |
| | | S2-6：企业理念 |
| | S3：亚文化<br>直接文化 | S3-1：分公司文化 |
| | | S3-2：子公司文化 |
| | | S3-3：部门文化 |
| | | S3-4：团队文化 |
| | | S3-5：小组文化 |
| | S4：在生成文化<br>直生文化 | S4-1：未界定的亚文化 |
| | | S4-2：未确定的精神文化 |

作为企业表象文化的三个内容之一，"行为文化"主要是指企业文化"人"的外在表现形式；与它相对应的是"物质表象文化"，它主要是指企业文化"物"的外在表现形式。

"行为文化"的承载主体是包括企业领导在内的所有企业成员，其表现形式主要包括企业管理者的对外交往风格、对内领导风格、企业对外交往的方式、守信水平、办理事情的速度、接待外部人员的表现、内部人员的沟通方式和神情、员工的做事方式、工作过程中的态度、员工如何使用资源和办公条件等。

通常而言，借助以上所说之行为不仅可以判断这个企业的行为文化，而且还可以判断这个企业整体企业文化之水平，由它可以了解这个企业成员的精神面貌和这个企业的行事风格，甚至还可以界定一个企业是个积极友善的企业，还是一个消极冷漠的企业；是一个充满活力、不断创新且富有追求的企业，还是一个古板守旧、不知变革的企业。

一个企业的"行为文化"的核心内容是企业的"BI 识别系统"（behavior identification system），也就是"行为识别系统"。既然它是一个系统，就说明它的内容是可以被设计的，一个企业可以设计它的领导者、管理者以及员工们的日常行为规范，并要求他们随时随地地遵守这些行为规范，久之而生成的就是这个公司的企业行为文化。

在本书集中研究的英国 10 家大企业当中，英国石油公司、乐购、苏格兰皇家银行集团、金巴斯集团和 BAE 系统公司都有自己明确的行为准则设计和行为规范说明，其他公司或许也有，但是从公开的途径作者没有找到相关的资料。

基于以上所说之情况，可以统计为表 5-2，它同时也是本章的研究路径。此外，与美国的企业相比，英国这五家公司的企业行为准则相对更偏重于理念上的引导，而美国的企业更偏重于具体的应用。

**表 5-2　英国杰出公司的行为准则**

| 企业名称 | 行为准则 |
| --- | --- |
| 英国石油公司 | 有 |
| 乐购 | 有 |
| 汇丰银行控股公司 | |
| 联合利华 | |
| 南苏格兰电力 | |
| 森特理克集团 | |
| 力拓集团 | |
| 苏格兰皇家银行集团 | 有 |
| 金巴斯集团 | 有 |
| BAE 系统公司 | 有 |

如果一个企业自上至下能够长期按照既定的行为准则做事情，自然就会形成这个企业特有的"行为文化"。当然，行为文化不可能是单独存在的，它要表现也必然会表现企业的精神文化和企业的"亚文化"，尤其是要反映企业的价值观和企业宗旨。为此，若一个企业希望自己的"行为文化"是优秀的，那么它首先就应该设计和提炼出优秀的精神文化和企业"亚文化"，这是一个前提。以下所研究的这几家英国企业都体现了这一前提，它们多数行为文化的内容都是基于企业价值观提出的，并且全面反映了这些企业在企业宗旨方面的要求，以及在员工管理理念和多样性理念方面的诉求。

## 5.2　英国石油公司的行为准则与行为文化及其解读

为什么在企业文化建设和企业管理的过程当中，一定要重视企业行为准则和行为文化的作用呢，关于这一点前面已经做过介绍，而在这里英国石油公司是如此看待的，"我们的《行为准则》指导我们如何正确做事，并解释价值观是如何影响决策的"。

在这句话中表达了两层意思：其一，行为准则是用来做什么的，它的作用就是指导人们正确做事情。其二，行为文化是用来做什么的，它的作用就是帮助人们正确地理解企业的价值观，而基于这种对于价值观的正确理解又可以帮助企业和员工做出正确的决策并采取实际的行动。

英国石油公司的行为准则及其所代表的行为文化可以分成两个部分，其中第一部分是总体性的说明，第二部分是行为准则所要求的几个重点领域，以下就是针对这两个部分内容的介绍和解读。

### 5.2.1　英国石油公司行为准则的总体说明

以下内容是英国石油公司对于其行为准则的总体性说明，这其中也包括英国石油公司行为准则主要内容的介绍以及企业对于员工的要求。

The BP Code of Conduct, updated in July 2014, is our guide to doing the right thing in business. It is founded on our values and clarifies the ethics and compliance expectations for everyone who works at BP. Our Code reflects a principles-based approach, where rules are not stated explicitly and everyday business decisions will be guided by our values, with reference to other resources where relevant. The main structure of the Code remains the same, with sections covering health, safety and the environment; our people, our partners and suppliers, governments and communities; and protecting BP's assets. Each section contains key principles and expectations, and advice on where to find further information. Having one set of values and behaviors and clear ethical expectations in our Code of Conduct helps us make choices in a consistent way, around the globe, in many different contexts. Each section of the Code is clear for everyone—wherever they work.

于 2014 年 7 月更新的英国石油公司《行为准则》是我们正确做事的指南，它以价值观为基础，阐释了英国石油公司对于每个员工的道德期许以及员工应遵循的事项。此《行为准则》体现了我公司的原则，但没有明确列出具体规则，所以制定日常决议时还要以价值观为导向，综合考虑其他相关资源。此《行为准则》基本框架保持不变，主要包括：健康、安全和环境；员工、合作伙伴和供应商；政府和社区；保护英国石油公司的资产等几个部分。每一章节都包括基本原则、公司期许和寻找进一步信息的建议。《行为准则》中这一系列的价值观、行为要求以及明确的道德期许有助于我们做出始终如一的选择，无论在全球内任何环境下它都奏效。每一员工，无论在哪工作，对此《行为准则》的每一章节都了如指掌。

### 5.2.2 英国石油公司行为准则总体说明的解读

为了更好地理解以上英国石油公司关于其行为准则的总体性说明，还可以将之分成三个层次，它们分别如下：

（1）行为准则与企业价值观密不可分，它们共同指导企业员工的行为。

企业价值观属于企业文化当中的精神文化，而精神文化是企业文化的核心，它不仅指导企业的行为表象文化，而且还统领企业的物质表象文化、制度表象文化以及企业亚文化。关于这一点，英国石油公司认为，"于 2014 年 7 月更新的英国石油公司《行为准则》是我们正确做事的指南，它以价值观为基础"。

无论是企业的精神文化，还是企业的行为文化或企业亚文化，其作用都是为了指导企业员工的共同行动，其中英国石油公司的行为文化与行为准则"阐释了英国石油公司对于每个员工的道德期许以及员工应遵循的事项"。

（2）英国石油公司行为准则的主要框架。

在《美国杰出公司企业文化研究》当中，作者集中研究了埃克森美孚石油公司、威瑞森电信、JP 摩根大通、马拉松原油和波音公司五家企业的行为准则与行为文化。其中，埃克森美孚石油公司对此给予的重视是显而易见的，也是非常系统的。在其公司网站上可以找到相关的五个重要文件，其所涉及的内容都是对于企业员工行为的规范说明。在这五个文件当中，又属"公司商业行为标准"规定得最细，它又包括了二十几个细分的政策，如伦理行为政策、利益冲突政策、公司财产管理政策、礼物收取与娱乐政策、反贪腐政策、内部管理政策等。有了这些政策说明和规定就可以培养和体现企业全员的行为风格，就可以形成企业独有的行为文化。

对比埃克森美孚石油公司的企业行为准则与企业文化，英国石油公司的相关内容虽然没有那么丰富，但是也很详尽，它包括了健康、安全和环境；员工、合作伙伴和供应商；政府和社区/社会；保护英国石油公司的资产等几个部分。而且在其每一章节当中又细化为基本原则、公司期许和寻找进一步信息的建议，等等。

（3）英国石油公司行为准则的作用。

行为准则的作用，首先是面对全体员工的，它"有助于我们做出始终如一的选择，无论在全球内任何环境下它都奏效"；其次又是面对员工个体的，即"无论你在哪工作，《行为准则》的每一章节对于每一个人都明晰无比"。

### 5.2.3　英国石油公司行为准则所涉及的几个重点领域及其解读

以下是英国石油公司行为准则所涉及的几个重点领域，在此可以首先基于他们在这些重点领域所设计的行为准则与行为文化进行分类解读，然后再提炼出可以全面为其他企业借鉴和参考的经验与结论。

（1）Creating value

By supplying energy, we support economic development and help to improve quality of life for millions of people. Our activities also generate jobs, investment, infrastructure and revenues for governments and local communities.Our business model spans everything from exploration to marketing. We have a diverse integrated portfolio that is balanced across resource types, geographies and businesses, and adaptable to prevailing conditions. Every stage of the hydrocarbon value chain offers opportunities for us to create value through both the successful execution of activities that are core to our industry, and through the application of our own distinctive strengths and capabilities in performing those activities.

（1）创造价值

我们通过提供能源来促进经济发展，提高千百万人的生活品质。我们的各种活动可以促进就业、加大投资、加强基础设施建设，并能增加政府和当地社区的收入。我们的商业模式从能源开采到市场营销涵盖广阔，我们拥有多元化的综合投资，从能源类型、地理位置、具体业务到对当前条件适应方面都均衡发展。油气价值链的每一阶段都为我们提供了创造价值的机会，这些价值的创造不仅仅归因于我们成功地完成企业核心的活动内容，而且体现在我们做这些事时所展现的独特的优势和能力。

"创造价值"是企业的最大行为，如何创造价值代表着企业的发展走向。作为一个能源类的企业，它的首要任务当然是为社会提供能源，而提供能源给社会所发挥的作用是促进经济的发展，并且提高人们的生活品质，这是企业行为的最终目标。为了实现这一目标，企业必须要对自己以及自己的员工提出要求。

这就是企业设置行为准则的主要原因。

作为大企业，其企业行为所带来的后果是促进就业、加大投资、加强基础设施建设，并能增加政府和当地社区的收入。有了这样的结果，企业就会赢得员工、客户、社区以及政府的支持，而有了这样广泛的支持企业就具备了大发展的基础。为此，英国石油公司对自己提出的要求是，"我们的商业模式从能源开采到市场营销涵盖广阔，我们拥有多元化的综合投资，从能源类型、地理位置、具体业务到对当前条件适应方面都均衡发展"。为了实现企业要求的目标，一个成熟的企业一定会考虑全价值链的发展，这是大企业的行为选择，而体现这种行为选择的行为最终会表现为企业的核心能力和竞争优势的不断提高。因为追求的是全价值链的发展，所以企业的行为就必须具有系统性，而且还要关注细节。

这是企业设置行为准则时必须考虑的关键要素。

"创造价值"是企业的最大行为，而有了可以指导企业全体员工如何行动的行为准则以后，它所形成的企业发展氛围会持续地影响企业的员工，当企业员工都能够按照企业准则行事的时候，企业的行为文化也就形成了。当有了稳定的行为文化作为保证之时，一个企业就可以持续地创造其最大化的价值，并且在这个过程当中还可以不断地实现自我的价值。

这就是企业坚持按照行为准则做事情的必然逻辑。

（2）Our commitments

A relentless focus on safety remains the top priority for everyone at BP. Rigorous management of risk helps to protect the people at the front line, the places in which we operate and the value we create. We understand that operating in politically complex regions and technically demanding geographies requires particular sensitivity to local environments.

（2）我们的责任

对于安全问题的不懈关注是每一个英国石油公司员工的首要任务。严格的风险管理有助于保护一线员工、保护工作环境和我们所创造的价值。我们知道，在政治复杂、技术要求严苛的地区运营业务要对当地的环境尤为敏锐。

英国石油公司的企业行为准则与行为文化主要包括四个方面的内容，其中第一个方面的内容是关于健康、安全和环境。健康与安全是针对员工提出的承诺，"对于安全问题的不懈关注是每一个英国石油公司员工的首要任务"，而体现这一任务的主要工作是管理风险，"严格的风险管理有助于保护一线员工、保护工作环境和我们所创造的价值"。

保护环境是建构员工行为准则的出发点，它体现的是企业所在行业的特点。作为一个石油类的企业，"我们知道，在政治复杂、技术要求严苛的地区运营业务要对当地的环境尤为敏锐"。

（3）Our capabilities

We apply our distinctive capabilities—the expertise of our people, advanced technology and the ability to build the strong relationships to access resources and deliver complex projects.

（3）我们的能力

我们运用独特的能力来获取资源、交付复杂项目，这些能力主要包括员工专业知识、先进技术和建立强有力关系的能力。

英国石油公司企业行为准则与行为文化的第二个方面内容是关注员工、合作伙伴和供应商，其中针对员工除了前面所说之健康与安全以外，另外一个工作重点就是不断提高员工的能力。员工的能力提高以后会体现在其创造价值的行为当中，"我们运用独特的能力来获取资源、交付复杂项目"，由此得出的结论是：有了高水平的能力，才可以有高度负责的行为，行为由能力牵引，能力决定行为的水平，那些不注重提高员工能力而只要求员工行为的企业是盲目的，这样舍本逐末的做法不会促生员工积极的行为。进一步的结论是：如果没有员工积极的行为，就不会产生企业高水平的绩效，企业的发展也会因此失去活力。

所以，任何企业的行为准则与行为文化都必须以提高员工的能力为前提，以员工可以发挥能力并创造价值为目标。限制员工能力的发挥，不能引导员工积极行为的行为准则注定是要失败的，由之而引导生成的行为文化也不会帮助企业获得成功。

（4）How we are organized

Through our two main operating segments, Upstream and Downstream, we find, develop and produce essential sources of energy, turning them into products that people need. We also buy and sell at each stage of the hydrocarbon value chain. In renewable energy, our activities are focused on biofuels and onshore wind.

（4）如何运营

上游和下游两个主要的运营分部，负责开发和生产主要能源来源，并将其转化成人们所需之产品；在油气价值链的每个阶段我们都有买进和卖出的相关业务；在可再生能源方面，我们的业务主要集中在生物燃料和陆上风力发电两个方面。

英国石油公司企业行为准则与行为文化第四个方面的内容是"保护英国石油公司的资产"。保护一个公司资产的最好方法不是止步于保护现有资产，而是要充分利用现有资产去创造更大的价值，"创造价值"是企业的最大行为，它同时也是制定企业行为准则的主要依据。为此，英国石油公司界定了其创造价值的三个举措，这三个举措同时就是企业"如何运营"的行为准则。这三个举措如下：①上游和下游两个主要的运营分部，负责开发和生产主要能源来源，并将其转化成人们所需之产品；②在油气价值链的每个阶段我们都有买进和卖出的相关业务；③在可再生能源方面，我们的业务主要集中在生物燃料和陆上风力发电两个方面。从表面上看，这三个举措不是针对员工提出的具体行为准则，但从实质上看，这三个举措可以催生员工在这三个领域的积极行为。

任何一个企业的员工行为准则都必须紧密结合其具体业务进行设计。

通过以上分析可知，英国石油公司的行为准则主要是用来指导企业如何创造价值，如何承担保护环境的责任，如何培养员工的能力，以及如何运营企业的业务等，这些内容具有普适性的特点，所以针对英国石油公司企业行为准则与行为文化的分析，其目的可以不限于研究英国石油公司本身，而是可以通过研究英国石油公司的相关性内容以提取能够为众多企业参考的经验与借鉴。

基于以上解读梳理出来的可以为其他企业借鉴的内容包括：

（1）企业的行为准则既要坚持价值观导向，也要坚持价值导向，不创造价值的行为不能够提倡。

（2）员工的行为准则应该以鼓励员工发挥能力并不断地提高他们的能力为前提，而不是要借助行为准则的约定去限制员工的行动自由和个体能力的发展。

（3）企业的行为必须与企业的责任对等，积极承担责任并不断创造价值的行为才是好的行为，而优秀的企业行为准则必须能够激励和激发这种行为。

（4）企业的行为准则与行为文化必须实现落地的目标，而要将企业的行为准则与行为文化落地就必须将之与企业的具体业务运营密切关联。

## 5.3　乐购公司的行为准则与行为文化及其解读

### 5.3.1　乐购公司总裁谈企业的行为准则与行为文化

如果要深入了解乐购公司的企业行为准则及其行为文化的核心内容，可以看一下其集团总裁戴维·路易斯（Dave Lewis）的相关论述，以下内容就是其在公司行为准则前的致辞。

Our Code of Business Conduct sets down our minimum expectations for all colleagues, wherever we are based and whichever Tesco business we work for.

Our Code of Business Conduct is designed to help and protect us as we go about our work for Tesco. In a competitive, fast-moving and increasingly regulated marketplace, it is important that each of us understands the rules that we must follow and the conduct that is expected of us in order to do a great job for customers and help Tesco to play a valuable role in society.

The Code describes our most important legal obligations and the policies that must guide our conduct. As colleagues, we are responsible for following the Code. Wherever we work and whatever our role, the Code is there to help keep us safe and protect the reputation of our business among customers, colleagues, suppliers, shareholders and other stakeholders. Whether we are new to Tesco or have worked for our business for some time, it is important that we take time to understand how the Code applies to us.

Our Code means more than just following the law and our policies. It's about using our Values and Leadership Skills to guide our conduct and decision-making so that we are always doing the right thing at work and working in a fair, open and honest way."

If you ever have concerns about your own conduct or that of another person, you must speak up straight away and talk to someone you trust, starting with your line manager. Alternatively, speak to your Personnel Manager or the Legal team. Or, if you feel the need to raise your concern anonymously, you can call Protector Line in complete confidence.

I want everyone who works for Tesco to be proud of our business and of our achievements for customers and the communities of which we are a part. Knowing our policies, applying good judgment, being honest and speaking up are just some of the ways that we can build pride in Tesco and help build a stronger business for the future.

我们的《公司行为准则》设立了对所有员工的最低期望标准，指出了公司赖以生存的基础和乐购公司所服务的对象。

一旦我们开始为乐购工作，这个《公司行为准则》就是用来帮助我们和保护我们的。在竞争激烈、快速运作、不断规范的市场环境下，了解我们必须遵守的规则，明白公司对我们的期望，是很重要的，因为这样可以更好地为客户服务，并帮助乐购公司实现更大的社会价值。

《公司行为准则》勾画出我们最重要的法律义务并涵盖指导我们行为的策略。员工有责任遵守《公司行为准则》，无论在哪工作，无论职责如何，《公司行为准则》都是用来确保我们的安全，用来维护我们在顾客、员工、供应商、股东和其他利益相关者心目中的良好声誉。无论是新员工，还是老员工，对于我们来说重要的是花时间弄清楚如何应用《公司行为准则》。

《公司行为准则》不仅仅是我们应该遵循的法律和策略，它同时也是指导我们行为和决策的价值观和领导力，因它于工作中我们就可以正确行事，公平、公开并坦诚做事。

如果你对自己或其他人的行为有所疑虑，你一定要直言不讳地同你所信任的人如主管经理直接反映，或者也可以同人事经理或法律团队谈一谈。再者，如果你想匿名反映问题，可以拨打完全保密的"保护者热线"电话。

我希望乐购的每一个员工都以乐购公司为傲，都以我们为顾客和我们所在的社区所做的贡献为傲。了解策略、运用正确的判断力还有直言不讳是乐购公司引以为傲的基石，这些基石同时也构筑了更加强大的明天。

## 5.3.2　乐购公司行为准则与行为文化的评述

分析戴维·路易斯关于企业行为准则与行为文化的致辞，这其中既有对员工的循循善诱，也有对公司行为准则内容的解读，此外还有关于行为准则作用的说明。

首先，戴维·路易斯说明了乐购公司《行为准则》的基础情况，认为它是"对于所有员工的最低期望标准"。这种说法是不常见的，因为多数企业会认为自己公司所坚持之行为准则应该为员工设定的是最高行为标准，而不是最低行为标准。

既然公司把行为准则看做企业行为的最低标准，那么遵守它就不应该是一件困难的事，借助公司这样并不算很高要求的行为准则，企业就可以获得生存的基础条件。因为最低就是一种保障，最低又易行，所以有了它以后，企业就拥有了发展的基础。

这是其关于行为准则描述的内在逻辑。

《公司行为准则》除了可以界定员工行为的最低标准以外，还可以就此为公司界定应该服务的对象，以及应该如何服务的态度与方法。

这是其关于行为准则的外在逻辑延伸。

公司行为准则的作用是什么呢，它是对于员工们的一种限定和约束吗，当然不是，那样的行为准则前面已经做过分析是注定要失败的。那么，公司行为准则的最大作用是什么呢，依照戴维·路易斯的理解，它的最大作用应该是对于员工们的帮助和保护，"一旦我们开始为乐购工作，这个《公司行为准则》就是用来帮助我们和保护我们的"。他为什么会有如此理解呢，这是因为，"在竞争激烈、快速运作、不断规范的市场环境下，了解我们必须遵守的规则，明白公司对我们的期望，是很重要的，因为这样可以更好地为客户服务，并帮助乐购公司实现更大的社会价值"。员工帮助企业实现了最大的价值之后，企业也会帮助员工实现个人利益的最大化。

教会员工们如何行事，指导员工们的正确行为，这就是一个公司之行为准则的最大作用。其延伸的作用是就此帮助企业得到了企业家们想要的发展，同时也帮助员工得到了其个人想要的进步。

一个好的公司行为准则应该兼顾两个方面的主要内容，其中之一是法律义务，其中之二是员工的行为策略，"《公司行为准则》勾画出我们最重要的法律义务并涵盖指导我们行为的策略"。此外，从表面上看，既然公司的行为准则带有法律的色彩，那么员工就有责任必须遵守《公司行为准则》，它是一种强制性的要求，也是一种义务，似乎对于员工而言，有一种被动遵守的感觉；可实质上并非如此，因为公司的行为准则其作用之一是帮助员工行事，其作用之二是保护员工不受伤害，所以只要员工按照公司的行为准则从事，除了可以得到方法上的指导以外，也可以把自己置于法律保护的范畴之内。此外，一个公司的行为准则不仅可以保护企业的员工，而且还可以保护企业的声誉，"无论在哪工作，无论职责如何，《公司行为准则》都是用来确保我们的安全，用来维护我们在顾客、员工、供应商、股东和其他利益相关者心目中的良好声誉"。

有了以上说明，可以得到的一个结论是："无论是新员工，还是老员工，对于我们来说重要的是花时间弄清楚如何应用《公司行为准则》"。应用它就是帮助自己，遵守它就是保护企业，这样的事情为什么不去做呢，又怎能不去做呢。

前面曾经说过，任何一个企业的行为准则与行为文化都必须与这个企业的精神文化尤其是企业的价值观密切地进行关联，乐购公司当然也不例外。"《公司行为准则》不仅仅是我们应该遵循的法律和策略，它同时也是指导我们行为和决策的价值观和领导力",有了它的帮助和指导,"我们就可以正确行事,公平、公开并坦诚做事"。

为了确保公司的行为准则可以得到坚守,任何一个企业都会建立自己完善的运行机制,对此乐购公司当然也不例外,于是戴维·路易斯在其致辞当中专门提到了一点,那就是"如果你对自己或其他人的行为有所疑虑,你一定要直言不讳地同你所信任的人如主管经理直接反映,或者也可以同人事经理或法律团队谈一谈。再者,如果你想匿名反映问题,可以拨打完全保密的'保护者热线'电话"。关于这一措施它所反映的是大声讲出来的员工管理理念,对此可以对照看一下森特理克集团在这个方面的设计,它们之间真是英雄所见略同,即"对于大家真正关注的问题,我们采用负责、公开、专业的处理方式。我们鼓励员工在问题一出现时就跟主管经理或人力资源经理反映,对于想匿名提出问题的员工,我们提供单独、保密的'讲出来'热线"。

在戴维·路易斯这个致辞的最后,一方面,他提出了对于员工的期望,"我希望乐购的每一个员工都以乐购公司为傲,都以我们为顾客和我们所在的社区所做的贡献为傲";另一方面,他又强调了公司行为准则对于员工和企业的重要作用,"了解策略、运用正确的判断力还有直言不讳是乐购公司引以为傲的基石,这些基石同时也构筑了更加强大的明天"。

在这两者之间内含的逻辑是:员工们基于公司的行为准则做事,可以确保企业的成长;而企业基于行为准则做事,可以确保员工们的成功。

## 5.4　苏格兰皇家银行集团的行为准则与行为文化及其解读

苏格兰皇家银行集团的行为准则与行为文化与英国石油公司的一样,可以分成两个层次,其中第一层次是一个总括性的说明,第二层次是苏格兰皇家银行集团行为准则与行为文化的三个关键因素,这三个关键因素当中又包含了二十八个方面的细节描述。

因为这一节的内容非常多,所以在此要把它们分成四个部分进行介绍和解读,其中第一部分介绍和解读其总括性的说明;第二部分介绍和解读其行为准则与行为文化三个关键因素当中的第一个因素,即 YES 条款,这是一个首创性的内容,在其他的英国企业以及 10 家美国公司当中都没有这样关于企业行为准则的设计;第三部分介绍和解读其行为准则与行为文化三个关键因素当中的第二个因素,即《苏格兰皇家银行行为准则》,这是其行为准则体系当中最为重要的内容;第四部分介绍和解读其行为准则与行为文化三个关键因素当中的第三个因素，即苏格兰皇家银行集团针对其行为准则所制定的具体政策，一共有十八个方面的内容。

### 5.4.1　苏格兰皇家银行集团行为准则的总括性说明

以下是苏格兰皇家银行集团行为准则的总括性说明：

How we behave forms the character of our company and dictates how others see us. How we conduct ourselves determines if people want to do business with us, work for us and have us as their neighbor. When we do the right thing our customers trust and value us, which in turn means we can all take pride in the company we work for. Our history shows us that we rise and fall as one company, which is why the integrity of Our Code rests in the hands of every individual in the bank. There are many of us, and we each carry the same responsibility to each other to ensure we live by our values. Our Code, and the values within it, connects us all. If one of us breaks the Code, it can affect us all. There will always be times when we are unsure of what to do. In these instances it is our duty to look for guidance. The simplest form of guidance is the YES check contained within Our Code. Its purpose is to help us to ask the right questions and make the right decisions each and every day. This is Our Code. It helps each and every one of us to do the right thing. Please use it.

我们的一言一行形成了公司的特点，也决定了其他人如何看待我们。我们的一言一行决定了其他人是否想与我们合作，是否愿意为我们工作，或者与我们为邻。我们做得好，客户会信任我们、珍惜我们，因而我们会对我们为之工作的公司充满自豪感。历史证明作为一个公司我们起起伏伏，这些兴衰成败说明《行为准则》的完善掌握在银行每一个员工的手中。公司有很多员工，我们每个人对彼此都承担着相同的责任，就是依照我们的价值观来生活。《行为准则》涵盖价值观，它使我们彼此相连，牵一发而动全身。总有一些时候，我们会迷失方向，此时，我们就要寻求指导。最简单的指导就是《行为准则》中的 YES 条款，它的作用就是帮助我们提出正确的问题，并且每天都做正确的决定。这就是我们的《行为准则》，它帮助我们每个人正确行事，请充分利用。

### 5.4.2　苏格兰皇家银行集团行为准则总括性说明的分析

分析苏格兰皇家银行集团行为准则的总括性说明可知，他们在这里重点要强调的是行为准则与行为文化对于企业发展的重要作用，引用他们的语言来表述这个作用，"这就是我们的《行为准则》，它帮助我们每个人正确行事"。

如果进行细分，这个作用还可以梳理出以下四个方面的内容。

第一，公司的行为准则可以塑造企业的特点。

这其中的逻辑是：公司的行为准则可以塑造企业的行为文化，企业的行为文化反映企业的精神文化，企业的精神文化代表公司的企业特点，所以公司的行为准则间接塑造了企业的特点。根据这个逻辑推断出来的结论不但适用于苏格兰皇家银行集团，而且也适用于所有类型的其他企业。任何一个公司为了让自己的企业可以形成正向的和为人所称道的特点，就必须科学合理地设计可以为全体员工所遵守的行为准则。

第二，公司的行为文化可以决定其他人对待企业的看法。

这其中的逻辑是：行为文化的承载主体是包括企业领导在内的所有企业成员，它的主要表现形式包括领导者的对外交往风格和对内领导风格，企业对外交往的方式和守信水平，企业办理事情的速度和接待外部人员的表现，内部人员的沟通方式和员工的做事方式等。通过这些行为，无论是企业内部的员工，还是企业外人员都可以获得对于企业的认知，而有了这些认知以后自然就会形成他们对于企业的看法。苏格兰皇家银行集团认为，包括企业员工在内的相关人员对于企业的看法决定着企业的成功与失败，"我们的一言一行决定了其他人是否想与我们合作，是否愿意为我们工作，或者与我们为邻。我们做得好，客户会信任我们、珍惜我们，因而我们会对我们为之工作的公司充满自豪感"。

既然公司的行为文化可以决定其他人对企业的看法，那么为了使其他人可以产生对于企业的正确看法和积极认知，公司就要设计高效的行为准则以打造优秀的行为文化。

第三，《行为准则》制定的依据是企业的价值观。

关于这一点在本书当中多所提及，也多所强调，它是任何一个企业都应该遵守的准则。对此苏格兰皇家银行集团是这样认为的，"公司有很多员工，我们每个人对彼此都承担着相同的责任，这就是依照我们的价值观来生活"。有了这样一个认知后，自然还会生成以下这个结论，即为了更好地体现企业的价值观，让员工可以按照统一的价值观做事情，就必须制定好《行为准则》，并于工作过程当中不断地完善它，因为"它使我们彼此相连，牵一发而动全身"。

第四，行为准则可以帮助企业提出正确的问题，并且做出正确的决定。

为此，苏格兰皇家银行集团于其行为准则当中专门设计了一个条款，那就是YES 条款，这个条款有什么样的作用呢，"总有一些时候，我们会迷失方向，此时，我们就要寻求指导。最简单的指导就是《行为准则》中的 YES 条款，它的作用就是帮助我们提出正确的问题，并且每天都做正确的决定"。

关于这个方面的内容可以详见下文的分析。

### 5.4.3　苏格兰皇家银行集团行为准则之 YES 条款及其解读

苏格兰皇家银行集团行为准则与行为文化一共包括三个方面的因素，它们是"三个指导我们共事方式的关键因素"（Three key tools guide the way we work together）。

从整体上看待这三个方面的关键因素可知，它们要强调的是这家公司企业行为准则与行为文化的具体要求、具体内容和具体政策。

其中，第一个关键因素就是前面所说的 YES 条款，"它用于指导我们的思考方式以及决策和行动所体现的判断力"。

以下是这一条款的主要内容：

Our customers, colleagues and the communities in which we do business trust each of us to be thoughtful and professional in everything we do. They expect each of us to exercise good judgment and to do the right thing. We use our values to help think through decisions and make sure we do the right thing. When in doubt, we use the YES check for guidance. Decisions are not always straightforward. The YES check can help us. It's a tool, not a rule.

我们的客户、员工和所在社区都信任我们，认为我们在所做之事上细心且专业。他们期望我们运用良好的判断行正确之事。我们在价值观指导下进行考量、形成决议，确保我们所做之事的正确性。有所疑虑时，我们就会参考 YES 条款。决议并不总是直截了当的，YES 条款可以给我们提供助益，因为它虽不是具体规则，但确是有效工具。

分析苏格兰皇家银行集团的 YES 条款，从表面看上它像是对公司行为准则的一个补充，"有所疑虑时，我们就会参考 YES 条款"，但实质上，这是对于公司行为准则能否得到认真执行的一个重要保证。有了这个保证，员工才能找到正确的工作方法，企业才能正确地做事情。

关于正确地做事情，苏格兰皇家银行集团是如下认识的：

第一，"我们的客户、员工和所在社区都信任我们，认为我们在所做之事上细心且专业"。如果把这句话反过来说更好理解，那就是，"因为我们在所做之事上细心且专业，所以我们的客户、员工和所在社区都信任我们"，其中细心且专业是可以正确地做事情的基础，而如果企业能够一直做正确的事情就可以赢得各个相关利益者的信任和支持。

第二，"他们期望我们运用良好的判断行正确之事"，如何形成良好的判断是对企业整体能力的考验，而"有所疑虑时，我们就会参考 YES 条款"是对企业整体能力的补充，合并这两个方面的作用为企业提供的就是可以一直做正确的事情之保证。

第三，"我们在价值观指导下进行考量、形成决议，确保我们所做之事的正确性"，这句话是在强调企业行为准则与行为文化和企业价值观的关系，如果一个企业有正确的价值观，它就具备了可以正确地做事情的可能，但是"决议并不总是直截了当的"，所以有时还需要"YES 条款给我们提供助益，因为它虽不是具体规则，但确是有效工具"。

苏格兰皇家银行集团在行为准则的设计上为什么一直强调做正确的事情呢，因为这是行为准则和行为文化应该发挥的主要作用，它们的存在就是要确保员工可以正确地做事情以实现企业一直做正确事情之目标，从而可以帮助企业获得持续发展的机会。相反地如果一个企业不做正确的事情，它可能一时发展，但却绝对不可能长期存在。由此可见坚持以做正确事情为导向的行为准则的重要，以及可以确保企业一直正确地做事情的 YES 条款的必要。

YES 条款既然这么重要，企业又该如何正确地使用它呢？对此可以分成两条进行思考：

第一，要考虑 YES 条款的使用时机，"有所疑虑时，我们就会参考 YES 条款"，相反的如果企业的员工在具体的工作过程当中，按照清楚的行为准则界定开展工作之时，如果没有疑虑，那就无需启动这一条款。

第二，要考虑 YES 条款的使用路径，这个路径以反思自己为主，依据苏格兰皇家银行集团的设计，这种反思包括五个方面的内容，而且在其 YES 条款的细节设计当中，苏格兰皇家银行集团还给出了具体的解决办法。

Ask yourself:

（1）Does what I am doing keep our customers and the bank safe and secure? Consider: the impact of what you are doing. Rehearse a briefing with your boss. （2）Would customers and colleagues say I am acting with integrity? Consider: would I do this to someone in my family or a friend? Would I do it to myself? （3）Am I happy with how this would be perceived on the outside? Consider: the impact of this in the outside world. Try writing the press release—does it sound good for customers? （4）Is what I am doing meeting the standards of conduct required? Think: If you are unsure then seek a second opinion. （5）In 5 years' time would others see this as a good way to work? Will this have a positive impact? Imagine writing it on your CV.

反思自己：

（1）我所做之事是否可以保证客户和银行安全无虞？想一想：自己的言行所产生的影响，并将工作简报报于老板。（2）客户与同事是否认为我正直无私？想一想：我会对自己的家人、朋友这么做吗？我会对自己这样做吗？（3）外界对此事的感觉是我所满意的吗？想一想：这件事对于外界所产生的影响。试着写一份新闻稿，客户是否接受这样的发布？（4）我的所作所为符不符合行为准则的标准？想一想：如果不那么确定的话，就再想想其他做法。（5）五年内，其他人也认为这是一种好的工作方式吗？它会产生积极影响吗？设想一下然后把它写在你的履历中。

分析以上"反思自己"的五个问题可知：

第一问是我所做之事是否可以保证客户和银行安全无虞，所给出的解决办法是，想一想自己的言行所产生的影响是否有利于客户的安全，是否有利于银行的安全，以及是否有利于企业工作的安全大局，然后再提出具体的工作方案，并将其报于老板。

第二问是客户与同事是否认为我正直无私，所给出的思考路径是，想一想我会对自己的家人、朋友这么做吗？我会对自己这样做吗？如果对家人和朋友以及我自己不会这样做，那对待客户与同事也不能这样做，这就是通常所说的换位思考，也可以理解为"己所不欲勿施于人"。

第三问是外界对此事的感觉是我所满意的吗？这件事对于外界所产生的影响如何，所给出的具体解决办法还是换位思考，即试着写一份新闻稿，看客户是否接受这样的发布。

第四问是我的所作所为符不符合行为准则的标准，而对于此问只要不够确定的话，那解决的办法就是再想想其他做法。

第五问是五年内其他人也认为这是一种好的工作方式吗？它会产生积极影响吗？所给出的解决办法是，设想一下然后把它写在你的履历当中。如果写进去可以为你加分的话，这就说明你的现有工作方式是对的，或者是好的；否则，还是早一点改换工作方式以让它产生积极的影响吧。

事实上，对于一个有着很强能力和判断力的员工来说，有了这样的 YES 条款以后，其他的行为准则就可以不用再设计了。

### 5.4.4　苏格兰皇家银行集团行为准则及其解读

苏格兰皇家银行集团行为准则与行为文化的第二个关键因素是其公司具体的

行为准则，"我们的《行为准则》指导员工应如何做事，设定员工行为标准，此标准以价值观为指导。该《行为准则》还解释了所采用决议的影响，并描述了必须遵循的原则"。

分析苏格兰皇家银行集团的行为准则，其核心思想还是在要求员工必须按照企业既定的价值观行事，对于苏格兰皇家银行集团的企业价值观在前面第 3 章当中已经做过分析，它一共有四个方面的内容，即顾客至上，同心协力，正确行事和长远考虑。针对这四个价值观苏格兰皇家银行集团分别为之设计了五条具体的行为准则。这二十条行为准则多数是面向员工提出的工作指导，也有一部分是针对企业自身经营所提出的明确要求。

以下就是苏格兰皇家银行集团基于四个企业价值观所提出的二十条行为准则的主要内容，为了便于读者学习和借鉴在此先将其制成表格（表 5-3），然后再做进一步深入的分析。

**表 5-3　苏格兰皇家银行集团的企业价值观与行为准则及其主要内容**

| 苏格兰皇家银行集团的企业价值观与行为准则 | | | |
|---|---|---|---|
| 企业价值观名称 | 企业价值观描述 | 企业价值观补充 | 相关行为准则 |
| 顾客至上 | 我们存在的目的就是为客户服务。我们通过关注顾客之所需，为其提供卓越服务而赢得其信任 | 我们如何做事是赢得顾客信任的基础，如果银行想获得成功，就要让客户对我们每一个人都很放心才行 | （1）将顾客的最大利益作为决策的宗旨；<br>（2）设身处地为顾客着想，来设计、出售和评估产品；<br>（3）一旦出现问题，高效处理投诉；<br>（4）认真记录正确信息有助于更好地为客户服务，保证记录的精确性和随时更新；<br>（5）对客户信息严格保密，确保绝不因个人私利而利用或泄露保密信息 |
| 同心协力 | 我们彼此在意、齐心合力以共创佳绩。我们全力以赴、相互支持以发挥潜能 | 我们各展所长、相互配合以创最佳公司 | （1）寻求机会、共同努力为客户创造最大效益；<br>（2）推己及人，给人以尊严及尊重，鼓励人人如此；<br>（3）理解差异、接纳不同，建立开放性工作环境；<br>（4）根据员工的表现、资格、技能和成就对其进行录取、选拔、培训及晋升；<br>（5）对自己及自己可能产生影响之人的安全健康、安乐幸福负责 |
| 正确行事 | 我们做正确之事。对于冒险，我们严肃以待、谨慎处理。我们弘扬公正包容、深思熟虑、诚信管理 | 苏格兰皇家银行的诚信与每个员工的个人诚信密不可分 | （1）遵守《行为准则》及银行政策，同时帮助同事遵守，一旦发现行为与《行为准则》相悖，要直言不讳；<br>（2）无论工作中还是工作外绝不参加非法活动，避免卷入犯罪活动、贿赂腐败等事情之中；<br>（3）避免由于个人私利或代表朋友家人交易而产生的利益冲突；<br>（4）确保不因任何事情影响判断，如不因在银行外部就职而产生利益冲突，或滥用职权使自己或他人获利；<br>（5）对于潜在利益冲突，要快速行动，向经理反映，或者对于看到或怀疑的冲突恰当处理 |

续表

| 苏格兰皇家银行集团的企业价值观与行为准则 | | |
|---|---|---|
| 长远考虑 | 我们知道,只有顾客成功、社会成功,我们才能成功。我们以开放、直接、可持续的方式经营 | 所有的这些都体现在《我们的准则》中。《我们的准则》是修订后的《苏格兰皇家银行为准则》,它设定了员工在日常生活中坚持我们的价值观应遵循的行为 | (1)保护员工、资产及楼宇;<br>(2)在每一处银行业务所在之地诚信经营;<br>(3)无论保密信息与价值是否有关,维护所有银行机密信息的完整性,通过信息安全程序和良好的记录管理来确保这些信息能被安全保管;<br>(4)顾全声望,了解个人行为可能产生的影响,得到恰当指导后再面对媒体;<br>(5)尊重人权,促进环境可持续发展 |

基于苏格兰皇家银行集团四个企业价值观的内容,根据表 5-3 的顺序分析如下:

## Serving our customers

We exist to serve customers. We earn their trust by focusing on their needs and delivering excellent service. How we behave is fundamental to winning customers' trust. Our customers need to have confidence in every one of us if the bank is to be successful.

## 顾客至上

我们存在的目的就是为客户服务。我们通过关注顾客之所需,为其提供卓越服务而赢得其信任。我们如何做事是赢得顾客信任的基础,如果银行想获得成功,就要让客户对我们每一个人都很放心才行。

在这三句话当中,前面两句话在第 3 章当中已经出现过,它就是"顾客至上"企业价值观的主要内容,在这个内容当中表达了企业关于员工对待顾客的要求和提出这样要求的原因。而后面一句话要表达的就是基于这一条企业价值观,企业和员工应该坚持的行为准则,这个准则指出了企业做事情的出发点是赢得顾客的信任,而要赢得顾客的信任人人有责。

既然赢得顾客的信任人人有责,那么企业就应该提出人人都要遵守的行为准则,这个类别的行为准则包括了五个方面的具体内容:

We will always:

(1) Put customers' best interests at the heart of our decision-making. (2) Think about our actions from the customer's perspective when designing, selling or reviewing a

product. (3)Deal with complaints effectively if we get something wrong. (4)Carefully record the right information to help serve customers and keep records accurate and up to date. (5) Treat every customer's information with the appropriate confidentiality Make sure we never use or share confidential information for personal gain.

我们一如既往：

（1）将顾客的最大利益作为决策的宗旨。（2）设身处地地为顾客着想，来设计、出售和评估产品。（3）一旦出现问题，高效处理投诉。（4）认真记录正确信息有助于更好地为客户服务，保证记录的精确性和随时更新。（5）对客户信息严格保密，确保绝不因个人私利而利用或泄露保密信息。

分析苏格兰皇家银行集团这个类别的五个行为准则，都是一些具体的规定，其中前面两条带有思想指导的色彩，后面三条则是具体的操作标准，它们统一要反映的是顾客至上和以顾客为中心的企业价值观。

## Working together

We care for each other and work best as one team. We bring the best of ourselves to work and support one another to realize our potential. How we behave as individuals and together is what will make us a really good company.

## 同心协力

我们彼此在意、齐心合力以共创佳绩。我们全力以赴、相互支持以发挥潜能。我们各展所长、相互配合以创最佳公司。

在这三句话当中，前面两句话在第3章当中也已经出现过，它就是"同心协力"企业价值观的主要内容。而后面一句话是这一章当中对于"同心协力"企业价值观所做的补充。基于这一条企业价值观，苏格兰皇家银行集团也同样设计了五个行为准则，具体内容如下：

We will always：

（1）Find opportunities to work together to create great results for our customers Strive to develop and improve ourselves. (2)Treat others as they want to be treated, with dignity and respect, and encourage others to do the same. (3) Seek to understand and accept differences in others, and build an inclusive working environment. (4) Recruit, select, develop and promote people because of their behavior, qualifications, skills and achievements, using a robust process. （5）Take responsibility for our own safety, health and wellbeing, and for others who may be affected by our actions.

我们始终如一：

（1）寻求机会、共同努力为客户创造最大效益。（2）推己及人，给人以尊严及尊重，鼓励人人如此。（3）理解差异、接纳不同，建立开放性工作环境。（4）根据员工的表现、资格、技能和成就对其进行录取、选拔、培训及晋升。（5）对自己及自己可能产生影响之人的安全健康、安乐幸福负责。

分析这五条行为准则，第一条重点强调的是员工之间的共同努力，共同努力以寻求机会从而可以为客户创造最大的效益。第二条重点强调的是员工之间应该如何相处，那就是要推己及人，相互尊重，彼此重视各自的尊严。第三条强调的是员工的多样性与个性化，此外还有企业为了实现员工的多样性和个性化应该努力的方向。第四条强调的重点是公平公开地对待员工的个人绩效和个人发展。第五条强调的重点是要保护员工的福祉以及为了实现这个福祉员工之间应该承担的责任。

从总体上看，这五条行为准则既有针对员工提出的要求，也有针对企业自身提出的要求，而其主要的指导原则是"企业要努力确保员工的利益，员工要努力协同以促进企业的发展"。

## Doing the right thing

We do the right thing. We take risk seriously and manage it prudently. We prize fairness and inclusion and exercise judgment with thought and integrity. The integrity of RBS rests on the personal integrity of each of us.

## 正确行事

我们做正确之事。对于冒险，我们严肃以待、谨慎处理。我们弘扬公正包容、深思熟虑、诚信管理。苏格兰皇家银行的诚信与每个员工的个人诚信密不可分。

"我们做正确之事。对于冒险，我们严肃以待、谨慎处理。我们弘扬公正包容、深思熟虑、诚信管理"，这句话就是苏格兰皇家银行集团第三条企业价值观的具体界定。而后面这一句话是苏格兰皇家银行集团针对这个企业价值观所提出的行为准则的指导思想，"苏格兰皇家银行的诚信与每个员工的个人诚信密不可分"。

在这个指导思想当中所强调的重点是员工的诚实，而在下面五条具体的行为准则当中，苏格兰皇家银行集团给出的是员工为了保证自己的诚实和企业的诚信而不应该做的五个方面的事情，以及为了不做这五种事情应该采用的具体办法。

We will always:

（1）Follow Our Code and the bank's policies, help colleagues comply too, and speak up where we see conduct that goes against Our Code. （2）Play no part in illegal activities, either inside or outside work, and avoid engaging in business that might be associated with criminal activities, bribery or corruption. （3）Avoid financial conflicts of interest by never making transactions for personal gain, or on behalf of friends or family. （4）Make sure nothing compromises our judgment, such as taking on roles outside the bank that may cause a conflict of interest, or misusing our positions to benefit ourselves or anyone else. （5）Take action and tell a manager when we have a potential conflict of interest, or when we see or suspect a conflict, and make sure it is managed appropriately.

我们持之以恒：

（1）遵守《行为准则》及银行政策，同时帮助同事遵守，一旦发现行为与《行为准则》相悖，要直言不讳。（2）无论工作中还是工作外绝不参加非法活动，避免卷入犯罪活动、贿赂腐败等事情之中。（3）避免由于个人私利或代表朋友家人交易而产生的利益冲突。（4）确保不因任何事情影响判断，如不因在银行外部就职而产生利益冲突，或滥用职权使自己或他人获利。（5）对于潜在利益冲突，要快速行动，向经理反映，或者对于看到或怀疑的冲突恰当处理。

## Thinking long term

We know we succeed only when our customers and communities succeed. We do business in an open, direct and sustainable way. All this comes together in Our Code. Our Code is the revised RBS Code of Conduct. Our Code sets out the behaviors that are expected when employees are living our values in their everyday work.

## 长远考虑

我们知道，只有顾客成功、社会成功，我们才能成功。我们以开放、直接、可持续的方式经营。所有的这些都体现在《我们的准则》中。《我们的准则》是修订后的《苏格兰皇家银行行为准则》，它设定了员工在日常生活中坚持我们的价值观应遵循的行为。

前面两句话是苏格兰皇家银行集团关于"长远考虑"这一企业价值观的描述，它同时还反映了苏格兰皇家银行集团的企业宗旨，关于这一点前面第 3 章已经做过解读。

后面几句话是对苏格兰皇家银行集团整体行为准则的介绍和说明，"它设定了员工在日常生活中坚持我们的价值观应遵循的行为"，事实上它不仅仅是员工应该在日常生活当中坚持的行为，而且也是企业在整体运营过程当中需要坚守的原则。关于这一点，在苏格兰皇家银行集团针对"长远考虑"所制定的五条行为准则当中体现得最为明显。

We will always:

（1）Protect our people, assets and premises. （2）Act with integrity in all markets where the bank operates. （3）Preserve the integrity of all of the bank's confidential information, regardless of whether it is price-sensitive, ensuring its safe-keeping through following information security procedures and good records management. （4）Look after our reputation, understand the impact our individual actions can have, and get appropriate guidance when dealing with any form of media. （5）Be committed to respecting human rights and promoting environmental sustainability.

我们坚持不懈：

（1）保护员工、资产及楼宇。（2）在每一处银行业务所在之地诚信经营。（3）无论保密信息与价值是否有关，维护所有银行机密信息的完整性，通过信息安全程序和良好的记录管理来确保这些信息能被安全保管。（4）顾全声望，了解个人行为可能产生的影响，得到恰当指导后再面对媒体。（5）尊重人权，促进环境可持续发展。

### 5.4.5　苏格兰皇家银行集团行为准则的具体政策及其解读

苏格兰皇家银行集团行为准则与行为文化的第三个关键因素是其企业关于行为准则方面的具体政策，"我们的政策指导我们如何做事，勾画出银行、顾客和监管者对我们的期望，以及我们必须遵守的程序过程"。

以下是苏格兰皇家银行集团在这个方面的认知：

The bank's policies describe in more detail the rules that everyone is expected to follow. They ensure we comply with the legal and regulatory requirements that are critical in a highly regulated industry. By following the global policies, our approach to risk management is consistent and will keep us and our customers safe and secure. We also have local country policies designed in line with country laws and regulations. We take personal responsibility for ensuring we are familiar with the bank's, Divisional and in-country policies.

银行政策更加具体地描述了每个人应该遵守的规则，确保每个人遵守法律和监管部门所提的具体要求，这些要求对一个需高度监管的行业极其重要。遵守全球政策，我们的风险管理方法始终如一，这可以为我们和客户提供安全保障。我们还制定了符合国家法律和法规的地方性政策。我们承担个人责任，以确保我们熟悉银行、部门和境内的政策。

行为准则的存在是为员工如何做事情制定一些标准和规则，有了这些标准和规则员工就可以找到做事情的路径和程序以及如何做事情的方法和工具，这是一个企业制定其行为准则的主要目的。作为行为准则的具体承载者，苏格兰皇家银行集团的银行政策要体现的也是这样的作用，"我们的政策指导我们如何做事，勾画出银行、顾客和监管者对我们的期望，以及我们必须遵守的程序过程"，"银行政策更加具体地描述了每个人应该遵守的规则"，它的存在可以"确保每个人遵守法律和监管部门所提的具体要求，这些要求对一个需高度监管的行业极其重要"。

作为一个跨国银行，除了要制定和遵守国内的银行政策以外，还要制定适用于国外特点的行为政策，有了这些全球的政策，并且"遵守全球政策，我们的风险管理方法始终如一，这可以为我们和客户提供安全保障"。关于全球政策，后面要研究的 BAE 系统公司表达的更为直接和清楚，在它们企业行为准则设计当中专门就有《全球行为准则》。

依照苏格兰皇家银行集团的说法，制定政策的出发点是承担企业的责任，由此可以追求企业的利润，"我们承担个人责任，以确保我们熟悉银行、部门和境内的政策"，按照这些政策开展工作就是对员工和企业的最好保护，同时也是企业可以全面发展的强大支撑。

以下是苏格兰皇家银行集团制定的一些具体政策，它涉及十八个方面的内容及其具体要求和操作程序。

一些主要政策及指导如下：（Some of the key policies and guidance are: ）

| | |
|---|---|
| Anti bribery and corruption | 反贿赂与腐败 |
| Market abuse | 市场滥用罪行 |

| | |
|---|---|
| Anti money laundering | 反洗钱 |
| Performance management | 绩效管理 |
| Community and external engagement | 社区与外部参与 |
| Personal account dealing | 个人账户交易 |
| Conduct towards our customers | 怎样对待客户 |
| Physical security | 人身安全 |
| Inclusion | 包容性 |
| Privacy and client confidentiality | 隐私与客户机密 |
| Handling confidential and non-public, price-sensitive information | 处理保密及非公开价格敏感信息 |
| Records management | 记录管理 |
| Health, safety and environment | 健康、安全与环境 |
| Sanctions | 制裁 |
| Information security | 信息安全 |
| Wellbeing | 和乐安康 |
| Managing personal conflicts | 管理个人冲突 |
| Whistleblowing | 揭发检举 |

## 5.5　金巴斯集团的行为准则与行为文化及其解读

### 5.5.1　金巴斯集团的行为准则

与后面的 BAE 系统公司一样，金巴斯集团的行为准则也非常偏重于道德的要求，所以他们将自己公司的这个方面内容既称之为《行为准则》，也称之为《道德准则》。

以下是其主要内容：

As a world leader in our field we recognize that we have to set the very highest standards for ethical business practice. Every individual employee shares a responsibility to uphold these standards and to conduct our business in a professional, safe, ethical and responsible manner. Our Code of Ethics, developed in consultation with our European Works Council and the Institute of Business Ethics, sets out the clear standards of behavior that we expect all of our people to demonstrate in dealing with colleagues and those outside the company such as customers, suppliers, shareholders and other stakeholders. These are reflected in the five sections of the Code:

我们意识到，作为这一行业的领导者，我们在业务实践中必须树立高道德标准。每一名员工都有责任维护这些标准，并以专业、安全、道德和负责任的方式来经营我们的业务。我们的《道德准则》，是与欧洲工作委员会和商业伦理研究所协商制定的，它明确地规定了公司员工在处理与同事或公司外人员如客户、供应商、股东和其他利益相关者事务时应遵循的行为准则，具体体现在《行为准则》的五个部分中：

—Relations with our employees

As a service company, our people are key to the success of our business. We respect and value the individuality and diversity that every employee brings to the business and seek to create a positive, open, working environment wherever we operate. （1）We are committed to basing relations with our employees on respect for the dignity of the individual and fair treatment for all. （2）We aim to recruit and promote employees on the basis of their suitability for the job, without discrimination. （3）We aim to foster effective communication to enable all our employees to perform their work effectively. This will include encouraging and helping employees to develop relevant skills to progress their careers. （4）We place the highest priority on the health and safety of our employees and the safety of the environment in which they work. （5）We do not tolerate any form of discrimination or sexual, physical, mental or other harassment of any kind toward our employees, whether from our own staff or others. （6）We operate fair and just remuneration policies. （7）We require any employee with a potential conflict of interest to disclose it to their line manager. （8）We operate in an environment of trust and as such we do not tolerate any fraudulent or dishonest behavior by our employees either within the Group or in dealing with other stakeholders.

—与员工关系

作为一个服务型公司，员工是业务成功的关键。我们尊重和重视因每一位员工不同而产生的个性和多样性，并致力于在公司运营之处创造积极开放的工作环境。（1）我们与员工的关系是建立在尊重员工尊严的基础之上，公平地对待每一个人。（2）我们的目标是根据工作的适合性招聘和培训员工，拒绝歧视。（3）我们的目标是促进有效沟通，使我们所有的员工都能高效地完成工作，这包括鼓励和帮助员工发展相关技能，以促进他们职业生涯提升。（4）我们高度关注员工的健康和安全，还有他们工作环境的安全性。（5）我们不允许任何形式的歧视或对员工在性、身体、精神或其他方面的任何骚扰，无论是来自我们自己的工作人员或是他人的骚扰都不可以。（6）我们采用公平和公正的薪酬政策。（7）我们要求每一个员工一发现可能的利益冲突要马上与主管经理汇报。（8）我们在信任的环境中工作，因此，在本集团内或在与其他利益相关者打交道时，我们不容许出现任何欺诈或不诚实的行为。

—Relations with our customers

We are passionate about delivering superior quality, service and choice to our clients and customers: our reputation and the loyalty of our clients and customers depend upon it. （1）The quality and safety of the food and services we provide, and that of our products and processes, is paramount and must never be compromised. （2）We aim to provide a high level of client and customer service at all times. All feedback on our service is recorded and given prompt consideration. （3）All customer and client information is treated as confidential. （4）We never deliberately give inadequate or misleading descriptions of our products or services. （5）No employee may offer or receive—or influence others to offer or receive any money or material gift that could be construed as a bribe.

—与客户关系

我们热衷于为我们的客户和顾客提供卓越的品质，更好的服务和更多的选择：我们的声誉以及客户和顾客的忠诚度取决于此。（1）我们所供食品和服务的质量与安全，以及产品和生产过程的质量与安全，都是重中之重，绝不容许受到任何损害。（2）我们的目标是随时提供高品质的客户与顾客服务，记录所有客户服务反馈，并及时处理。（3）所有顾客和客户信息都是保密的。（4）我们绝不故意对我们的产品或服务进行隐瞒或欺骗性描述。（5）任何员工不得提供、接受，或对其他人施以影响使其提供或接受，任何有可能导致贿赂的金钱或具体礼物。

—Relations with our investors

The company's success in the marketplace is built upon the trust and confidence of those who invest in us, and we are dedicated to protecting their long-term interests. （1）We aim to generate an attractive rate of return on a long-term basis, through the responsible use of assets entrusted to us. （2）We are committed to a high standard of corporate governance and accountability. （3）Our accounting statements will be true, timely, complete and material, and available in an easily understandable form.

——与投资商的关系

公司在市场竞争中立于不败之地的关键取决于投资商对我们的信任与信心，因而我们要不遗余力地保护其长远利益。（1）我们的目标是通过负责任地运用委托给我们的资产，不断创造出令人瞩目的回报率。（2）我们要建立高标准的公司管理问责制度。（3）我们的会计报表真实及时、完整具体，而且不会晦涩难懂。

——Relations with our suppliers and subcontractors

We seek to establish mutually beneficial relationships with all our suppliers, and encourage them to match our high standards in respect of quality, food safety, working conditions, trading practices, health and safety and environmental protection. （1）We treat our suppliers and subcontractors honestly and fairly. （2）No employee may offer or receive—or influence others to offer or receive—any money or material gift that could be construed as a bribe or influence. （3）We endeavor to ensure we are not exploited directly or indirectly by requests to make facilitation payments. （4）All information concerning the company and its suppliers is to be treated as confidential. （5）We do not work with companies that infringe the law or endanger Compass Group's reputation.

——与供应商和分包商的关系

我们争取与所有供应商建立一种互利互惠的关系，并鼓励他们符合我们在品质、食品安全、工作环境、贸易惯例、健康安全及环境保护方面的高标准。（1）我们对供应商及分包商的态度是诚信以对、公平以待。（2）任何员工不得提供或接受，或对其他人施以影响使其提供或接受，任何有可能导致贿赂或产生影响的金钱或具体礼物。（3）我们尽力确保我们不会直接或间接被其他人利用，为其买单。（4）任何有关公司和供应商的信息都是保密的。（5）我们不与违法或危及金巴斯集团声誉的公司合作。

——Relations with governments and the wider community

Success in business is dependent on compliance with legal constraints, together with sensitivity to local customs and conventions governing business relationships. The communities in which we operate (and from which we draw our employees) are important to us. （1）We are committed to making a positive contribution to the sustainable development of the communities in which we operate. （2）We take into account the concerns of the wider community—including national and local interests—in all our operations. We use our expertise to contribute to the wellbeing of the community in a manner appropriate to our business objectives. （3）We endeavor to ensure that we are not exploited for the purpose of money laundering, drug trafficking or tax evasion. （4）We support the rights of human beings as set out in the UN Declaration of Human Rights. We consider carefully before doing business in countries that do not adhere to the UN Declaration. （5）We do not make donations to political party funds or candidates. （6）We respect the law, traditions and cultures of the countries in which we operate. When there is an apparent conflict between local custom and the principles and values set out in this Code, employees acting on our behalf must be guided by this Code. （7）We are committed to doing our business in a way that's as environmentally friendly as possible. The Group's Environmental Policy and Guidelines include standards on waste reduction and recycling, and the conservation of water and energy.

——与政府和更广泛社区的关系

商业上的成功要以守法为底线，还要符合当地习俗及业务关系管理的约定。公司运营所在社区对我们极为重要，这是因为我们的员工来自于这些社区。（1）我们致力于为公司运营所在社区的可持续发展做出积极贡献。（2）我们将更广泛社区的关注重点，包括国家和当地的利益考虑到我们的运营范畴之内，利用专业知识，以适当的方式来实现我们的业务目标，即为社区的福祉做出贡献。（3）我们努力确保我们不被利用来洗钱、贩毒或逃税。（4）我们支持联合国人权宣言中所规定的人权，在不遵守联合国人权宣言的国家开展业务时，我们要审思慎行。（5）我们不为政党或候选人准备政治献金。（6）我们尊重公司运营所在国家的法律、传统和文化。当当地习俗、原则和价值观与公司《行为准则》产生明显冲突时，作为公司的代表，员工必须遵循《行为准则》。（7）我们竭尽所能地以尽可能环保的方式来开展业务，《集团环境政策与指要》中包括了减少废物和循环利用的标准，以及水和能源的保护措施。

### 5.5.2　金巴斯集团行为准则的解读

分析金巴斯集团的行为准则可以感受到两个方面的特点，第一个是其对于道德准则的重视，第二个是其对于企业宗旨的强调，而这两点是任何一个企业在设计其行为准则时都要重点关注的内容，此外还要关注的就是企业行为准则与企业价值观的对接。

其中，第一个特点体现在金巴斯集团行为准则总体说明的前半部分，"我们意识到，作为这一行业的领导者，我们在业务实践中必须树立高道德标准。每一名员工都有责任维护这些标准，并以专业、安全、道德和负责任的方式来经营我们的业务"。这句话与后面 BAE 系统公司的相关性描述惊人的相似，BAE 系统公司的行为准则也是以强调道德要求为主要内容，这说明成熟的企业在成功的经验方面有很多相通的地方，而这些相通的内容恰恰就是后发企业应该重点学习的部分。

第二个特点体现在金巴斯集团行为准则总体说明的后半部分，"我们的《道德准则》，明确地规定了公司员工在处理与同事或公司外人员如客户、供应商、股东和其他利益相关者事务时应遵循的行为准则"。事实上，与 BAE 系统公司一样，作者在其公司的网站上也没有找到金巴斯集团的企业宗旨界定，而这个"行为准则"所代表的"行为文化"也可以如 BAE 系统公司的"责任理念"一样，能够补上金巴斯集团在企业宗旨界定方面的短项。

下面要分析的是可以反映其第二个特点的主要内容，它们界定了企业在与相关利益者之间进行互动时应该坚持的准则。

（1）与员工关系方面的准则。

如何看待企业的员工从某种程度上可以反映的不只是企业的员工理念，而且还可以反映这个企业的成熟水平。作为一个成熟的企业，金巴斯集团的员工理念与大多数美英公司是一致的，在这里可以基于金巴斯集团对此的描述再重新梳理一下各大公司在员工理念方面具有普适性的界定，它们主要包括四个方面的内容：第一，员工是企业最重要的资源，员工的能力决定了企业的发展；第二，为了员工有更好的发展，企业必须尊重员工的个性和独创性；第三，为了企业更好地发展，企业必须尊重员工的多样性，借助员工的多样性可以发展企业多元化的业务，并组建可以互补的各种功能团队；第四，为了员工可以尽展所长并且相互配合，企业必须为所有的员工建构开放发展的平台。

正如本章开头所说，一个成熟的企业所制定的行为准则除了要配合企业的价值观和企业宗旨以外，还要与这个企业的员工理念和多样性理念有机地进行结合，金巴斯集团关于处理与员工关系的行为准则就符合以上所说之要求，而其具体内容有八条之多。把这八条处理与员工关系的准则及其所反映的行为文化概括一下可以提炼出这样一些关键思想，它们分别包括企业要尊重员工，公平地对待员工，能够拒绝任何形式的歧视行为，可以经常与员工进行有效的沟通，不断地鼓励员工发展，并且帮助员工进步，企业可以按照员工的需要和所长规划他们的职业生涯，并且关注员工的健康和安全，企业还要设置公平和公正的薪酬体系，鼓励员工讲出所想，鼓励诚实和守信的行为，等等。

任何一个企业如果能够做到以上所说，它都一定会赢得企业员工们的信任和喜欢，而有了员工的信任和喜欢，企业就真正拥有了可以大发展的动力基础。

（2）与客户关系方面的准则。

员工与客户无疑是一个企业需要重点关注的两个最为重要的发展要素，前面分析了金巴斯集团行为准则针对员工所做出的设计和说明，下面要分析的是金巴斯集团行为准则针对客户所做出的说明与设计。这两个方面的准则一个对内，一个对外，它们协同起来可以解决企业发展的大部分问题。

与大多数企业一样，金巴斯集团的客户服务理念也是强调以顾客为中心，并为客户提供可以进行多元选择的高品质的产品和服务。这样做的目的表面上看是要赢得顾客与客户的忠诚度，而实质上企业是要因此而打造自己的声誉，并创建自己的品牌影响力。基于金巴斯集团的这种客户理念再做一点延伸的话可知，任何一个成功的企业品牌都有它自己的运行轨迹，而这个轨迹一定是沿着企业所设定的如何处理与顾客和客户关系的准则构建起来的，或者换一句话说，企业处理与顾客和客户关系的准则可以为企业打造自己的品牌提供路径上的长期保障。如果一个企业在处理与顾客和客户的关系时没有这种准则，那么员工的行为就无法被有效地统一起来，企业在这个方面的工作也就没有可以长期坚守的标准与方向，而这样的做法不是一个成熟企业的风格，这样的风格也成就不了一个成熟的企业。

具体分析金巴斯集团处理与顾客和客户关系的准则一共有五条，其中第一条所表述的内容就是前面第 3 章中提及的金巴斯集团的五大企业原则之第一条的主要内容，金巴斯集团所坚持的第一企业原则是这样说的，"永不牺牲客户和员工的健康和安全，并负责地对待因我们的业务对环境产生的影响"。而这里是这样说的，"我们所供食品和服务的质量与安全，以及产品和生产过程的质量与安全，都是重中之重，绝不容许受到任何损害"。无论是在其企业原则当中，还是在其企业行为准则里，针对这个共同的思想所使用的语言描述其语气都是非常严厉的，由此所表现出来的企业对于食品安全和服务安全的重视是相当认真的。前面曾经针对这家企业所坚持的这样的态度做过一个评论，即如果它能够按照它说的那样做了的话，顾客与客户除了对他们肃然起敬以外，剩下的就只有信任了。而如果我们的食品企业和处于食品供应链上的企业也都能做到这一点的话，我们也同样会肃然起敬，我们的这个产业将会更加兴旺发达。有此一想时，可见一个像金巴斯集团这样的企业，它们坚持这样一个处理与顾客和客户关系的准则是多么的重要，也是多么的必要。

金巴斯集团处理与顾客和客户关系的第二个准则关注的是细节，那就是要"记录所有客户服务反馈，并及时处理"，而这样做的目的是为了保证企业可以随时为客户和顾客提供高品质的服务。

金巴斯集团处理与顾客和客户关系的第三个准则关注的也是细节，那就是"所有顾客和客户信息都是保密的"。对于这一个准则似乎人们也应该肃然起敬，尽管这看起来是似乎一个企业应该做的事，也是很容易做到的事，但却是现代社会当中很多企业做不到或者并没有真心去做的事。事实上，对于处在现代信息社会里的每一个人而言，感觉到能够为自己的信息保密的有良心的企业实在是不多，即便企业是有良心的，但是为了小利所驱动而失去良心的企业员工太多，于是人们的信息就从银行、电信等各种服务类型的企业里被别有用心的人收集去了。保密已经无从说起，责任当然归于不负责任的企业或者是其员工，所以见到金巴斯集团处理与顾客和客户关系的第三个准则时，人们似乎可以雀跃一下，以表达大家对于这种企业行为准则的认可与赞赏。相信如果金巴斯集团真的能够如他们说的那样做到了的话，他们就此一定会赢得顾客和客户的持久信任。

金巴斯集团处理与顾客和客户关系的第四个准则表面上看是在强调道德的准则，而实质上也是体现了企业对于维护自己公司声誉，确保企业可以获得长远发展基础的决心。这其实是一个成熟的企业应该采取的聪明的做法，"我们绝不故意对我们的产品或服务进行隐瞒或欺骗性描述"，由此可以换来的当然会是顾客和客户的真心支持和全面信任。

金巴斯集团处理与顾客和客户关系的第五个准则准确地说更像是另外一条员工行为准则，因为它要求的就是员工，只不过这种要求所关联的对象是顾客与客户而已，"任何员工不得提供、接受，或对其他人施以影响使其提供或接受，任何有可能导致贿赂的金钱或具体礼物"。

在苏格兰皇家银行集团的企业行为准则当中，金巴斯集团处理与顾客和客户关系的第五个准则被具象化为一个明确的政策，事实上在英美许多大企业当中，他们也都采用了这一做法。

（3）与投资商关系方面的准则。

金巴斯集团处理与投资商关系的准则其出发点是一个因果关系，这个因果关系其实非常简单，而且对于任何一个企业而言都是成立的。这个因果关系就是：因为公司的发展离不开投资商的支持，所以企业必须要努力保护投资商的利益。反过来看的话这个因果关系也是成立的，即：因为投资商的利益得到了保护，所以他们也愿意长期支持企业的发展。而这一点正是企业想要的。

基于这个因果关系作为思想指导，金巴斯集团在处理与投资商的关系时坚持了三个方面的准则：

第一个方面的准则最能紧扣前面所说的因果关系，或者是把这种因果关系具体化了，"我们的目标是通过负责任地运用委托给我们的资产，不断创造出令人瞩目的回报率"，然后可以想见的一定是投资商因此会更加乐于将其资产委托给公司经营，企业因此就会获得大发展所需要的来自于投资商的长期支持。

第二个方面的准则是要建立一个具体的制度，"我们要建立高标准的公司管理问责制度"。管理问责制度的核心是问责，但制定这项制度的出发点一定不是为了问责，而是力争要做到不问责。不问责的前提是不出现错误，而不出现错误的前提又是按照企业的准则做事情，这样做事情可以影响到企业管理工作的方方面面，其结果就是帮助企业实现了投资商所委托的运作，而企业也会因为这种运作的成功帮助自己同样取得成功。

第三个方面的准则是一个更加具体的制度，那就是会计报表制度，针对这个制度，公司的要求是"我们的会计报表真实及时、完整具体，而且不会晦涩难懂"。企业如此做的动因之一就是要以诚相待投资商，如果投资商对于企业的会计报表都看不懂的话，那么他们对于企业的信任就会大打折扣，甚至会失去信任。没有信任就没有支持，没有信任就没有合作，这个道理是很清楚的。前面在谈及处理与顾客和客户的关系时，金巴斯集团认为应该做到，"我们绝不故意对我们的产品或服务进行隐瞒或欺骗性描述"；对于顾客与客户应该做的事情，对于投资商也要做到，只有这样才能保持一个企业的统一管理和统一形象。

（4）与供应商和分包商关系方面的准则。

金巴斯集团在处理与供应商和分包商的关系时所坚持的准则与前面处理与顾客和客户关系以及与投资商的关系时所坚持的准则大多数是相同的，甚至有的准则所使用的语言也完全一样，所以在此就不再重复分析，而是将此处的六条准则做一点概括以方便读者更容易记住和参考使用。它们分别如下：

一是，诚实以对供应商。

二是，公平相待分包商。

三是，员工洁身律自己。

四是，企业谨慎不被欺。

五是，坚守各方的秘密。

六是，爱护企业的声誉。

（5）与政府和更广泛社区关系方面的准则。

金巴斯集团认为，这其实也是绝大多数成功的跨国企业所持有的观点和态度，在处理与政府和更广泛社区关系的时候所应该坚持的准则——首先是守法，其次是守俗，最后是守约。"商业上的成功要以守法为底线"，"还要符合当地习俗及业务关系管理的约定"。

守法、守俗和守约只是一个总体上的指导思想，具体应该如何去做才能方便企业处理与政府和更广泛社区的关系呢，这就需要不同的企业设计自己独特的行为准则。而金巴斯集团在这个方面设计的行为准则有七条，它涉及诸多方面的利益相关者。其中比较有借鉴意义的是第一条、第二条和第六条。

第一条准则谈论的是如何处理企业与公司所在社区的关系。这个关系其实是好处理的，因为主动权在企业一方，而且也应该在企业一方，"我们致力于为公司运营所在社区的可持续发展做出积极贡献"。有此一条作为指导，而且能够做到这一条要求的话，公司所在的社区就没有理由不支持企业的发展，企业因此也就会很容易地赢得所在社区的广泛支持。

第二条准则谈论的还是如何处理企业与社区的关系，只不过这里所说的社区有更加广泛的界定，甚至把公司运营所在的国家和地区也纳入其中。这一准则的具体要求是，"我们将利用专业知识，以适当的方式来实现我们的业务目标，即为社区的福祉做出贡献"。

第六条准则要表达的是两层意思，第一层意思是，"我们尊重公司运营所在国家的法律、传统和文化"，这一层意思是大多数跨国企业所坚持的一个工作思想。第二层意思是，"当当地习俗、原则和价值观与公司《行为准则》产生明显冲突时，作为公司的代表，员工必须遵循《行为准则》"，这样做的目的既是为了保持公司的统一性，也是为了保护公司的集体利益。但是相信如果真得出现这种情况时，要让企业所在社区的当地员工坚持与企业的《行为准则》保持一致是相当困难的，因为很多时候一个地区的习俗、原则和习惯是与其民族特点和宗教信仰等紧密联系的，要让他们改变其民族喜好和宗教信仰以迎合公司的行为准则这绝对需要考验领导者与管理人员的智慧与能力。

第三条准则表面上谈论的也是前面所说的"企业谨慎不被欺"，但其深层次要表达的意思是企业不参与犯法的事，不做坏事。第四条准则谈论的是企业要积极参与联合国的工作。第五条准则谈论的是企业的政治立场和参与政治活动的底线。第七条准则谈论的是保护环境。

## 5.6　BAE 系统公司的行为准则与行为文化及其解读

### 5.6.1　BAE 系统公司的行为准则

BAE 系统公司的行为准则及其所反映的行为文化与金巴斯集团非常地相近，但是在具体的形式上又有所不同，事实上他们的行为准则描述与前面几家公司相比也不一样，这种不同之处就在于其行为准则被分成了《全球行为准则》、《行为准则》和《贸易责任原则》三个部分。

借助《全球行为准则》、《行为准则》和《贸易责任原则》三个方面的内容，同步反映了 BAE 系统公司"注重企业道德责任"，"坚持企业统一标准"，"注重开放性与可行性"，"以客户需求为导向"，"爱护企业与客户的声誉"的企业行为文化。而这五个方面的行为文化也是其他企业可以借鉴和参考的众多行为文化当中比较具有普适性也是非常重要的部分，坚持它们的结果一定会为企业的发展带来巨大的而且是持久的帮助。

—Meeting high ethical standards

Our global Code of Conduct is a clear statement of what we stand for and how we do business. It sets out the standards of business conduct we expect all our employees to live up to in everything they do, whatever their role, wherever they operate.

—符合高道德标准

我们的《全球行为准则》明确说明了我们的立场和做生意的方式，并设定了商业行为的标准，我们期望所有的员工无论职责如何，无论在哪儿工作都不辜负他们所做的一切。

—Code of Conduct

Our Code includes practical guidance and examples to help employees deal with important ethical issues and is issued to all employees through a briefing session with their line manager. We regularly benchmark our Code of Conduct against other global companies to ensure it continues to meet best practice.

—行为准则

我们的《行为准则》对于如何帮助员工处理重要的道德问题进行具体指导，给出具体实例，并通过与主管经理的简报会议直接发布给员工。参照其他国际公司相关的状况，我们定期评估我们的《行为准则》，使之一直能最好地满足于我们的实践。

—Responsible trading principles

Together with our Code of Conduct, we also have four Responsible Trading Principles that underpin all of our business activity. They are: （1）We understand and support our customers' national security and other requirements. （2）We assess carefully our products and services with the objective that neither BAE Systems nor our customers are exposed to significant reputational risk. （3）We work to BAE Systems' Values in all that we do. （4）We are as open as practicable about the nature of our business.

—贸易责任原则

除了《行为准则》，为巩固我们的业务活动，我们还有四条贸易责任原则，具体如下：（1）理解和支持顾客的国家安全和其他要求。（2）仔细评估我们的产品和服务，其目的是使 BAE 系统公司和客户都不致招致重大名誉损害。（3）竭尽全力将 BAE 体系价值观应用于我们做之全部事情。（4）我们业务的性质是开放可行的。

### 5.6.2  BAE 系统公司行为准则的解读

BAE 系统公司的行为准则是非常丰富的，正如前面所说它包括三个方面的内容，下面就基于它主要内容的三个方面分别进行解读：

（1）《全球行为准则》。

能够提出《全球行为准则》说明 BAE 系统公司的业务具有全球化的特点，而作为一个成熟的企业无论是在全球市场上，还是在国内市场中都应该坚持相同的行为准则，而不能在国内市场上是一套，而到了国际市场上又坚持另外一套，那样的做法一方面不利于企业的统一，另外一方面也会引起国际市场的反感。

既然在国内市场和国际市场上要坚持同样的标准行事，那么所谓的《全球行为准则》首先应该是"全国行为准则"，在国内市场上企业坚持的行为准则同样适用于国际市场。因为"国内行为准则"重点要说明的是企业做生意的方式和于企业行动当中应该坚持的立场，所以《全球行为准则》也要明确说明公司在其他国家的经营态度和做生意的方式，这其中最为重要的就是坚持高标准的道德要求，它是企业行为准则要统一反映的思想。有了这样一条指导思想以后，企业对于员工的要求和期待就是"我们期望所有的员工无论职责如何，无论在哪儿工作都不辜负他们所做的一切"。

虽然一个公司的《全球行为准则》与"国内行为准则"在主体上是一致的，所坚持的道德标准也没有什么差异，但是在涉及具体执行的层面也还是可以略有不同。关于这一点可以参考一下美国埃克森美孚石油公司行为准则的界定。

以下内容是埃克森美孚石油公司"企业行为准则"的目录，这其中几乎所有的内容都是通用于国内市场和国际市场的，只是有两个政策做了国内与国外的区分，具体政策名称见黑体字部分。

## 目录

（2）《行为准则》。

不同的企业在制定自己公司的行为准则时所看重的内容不是完全一样的，有的企业重视行为准则对于员工工作的具体指导，有的企业重视行为准则对于员工道德的要求。

前面所举之美国埃克森美孚石油公司的《行为准则》无疑重视的是前者，而BAE 系统公司的《行为准则》无疑重视的是后者，"我们的《行为准则》对于如何帮助员工处理重要的道德问题进行具体指导，给出具体实例，并通过与主管经理的简报会议直接发布给员工"。

前面曾经说过，BAE 系统公司的《全球行为准则》与其《行为准则》在员工道德上的要求是一致的，为此公司明确要求，"参照其他国际公司相关的状况，我们定期评估我们的《行为准则》，使之一直能最好地满足于我们的实践"。

（3）《贸易责任原则》。

除了《全球行为准则》和《行为准则》以外，BAE 系统公司还专门就企业应该如何与世界各个国家的企业与客户进行合作设定了明确的原则，这四条原则同属企业行为准则的内容。

分析其第一条贸易责任原则与其所在的行业相关，基于安全防务行业的要求，BAE 系统公司认为，企业应该理解和支持顾客的国家安全和其他要求。其言外之意还可以理解为以客户需求为导向。

分析其第二条贸易责任原则的主要内容是保护公司与客户的声誉，这是一个企业当下要发展，未来还可以再发展的重要前提，所以"仔细评估我们的产品和服务，其目的是使 BAE 系统公司和客户都不致招致重大名誉损害"。这看上去像是一个最低的要求，但同时也是一个最基础性的要求。有了这样基础性的要求，企业与客户的声誉就有了保证。

分析其第三条贸易责任原则其核心思想与前面多次所强调的企业行为准则必须以企业的价值观为依据相吻合，这是任何一个企业在制定自家的行为准则时必须要考虑的事情，这样的事情是怎样强调都不过分的，为此企业要"竭尽全力将 BAE 体系价值观应用于我们做之全部事情"。

分析其第四条贸易责任原则所反映的是一个成熟跨国企业应该具备的特质，那就是要保持公司的开放性和注重企业发展的可行性。其中保持开放性的目的是为了企业与客户共赢的目标，关于这一点被充分表达在其企业愿景的解读当中，"我们与客户和当地的合作伙伴一起开发、设计、生产和养护我们的产品和系统，以确保我们的军事能力、保护国家安定、人民安全，以及保护重要信息和基础设施的安全"。

# 第6章 英国企业家的经营管理理念

## 6.1 基本情况介绍

在中国企业尤其是民营企业当中，大部分人相信企业文化就是企业家文化，企业老板的经营思想与管理风格可以反映企业的经营理念和管理哲学。曾经有人批评过这种现象，认为企业文化不应该体现为老板的家文化，更不应该表现为老板的一言堂，但是进行这种批评的人往往只看到了事情的一个方面，而没有看到在一个民营企业当中，如果没有了企业家思想的强势表达，一个企业就无法形成真正的企业文化。

在美国的企业尤其是家族企业当中也存在着这样的认识，即大部分的企业其企业文化的主要内容都是源自于企业家的思想和信念，或是源自于几代企业家思想和信念的不断积累和不断完善。这种老板式的企业文化好与不好姑且不论，使用这种老板文化来管理企业的美国公司多数存在了几百年，这就说明基于企业家文化而生成的企业文化还是有效的。

以上论断适用于中国企业，适用于美国企业，当然也适用于英国企业。为此，本章收集了 7 个企业家的信件和致辞，借此进一步分析这些企业家所在公司的企业文化以及企业家们对于这些企业文化的坚持和发展。这 7 家公司分别是英国石油公司、汇丰银行、联合利华、南苏格兰电力公司、力拓集团、苏格兰皇家银行集团和 BAE 系统公司。

本章共设计 8 节内容，其中第 1 节从总体上介绍情况，之后的 7 节又各分为 3 个部分：

第一部分介绍这些杰出公司主要领导人的一个基本情况，重点介绍他们是谁，他们现在做什么，以及他们以前做过什么。因为这些人或者是所在公司的董事会主席，或者是集团行政总裁，或者是首席执行官，都是"名动江湖"的大牌企业家，所以他们的简历很容易找到。只不过其公司网站上找到的关于他们的简历实在太长，所以本书与在研究美国杰出公司企业家时所采取的措施一样，最终没有使用这么详尽的介绍，而是改用维基网或是百度百科上的资料。这些资料言简意赅，不会占用太多的笔墨从而可以留出足够的篇幅以分析他们的经营管理思想。

第二部分是企业家致辞的原文和译文。如果读者能够直接使用英文阅读可以更准确地理解这些企业家的思想，而且不会因为语言的转换而发生失真的现象，为此本书保留了大部分的原文资料。不过对于很多中国企业家和企业的高管而言，他们当中的大多数是没有时间去学习英文的，所以在此还是尝试把这些讲话由英文翻译成中文，以供那些没有时间学习英文的读者了解和学习这些世界顶级CEO（首席执行官）的经营与管理理念。

最后，本章会针对这些信件与致辞做出管理学上的解读。在没有阅读这些解读之前，读者也可以翻看前面五章所介绍的这些公司的企业使命、企业宗旨、企业愿景、企业战略、企业价值观、企业原则、企业行为准则与行为文化，有了这些内容作为基础再理解他们的致辞就会变得非常容易，因为在他们的致辞当中多数内容还是围绕上述几个方面进行设计的，这也应了前面所言，"企业家文化必须反映企业文化，企业文化也必然会反映企业家文化"。这同时也是本书把这个部分放在第6章的目的所在，通过分析这些企业家们的致辞可以帮助大家再一次回顾前面五章所介绍的内容，并把其中的一些内容联系起来做进一步的梳理。

当然，本书所做的分析不只是一种学者的观点，而且也是一种应用性的思考，或者说应用性的思考是本书解读这些致辞的关键。作者希望借助这种理解和思考能够为中国企业和中国企业的管理者们提供一点有意义的借鉴和参考。

## 6.2　英国石油公司的企业家致辞与经营管理理念

### 6.2.1　企业家卡尔·亨里克·斯文格简介

卡尔·亨里克·斯文格（Carl Henric Svanberg）是英国石油公司现任董事会主席，出生于1952年，一个瑞典人。在加入英国石油公司之前在一家瑞典公司担任主要领导，自2010年1月起受命担任英国石油公司的董事会主席至今（图6-1）。

图 6-1　英国石油公司董事会主席卡尔・亨里克・斯文格

## 6.2.2　卡尔・亨里克・斯文格的致辞

以下是卡尔・亨里克・斯文格在英国石油公司 2015 年之年度报告上的讲话，这个讲话的时间是 2016 年 3 月 4 日。

Dear fellow shareholder,

2015 has been another challenging year: oil prices have remained low, falling by more than 50% and our industry finds itself in a position not seen for some 30 years. This sustained low price is a result, not of lack of demand, but of oversupply.

However, our work in reconfiguring BP following the incident in the Gulf of Mexico has meant that we were prepared and well positioned to respond to this volatile environment as we move through 2016.

（1）Shareholders and distributions

We have maintained our dividend during the year and remain committed to growing sustainable free cash flow and shareholder distributions over the long term. I believe that our current financial framework can support these commitments.

The board considers shareholder distributions in the context of how to achieve long-term growth and value creation. In the current weaker price environment, our aim is to rebalance our sources and uses of cash to ensure we cover capital expenditure and shareholder distributions with operating cash flow. This will enable BP to continue to develop its business while maintaining safe and reliable operations. We anticipate that all the actions we are taking will capture more deflation and drive the point of rebalance to below \$60 per barrel. The board will keep all of this under review and will make any adjustments to our financial framework as circumstances require.

（2）Strategy

The proposed consent decree with the United States federal government and settlements with the US Gulf states are an important step. It has enabled us to look at the future with greater confidence. However the current price environment continues to be a cause for concern and so we have set a financial path for the next two years. This medium-term strategy is based on optimizing our deployment and allocation of capital and the continuing simplification of our business while maintaining our commitment to safety and reliability.

Our financial results over the year demonstrated the benefit from the integration of our upstream and downstream activities. We have a strong, refocused and rebalanced portfolio based on our distinctive capabilities which we believe will enable us to withstand lower prices. In the future, we will continue to invest in a balanced range of resources and geographies across the Upstream and Downstream to enable us to achieve long-term growth.

We have recently published our BP Energy Outlook. I believe this makes an important contribution to the discourse and debate in this area. As the world continues to develop economically then oil, and increasingly gas, will be needed for the foreseeable future. This is the core of our business. Overall we keep under review the broader strategic direction of the group as the market for our products evolves and the energy landscape starts to change.

2015 has seen increased focus on climate change. BP has consistently argued for a price on carbon and recognized the part we all must play in being part of the solution. However governments must take the lead in developing policies to reduce carbon emissions and we continue to engage in this debate. The UN conference on climate change has produced some clear results and I am proud of the part that Bob has played in leading the initiative within our industry. At our last AGM in April the board was pleased to support a resolution brought by a group of our shareholders that encouraged greater disclosure of our work in this area; our evolving response to this is set out in our Sustainability Report due for publication this March.

（3）Oversight

The world continues to be a troubled place and the risks faced by BP are ever evolving. The board keeps under review its approach to the monitoring of risk—as demonstrated by the board's oversight of cybersecurity and the sharpened focus on geopolitical risk through the formation of the geopolitical committee. This is complemented by the work of our international advisory board. As we progress with our litigation in the US, we expect to stand down the Gulf of Mexico committee during 2016 and I would like to thank my colleagues for the important work and focus they have given to this committee over the past five years. Oversight of the continuing litigation will fall to the full board.

（4）Governance and succession

Membership of the board has continued to be refreshed and during the year Paula Reynolds and Sir John Sawers joined us as non-executive directors. Paula brings deep experience from the financial and energy worlds, while John brings long experience of international politics and security that are so important to our business. Professor Dame Ann Dowling has taken the chair of the remuneration committee in anticipation of Antony Burgmans standing down from the board after twelve years. Antony has chaired the remuneration committee and is also chairing the newly formed geopolitical committee until April when Sir John Sawers will succeed him. Phuthuma Nhleko, who joined the board in 2011, has decided not to offer himself for re-election at the forthcoming AGM due to external business commitments. On behalf of the board I thank Antony and Phuthuma for the substantial contribution that they have made to all of our work.

In 2015 Bob and his executive team have worked determinedly to steer the business through some difficult times with some tough decisions. They have met every challenge and as a result the business is in robust shape as we go into 2016. They deserve our thanks as do all our employees. I would like to thank the board for all that they have done. And I would like to thank our shareholders for your continued support. We are set to continue supplying energy to help meet global demand while delivering value to you from a great business.

Chairman

Carl Henric Svanberg

各位亲爱的股东：

2015 年又是充满挑战的一年：石油价格持续低迷，降幅超过 50%，我们的行业经历了 30 年来从未出现过的状况。出现油价持续走低这一结果，并不是因为需求不足，而是供大于求。然而，在墨西哥湾事件之后，英国石油公司重新整装，这意味着我们已做好准备，准备好应对这动荡的环境，并向 2016 年进发。

（1）股东与分配

在这一年内我们做到了股息保持不变，坚持长期增加可持续现金流和股东分配额。我相信，我们目前的金融架构可以确保实现此目标。

董事会决定以如何实现长期发展和实现价值为前提，为股东分配收益。在当前价格疲软的情况下，我们的目标是将资金来源和现金使用重新平衡，以确保应对资本支出和股东分配。这将使英国石油公司在保证安全可靠运营的同时，业务也能够得以持续发展。我们预计现采取的所有行动将会应对更大的通货紧缩，并争取达到每桶低于 60 美元的再平衡价位。董事会将对相应业务进行审查，并视环境需要进行金融架构调整。

（2）战略

与美国联邦政府拟议的和解协议及与美国海湾地区各州的和解协议是重要的一步，这使我们更有信心地展望未来。然而，目前的价格环境仍需关注，所以我们规划了未来两年的筹资结构，这一中期战略目标是基于优化部署、资本配置及不断简化业务的前提下设立的，与此同时还要保证业务安全可靠地运营。

我们在这一年多的财务业绩表明上游和下游业务的整合已初显成效。我们拥有强劲的、重新调整再平衡的投资组合，此组合依托于我们与众不同的掌控能力，它可以使我们承受更低的价格。未来，为实现长期增长，我们持续在上下游产业根据资源分布和地理位置进行平衡投资。

我们最近公布了英国石油公司的《能源展望》，这对这一行业领域的阐述和探讨做出了重要的贡献。随着世界经济的持续发展，在可预见的未来，我们更需要石油，需要更多的天然气，这将是我们的中心要务。总的说来，由于产品市场发展，能源格局开始变化，我们要保持更广阔的集团整体战略方向。

2015 年我们加强了对气候变化的关注。英国石油公司始终强调碳排放所要付出的代价，并意识到要解决这个问题我们应发挥重要作用。无论如何政府要带头制定减排政策，我们要全力以赴投入到这场战斗当中。联合国气候大会做出明确决议，我本人也对鲍勃在本行业所起的带头作用感到十分自豪。在去年四月年度股东大会上，董事会欣然接受了众多股东的提议，即更大程度地公布我们在这一领域所做的工作，我们对此做出的相关回应体现于今年三月即将出版的《可持续发展报告》当中。

（3）监管

这个世界存在着各种各样的问题，英国石油公司面临的风险也在不断发展，董事会一直在审视其方法来监测这些风险，正如董事会监管网络安全，并通过组成地缘政治委员会来聚焦于地缘政治风险，这些工作由国际咨询委员会配合完成。随着我们在美国诉讼的进展，我们期盼在 2016 年辞退墨西哥湾委员会。我很感激我的同事，感谢他们所做的重要工作，并感谢他们在过去五年对这个委员会的关注。继续监管诉讼的责任将落在全体董事会成员的身上。

（4）管理与继承

董事会的成员一直在不断更新，去年保拉·雷诺兹和约翰·索沃斯先生作为非执行董事加入我们的行列，保拉为我们带来了在金融和能源领域丰富的经验，而约翰带来了在国际政治和安全方面长期的经验，这些经验对我们的业务非常重要。在安东尼·伯格曼为董事会工作 12 年后，达姆·安·道林教授就任薪酬委员会主席，安东尼一直是薪酬委员会主席并同时兼任新成立的地缘政治委员会主席，直到四月约翰·索沃斯先生接任为止。普图玛·尼尔科 2011 年进入董事会，为保证对外业务，他表示在即将到来的年度股东大会选举中不重选连任。我在此代表全体委员会感谢安东尼和普图玛，感谢你们为我们的工作所做出的重大贡献。

2015 年鲍勃和他的管理团队坚定不移地带领企业做出艰难的决定，度过了困难的时刻。他们应对所有挑战，最终让我们的企业以蓬勃生机走进 2016 年。我们对全体员工满怀感激，对鲍勃及他的团队也同样心怀感谢，我要感谢董事会，感谢他们所做的一切；我要感谢股东，感谢你们始终如一的支持。我们立志继续提供能源满足全球需求，与此同时作为一家大企业我们要不断向外传递我们的价值观。

董事会主席　卡尔·亨里克·斯文格

### 6.2.3　针对卡尔·亨里克·斯文格致辞的解读

分析卡尔·亨里克·斯文格的致辞可知，他的讲话既是面向股东的，也是面向全体员工的，其特点是基于行业的发展趋势分析企业的发展走向。在这个致辞当中，他既回顾了过去的工作，也展望了企业的未来，既对过去进行了深入的分析，也对将来充满了信心，既强调了企业的宗旨，也对企业的战略和价值观进行了全面的解读。

通读这个致辞，尤其是致辞的第一部分，首先给人的感觉是公司对于企业宗旨的坚持，英国石油公司的企业宗旨重点强调的就是为股东创造长期的价值，而这种价值的创造深植于企业在所属行业的耕耘，"我们旨在以安全负责的方式来满足不断增长的能源需求并为股东创造长期的价值"。

为了实现企业的宗旨，就要强调企业的发展战略，通读卡尔·亨里克·斯文格的这个致辞给人的第二感觉就是企业明确的战略发展思路，尤其是其致辞的第二个部分更是紧扣企业的发展战略展开的，"我们的战略是致力于为我们的投资者创造价值，使我们所在的社区和社会因为我们而受益。为了实现我们的战略，我们必须建立自己的突出优势，充满活力地管理我们高质量的投资组合，并且发展我们与众不同的能力。我们积极管理一个高价值的上游和下游的投资组合。我们的目标是通过可持续的现金流动与长期分配创造可以分享的价值"。

通读卡尔·亨里克·斯文格的这个致辞给人的第三感觉就是企业对于价值观的坚守，英国石油公司的五个价值观分别是安全、尊重、卓越、勇气和团队。在其致辞的第三个部分所提出的"监管"事实上就是对安全的重视。在其致辞的第四个部分提出的"管理与继承"当中卡尔·亨里克·斯文格对于前任和前任的团队以及现在的团队成员充分表达了尊重和感谢之情。而在卡尔·亨里克·斯文格的致辞当中，自始至终都在传递着一种敢于面对挑战的勇气和追求企业卓越发展的信心与决心。

基于这个致辞可以得出一个结论，而且这个结论还会被后面几位企业家的致辞做进一步的验证，这个结论就是：无论在什么时候代表企业做重要讲话，企业家们都必须有针对性地强调企业的战略、企业的使命、企业的宗旨、企业的行为准则、企业的发展理念和企业的价值观。

## 6.3　汇丰银行的企业家致辞与经营管理理念

### 6.3.1　企业家欧智华简介

欧智华（Stuart Guliver）加入汇丰银行已经 36 年了，他自 1980 年牛津大学毕业以后就开始为汇丰银行工作（图 6-2）。2000 年被任命为集团总经理，2004

年被任命为集团董事总经理。2008 年 5 月出任执行董事。之前他还曾担任过汇丰私人银行控股（瑞士）有限公司、汇丰银行中东有限公司、汇丰银行法国主席。2011 年出任汇丰集团行政总裁。

图 6-2　汇丰银行集团行政总裁欧智华

### 6.3.2　欧智华的致辞

以下是汇丰银行集团集团行政总裁欧智华的致辞：

HSBC opened for business in Hong Kong and Shanghai in 1865. Since then, the world has witnessed many periods of political and economic turbulence but HSBC has grown and thrived, thanks to its ability to adapt. We constantly reassess how we can best serve our customers in meeting the challenges and opportunities of the times in which we live.

Today, a great shift in the world economy is well underway. Economic power is moving east and south. Of the world's top 30 economies, we expect those in Asia, the Middle East and Africa to grow about threefold by 2050. Economic growth in the world's fast-growing economies is bringing millions of people into the global middle class, especially in Asia.

At the same time, patterns of trade are changing. In the future, faster-growing economies will account for an increasing share of the total of world trade. A significant proportion of this new commerce will be "South-South" trade among faster-growing regions—a modern resurgence of the old Silk Road.

As this shift gathers pace, HSBC is well placed to help businesses and individuals seize the opportunities. We have a strong capital base, deep expertise in many fields of banking, and an unrivalled international network with a presence in the world's major developed and faster-growing markets. We aim to be recognized as the world's leading and most respected international bank.

Financing trade has always been at the heart of our business. Our earliest customers were merchants looking to fund their trade in goods such as tea, cotton and silk. HSBC's distinct capabilities are due in no small part to the strong relationships we build and our long-term vision. Some of the clients we serve today have been banking with us for more than a century, drawing on our services to do business in countries all over the world.

Since 2011 we have transformed HSBC to ensure it has a strong and sustainable business model that best serves our customers now and for the future. At our Investor Update in June 2015, we outlined plans to further reshape our business to capture future growth opportunities and adapt to structural changes in the operating environment. We are implementing a series of strategic actions that include reducing risk-weighted assets, reducing costs, leveraging our international network and capturing growth opportunities in Asia.

Our commitment to traditional banking principles has served us well and will continue to do so. We have created a business that is diversified by customer group and by geography. We have put strong retail deposits at the heart of our strategy, avoiding reliance on the wholesale markets. The ratio of customer advances to deposits remains well below our chosen ceiling of 90 percent.

We believe that the way we behave is central to our business. It determines whether we can attract and retain customers, nurture the best employees, meet the expectations of regulators, and retain the confidence and support of our owners, our customers and the communities in which we operate. Our financial position and our values have helped us to navigate financial crises and economic uncertainty while maintaining a strong capital ratio.

We are working to ensure that our operations meet the highest standards throughout our global businesses and we are driving a change in culture in our business so that our conduct matches our values. We expect all of our employees to act with courageous integrity and to be dependable, open to different ideas and cultures and connected to customers, communities, regulators and each other. These values form a key part of the performance review for everyone who works at HSBC.

We will continually strive to do the best for our customers, employees and investors, as well as providing a worthwhile contribution to those communities we serve. Having spent more than 30 years of my own career with HSBC, I feel very proud of the bank's strengths and heritage. Our prospects are strong and I have every confidence that we can build upon our solid foundations to help our customers and our people achieve their ambitions.

Stuart Guliver

Gorup chief executive

汇丰银行于 1865 年在香港和上海成立，此后，我们的世界经历了多次政治动荡经济不稳的时期，然而汇丰银行却因良好的适应力而不断发展且繁荣昌盛。我们不断重新评估，以更好地为顾客服务，应对来自我们所生活的时代为我们呈现的挑战与机遇。

今天，世界经济正在经历重大转变，经济力量正在向东和向南转移。我们预计，排名前 30 的亚洲、中东和非洲国家，到 2050 年其经济增长可达三倍。世界上快速增长经济体的经济发展，使数以百万计的人进入全球的中产阶级，特别是在亚洲国家尤为明显。

与此同时，贸易模式正在发生变化，快速增长经济体将会在世界贸易总额中占有越来越高的比例，"南南"贸易是新兴商业的重要组成部分，此地区经济迅猛发展，是古老丝绸之路的现代复兴。

随着这一转变步伐的加快，汇丰银行做好准备以帮助企业和个人抓住机遇。在世界主要发达国家和快速增长市场，我们拥有强大的资本基础，银行领域深厚的专业知识，以及无与伦比的国际网络，我们的目标是成为世界上最领先、最受尊敬的国际银行。

融资贸易一直是我们业务的核心。我们最早的客户是商人，他们想为他们的商品如茶叶、棉花和丝绸寻求资金。汇丰银行的独特能力在于我们能够建立强有力的伙伴关系和长期愿景。今天我们服务的客户中，就有与我们有过百年银行业务往来的客户，通过我们的服务在世界各地不同国家开展业务。

自 2011 以来，汇丰银行进行改革，其目的是建立强有力、可持续的业务模式，以更好地为当下及未来的顾客服务。在 2015 年 6 月公布的《投资者更新》中，我们提出纲要计划，即进一步重塑业务以获得未来发展机遇，并适应经营环境的结构变化。我们正在实施一系列的战略行动，包括减少风险加权资产、降低成本、利用国际网络并在亚洲得到发展机会。

我们努力坚持银行的传统原则对我们大有裨益，我们将锲而不舍地做下去。

我们创造了一个由客户群体和地理位置不同而产生的多样化业务。小额零星存款是强大的，也是我们的核心策略，这可以避免我们对批发市场的依赖。客户预付存款的比例仍然远低于我们所选择的 90% 的上限。

我们相信，我们的行为方式是我们的业务核心，它决定了我们是否可以吸引和留住客户，培养最好的员工，达到监管机构的期望，并使业主、客户和社区相信我们、支持我们。我们的财务状况和我们的价值观帮助我们驾驭金融危机和经济的不确定性，同时保持强而有力的资本比率。

我们正在努力确保我们的业务达到我们全球业务的最高标准，我们正在推动业务文化的转变，使我们的行为符合我们的价值观。我们期望所有的员工都勇敢、诚实和可靠，对不同的想法和文化包容开放，并与客户、社区、监管机构沟通联系。这些价值观对于每一个在汇丰银行工作的人的绩效考核来说都十分关键。

我们将一如既往地尽最大努力为我们的客户、员工、投资商做到最好，同时为我们服务的社区做出有意义的贡献。在汇丰银行 30 多年的职业生涯使我与有荣焉，本人对银行的优势和传承自豪无比。我们前景广阔，我信心十足，凭借扎实的基础，我们可以帮助我们的客户和员工实现其梦想。

欧智华　集团行政总裁

### 6.3.3　针对欧智华致辞的解读

分析欧智华的致辞可见，他首先回顾了企业的发展历史以及当今世界的经济发展形势，然后明确了企业的发展目标是要成为世界上最领先、最受尊敬的国际银行。而这一目标恰恰就是前面在第 2 章当中所分析的汇丰银行的企业愿景。在提及这一目标和愿景之前，欧智华还进一步强调了企业的使命以及企业自身的发展优势。汇丰银行的企业使命就是，"贯穿于我们的历史，我们一直在把客户与机遇联系起来向上发展。我们确保生意兴隆和经济繁荣，帮助人们实现他们的愿望、梦想和他们的抱负，这是我们的角色和目标"。在这里，欧智华进一步强调，"随着这一转变步伐的加快，汇丰银行做好准备以帮助企业和个人抓住机遇"。而他所理解的汇丰银行企业优势就是，"我们拥有强大的资本基础，银行领域深厚的专业知识，以及无与伦比的国际网络"，"汇丰银行的独特能力在于我们能够建立强有力的伙伴关系和长期愿景"。

在欧智华的致辞当中还包含以下几个重要的思想：

（1）坚持银行的传统原则对企业发展大有裨益，所以企业将锲而不舍地做下去。

（2）汇丰银行的主要相关利益者包括客户、员工、监管机构和社区，处理好与这些相关利益者关系的基础是企业的行为方式，它是企业的业务核心。有了这样一个基础以后，就可以吸引和留住客户，培养最好的员工，达到监管机构的期望，并使业主、客户和社区相信企业并支持企业。

（3）汇丰银行的财务状况和价值观，是企业制胜的两大保障，它们可以"帮助我们驾驭金融危机和经济的不确定性，同时保持强而有力的资本比率"。

（4）汇丰银行对于企业员工的要求是勇敢、诚实、可靠、多元包容和广泛沟通。

## 6.4　联合利华的企业家致辞与经营管理理念

### 6.4.1　企业家保罗·波尔曼简介

保罗·波尔曼（Paul Polman）1979 年参加工作，为一个名叫 Procter & Gamble 的公司工作了 27 年，从分析师做起，一直做到这个公司的欧洲区主席。他的父母都是企业家。自 2009 年 1 月 1 日起受命担任联合利华的首席执行官至今（图 6-3）。

图 6-3　联合利华首席执行官保罗·波尔曼

### 6.4.2　波尔曼的致辞

以下是联合利华首席执行官波尔曼的致辞：

Unilever has earned a reputation for conducting its business with integrity and with respect for the interests of those our activities can affect. This reputation is an asset, just as real as our people and brands.

Our first priority is to be a successful business and that means investing for growth and balancing short term and long term interests. It also means caring about our consumers, employees and shareholders, our business partners and the world in which we live.

To succeed requires the highest standards of behaviour from all of us. The general principles contained in this Code set out those standards. More detailed guidance tailored to the needs of different countries and companies will build on these principles as appropriate, but will not include any standards less rigorous than those contained in this Code.

We want this Code to be more than a collection of high sounding statements. It must have practical value in our day to day business and each one of us must follow these principles in the spirit as well as the letter.

Paul Polman, CEO

联合利华因业务诚信，并对其可能产生影响所有人的利益的尊重而声名远播，这种声誉是一种财富，就像员工和品牌一样真实的财富。

我们的首要任务是成为一家成功的企业，这意味着要为发展而投资，并平衡短期利益和长期利益，同时也意味着要关注消费者、员工、股东、商业伙伴以及我们所生活的世界。

要取得成功，需要我们所有人达到最高标准，这些标准在《行为准则》总体原则中得以明确。以这些总体原则为基础，不同国家和不同公司根据需要酌情制定了更详尽的指导，但所有标准都会比《行为准则》的标准更为严格。

我们希望此《行为准则》远不止是一系列的高调口号，而是具有一定的实用价值，在日常业务中，我们彼此都能遵循这些原则，不只是字面上的遵守，还要发自内心地去遵守。

保罗·波尔曼
首席执行官

## 6.4.3　针对波尔曼致辞的思考

分析保罗·波尔曼的简短致辞可知，首先他认为声誉、员工和品牌是企业最主要的财富，企业珍视这些财富的主要态度就是诚信和尊重，而诚信与尊重正是联合利华五个价值观当中最为重要的一个，即"以诚实和尊重的态度对待和企业有联系的人、组织以及环境，这一直是我们公司职责的核心内容"。

其次，企业的发展要处理好各种关系，这包括平衡短期利益和长期利益的关系，企业与消费者、企业和员工、企业和股东、企业和商业伙伴以及企业和所在环境的关系。为了处理好这些关系，企业就必须追求成功。

因为保罗·波尔曼的这个致辞是为了强化公司的《行为准则》而做的，所以接下来他就强调了坚持《行为准则》的重要性，"要取得成功，需要我们所有人达到最高标准，这些标准在《行为准则》总体原则中得以明确"。如何坚持公司的《行为准则》呢，除了严格要求以外，还要根据下属企业的具体情况制定出更加适用的细则。除此以外，最为重要的一点就是落实，"我们希望此《行为准则》远不止是一系列的高调口号，而是具有一定的实用价值，在日常业务中，我们彼此都能遵循这些原则，不只是字面上的遵守，还要发自内心地去遵守"。

## 6.5　南苏格兰电力的企业家致辞与经营管理理念

### 6.5.1　企业家菲利浦·戴维斯简介

菲利浦·戴维斯（Alistair Phillips-Davies）于 1997 年加入南苏格兰电力公司，之前曾经在汇丰银行和另外一家英国银行工作过，2013 年 7 月 1 日起担任公司的首席执行官（图 6-4）。

图 6-4　南苏格兰电力公司首席执行官菲利浦·戴维斯

### 6.5.2　菲利浦·戴维斯的致辞

以下是南苏格兰电力公司首席执行官菲利浦·戴维斯的致辞：

At SSE we never lose sight of our core purpose: to supply the energy people need in a reliable and sustainable way.

We understand that energy is something that people need to live, it is not a luxury, and energy companies like SSE carry certain responsibilities. Central to these is a responsibility to ensure that the energy we supply our customers is as affordable.

In recent years there has been a lot of focus on making energy greener, sometimes regardless of the costs to consumers. Now, I believe our customers want affordable energy first and we have a responsibility to deliver that. That is not to say that SSE is turning its back on green energy, after all we are the biggest generator of electricity from renewable sources, but the balance has shifted towards customers.

I am exceptionally proud of the SSE contribution to the UK, our investment in the infrastructure the country needs, our award winning customer service and the efforts our staff make every day to do more for our customers.

Energy is in the spotlight like never before and it is undeniably true that the industry needs to make changes. SSE will be at the forefront of those changes, we are up for reform and I will ensure that we never lose sight of our core purpose.

Alistair Phillips-Davies
the Chief Executive of SSE

在南苏格兰电力公司，我们从不忽视我们的核心使命：以可靠、可持续方式提供人们所需能源。

我们深切明白，能源是民生之所必需，不是奢侈之物，像南苏格兰电力这样的能源公司要承担起必担之责。为顾客提供其支付得起的能源，我们责无旁贷。

近年来，绿色能源的呼声不绝于耳，甚至有时忽略了消费者成本的问题。现今，我相信顾客更想要的是支付得起的能源，我们有责任为其实现，这不是说南苏格兰电力公司要与绿色能源背道而驰，毕竟我们拥有最大的可再生电力发电站，只是说我们的天平要倾向顾客方。

我对南苏格兰电力公司为英国所做出的贡献尤其感到自豪：我们在国家所需的基础设施建设方面进行投资，为顾客服务屡获殊荣，员工每天的努力可以为客户更好地服务。

现在能源问题处于史无前例的重要地位，毋庸置疑的是我们的行业需要变革，南苏格兰电力公司将走在此变革的前沿之地，我们已蓄势待发，但我们永远不会忽视我们的核心使命。

菲利浦·戴维斯　南苏格兰电力公司首席执行官

### 6.5.3　针对菲利浦·戴维斯致辞的解读

分析菲利浦·戴维斯的致辞可见，他首先强调的是企业的核心使命，即以可靠、可持续方式提供人们所需能源。为人们的生活和企业的发展提供所需能源同时也是南苏格兰电力的核心宗旨。在其企业宗旨当中，除了强调要为人们提供能源以外，还主张要负责任地且持续地为企业的客户、雇员、社区和股东提供其目前及长期之所需。

其次，结合企业所在行业的特点，菲利浦·戴维斯认为绿色和消费者成本是决定企业发展的两个重要因素。

再次，菲利浦·戴维斯表达了因为企业的发展给社会带来的巨大效益而倍感自豪之情，"我对南苏格兰电力公司为英国所做出的贡献尤其感到自豪：我们在国家所需的基础设施建设方面进行投资，为顾客服务屡获殊荣，员工每天的努力可以为客户更好地服务"。

最后，菲利浦·戴维斯提出了对于企业发展的展望，这种展望基于行业的特点和公司的使命，突出的是企业追求变革之志。

## 6.6　力拓集团的企业家致辞与经营管理理念

### 6.6.1　企业家山姆·沃尔什简介

山姆·沃尔什（Sam Walsh AO）出生于 1949 年，在担任力拓集团的首席执行官之前，曾经在力拓集团的多家下属企业担任主要领导，其中 2001~2004 年担任铝集团的首席执行官；2004~2013 年担任铁矿石集团的首席执行官。2013 年 1 月 17 日他受命担任集团的首席执行官（图 6-5）。

图 6-5　力拓集团首席执行官山姆·沃尔什

## 6.6.2　山姆·沃尔什的致辞

以下是力拓公司首席执行官山姆·沃尔什的致辞：

Dear stakeholders,

Our commitment to sustainable development helps us remain a long-term business. It is central to our ambition to be our industry's trusted partner. As we work to produce the metals and minerals that are essential to global development, we also focus on making a positive difference in areas such as stewardship of natural resources, climate change and local employment.

For Rio Tinto, sustainability requires that our interests are aligned with those of our stakeholders—with local communities and environments as well as global customers and investors. I would like to share with you some examples that illustrate how we contribute to sustainable development.

（1）Safety

Promoting a safe and healthy workplace is key to building a sustainable business, and we have made great strides in reducing the number of injuries occurring across our organisation. We measure this progress through our all injury frequency rate, which in 2015 was the lowest in our company's history at 0.44 per 200,000 hours worked. This and our lost time injury rate—which we brought down to 0.25 in the year as well—are significant achievements and indicate the strength of our safety processes and culture.

No matter how well we do keeping our people safe from injuries, our most important safety goal is to see a year without fatalities—and to keep repeating that year in, year out. The deaths of four people at our managed operations overshadowed the improvements we made to our injury metrics in 2015. These are unacceptable, tragic losses, and my thoughts and prayers are with the family and friends of those who died. Everyone deserves to return home to their loved ones, safe and sound, at the end of every shift.

Based on the successful approach at the Escondida copper mine in Chile, we have augmented our safety standards with the roll-out of critical risk management (CRM) across our business. CRM ensures that where people are exposed to a fatality risk, we have critical controls in place that are well designed and understood, and confirmed to be working before every job starts. Embedding CRM will be a powerful step on our journey to eliminate fatalities across our global operations.

（2）Performance

For many years, we have set ourselves clear, stretch targets to focus our efforts in areas such as safety, health, water, emissions, diversity and communities. These targets help us to improve performance and manage risk. We reached the end of the defined period for several of our targets in 2015, and we are moving to fresh targets that are designed to keep us on the path to greater improvement.

We reached our communities target, which is aligned with the Millennium Development Goals, ahead of time, and we did better than our targeted reductions in greenhouse gas emissions intensity.

Regardless of our success, we can never be complacent, and in some areas we have more work to do. While we exceeded our target for diversity in our graduate intake, both in terms of gender and nationality, and increased our gender diversity in senior management, we fell short of our overall target. Some of our sites are not currently on track to meet their local water targets by 2018 and require increased focus to do so over the next three years. But even where this is the case, we have found that the local targets are driving site discussion of water-related risks and positively influencing operational performance.

Where we have not reached our targets, we will make sure we have clear strategies in place to do better. In the area of diversity, for instance, I am personally taking a leadership role by heading up our Inclusion & Diversity Steering Committee. We have set this up to drive action within our product groups and functions.

"We constantly challenge ourselves to do better, in every aspect of our business."

（3）Sharing risk to deliver mutual value

We are acutely aware that we need to understand and manage both the risks to our business and the impact of our operations and products on the local and the global environment. We have an established set of standards for the most important risk areas.

The tragic events surrounding the tailings dam breach at the Samarco iron ore mine in Brazil, jointly owned by BHP Billiton and Vale, remind us of the consequences of failure of major facilities or assets. Our revised standard for tailings and water storage is designed to minimize the chance of serious failure in these facilities.

On a more positive note, we were pleased to support the new global climate agreement reached by governments in Paris last December. Climate change is a challenge to all businesses and the communities we work in, and we will continue to work with our communities to adapt to the impacts of change. It also represents an opportunity for growth, with many of our products essential to a low-carbon future. We have already started working with suppliers and customers to identify these opportunities, exemplified by the Aluminium Stewardship Initiative.

Sustainability is also about making a positive, lasting contribution to the places where we operate. In Mongolia, for instance, our Oyu Tolgoi operation is investing in the development of local talent. This includes a US$126 million commitment over five years-the biggest-ever single investment in the Mongolian education and training sector.

（4）Collaborating to create trust

From the early work of our exploration teams to our rehabilitation and closure of a mine or processing site, we work closely with our stakeholders. For example, three agreements with Traditional Owners underpin our bauxite operations in Australia's Cape York Peninsula, including our US$1.9 billion Amrun project. These agreements provide training and employment opportunities for local communities and ensure there are sustainable social, cultural and economic outcomes for local people.

At the Australian national level, Rio Tinto has formally joined the national "Recognise" campaign, which seeks to formally recognise Aboriginal and Torres Strait Islander peoples in the country's constitution. This is an important step in Rio Tinto's reconciliation journey, which began 20 years ago when the business broke with convention and sought to work in active partnership with Indigenous Australians.

Our contribution to sustainable development is often made in partnership with stakeholders. For example, our successful response to the Ebola outbreak in Guinea depended on working closely with others. We took a two-tier approach, tackling the situation locally—introducing hygiene protocols and sharing best practice—and globally, where we liaised with governments and international organizations to help keep the country open for business. I am very proud that our Guinea team won a "Team of the Year" award from CIR Magazine for its response to this crisis.

（5）Leading through innovation

In our industry we are faced with a huge range of opportunities to make our operations smarter, safer and more sustainable. The recent upgrade of our Kitimat aluminium smelter in Canada, which combines the use of hydropower with an advanced production process, has halved greenhouse gas emissions there. Also, at many of our operations in Australia's Pilbara region, autonomous trucks and drills are making production more efficient and safer for the people who work there.

（6）Strength based on inclusion and diversity

The constant in all of these examples is our people. I am proud to lead a company of people dedicated to the principles of sustainable development. We aim to respect and value our differences as it is not just the right thing to do, it makes us stronger and smarter because each of us brings a unique set of skills, knowledge and perspectives to our company.

Every day we face dilemmas in our workplace and how we respond to them is crucial to the long-term sustainability of our business. This is why all employees, contractors and suppliers adhere to our code of conduct.

This covers a wide range of areas, including health and safety, human rights, bribery and corruption, and environmental accountability. In 2015, in response to employee feedback, we updated The way we work to make it clearer and more concise. The new document symbolizes what we stand for as a business, making clear how we behave according to our values of respect, integrity, teamwork and accountability.

Focusing on sustainable development means we constantly challenge ourselves to do better, in every aspect of our business. While social, environmental and economic issues present challenges to Rio Tinto, we prefer to see them as source of opportunity and new value. I am proud of the efforts of all our employees in making a positive contribution to the world in everything we do.

Sam Walsh AO
Chief executive

各位股东：

我们的可持续发展承诺有利于我们业务长期的发展。成为业内可信的合作伙伴是我们最大的愿望。在我们致力于生产对全球发展所必需的金属和矿产资源的同时，我们也将重点放在诸如自然资源管理、气候变化和当地就业等领域的积极影响上。

对于力拓集团来说，可持续发展要求我们的利益与我们的利益相关者的利益是一致的，这些利益相关者包括当地社区和环境以及全球客户和投资者。我想与大家分享一些例子，说明我们如何促进可持续发展。

（1）安全

提高工作场所的安全性和健康性是可持续发展的关键，我们在减少公司内事故发生量方面已经取得了长足的进步，这一进步主要是通过事故频率来衡量的，2015年是公司历史上事故频率最低的一年，每20万小时工作为0.44，同年损失工时事故率降至0.25，这两者都是我们的重大成果，体现了我们安全流程和文化的力量。

无论在员工伤亡方面做得多好，我们最重要的安全目标是全年无伤亡，而且争取年年如此。去年运营管理中四人死亡的事实使我们2015年伤亡数据上取得的成就变得不那么令人欢欣，这是让人难以接受的悲惨损失，我的思念和祈祷与逝者家人朋友的思念与祈祷同在。每个人下班后都应安然无恙地回到家，回到他们所爱人的身边。

基于在智利的埃斯康迪达铜矿成功的方法，我们提高了我们的安全标准，在业务中推出关键的风险管理（CRM）。此风险管理确保了员工一旦暴露在致命危险中，我们即刻到位进行临界控制，这些都是工作开始之前就设计好，员工充分理解并被反复确认过的。CRM风险管理是消除我们的全球业务死亡人数的重大一步。

（2）绩效

多年来，我们树立了明确的弹性目标，即在安全、健康、水、废气排放、多样性和社区等领域全力以赴，这些目标有助于我们提高绩效和管理风险。2015年我们实现了一些限期完成目标，现正朝着新的目标前进，这些目标可以使我们在前进的道路上取得更大的进步。

我们提前实现了社区目标，这与千年发展目标是一致的，在减少温室气体排放强度方面我们做的远超过计划减少量。

无论成功与否，我们都不能自满，在某些领域，我们还有很多事要去做。招聘毕业生时，我们招募了比预定目标更多的不同性别、不同国籍的新员工，并在高级管理人员中增加了女性比例，这些都是我们整体目标中不足的地方。目前某些地方要实现 2018 年当地供水目标的工作还没有步入轨道，这就要在未来三年内重点加强此工作。但即使是在这样的情况下，我们发现，当地的目标促进了与水有关风险的现场讨论，并对运营业绩产生积极影响。

我们将确定明确的战略，使还没有实现目标的部门一切就绪，以做得更好。例如，在多样性方面，我个人通过包容与多样性指导委员会的工作率先垂范。我们建立这一部门的目的是促进产品组和职能部门的工作。

我们在业务的方方面面不断地挑战自己，以求做得更好。

（3）分担风险实现共同价值

我们清楚地意识到，我们要了解并掌控业务风险及我们的运营和产品对当地和全球环境所产生的影响。我们已在重要的高风险地区制定了一系列的标准。

由必和必拓和淡水河谷公司共同拥有的，巴西萨马尔科铁矿周边的尾矿溃坝悲剧事件，提醒我们主要设施或资产出问题会产生严重的后果。我们修订了尾矿库和蓄水库的标准，旨在最大限度地减少这些设施出问题的可能性。

比较乐观的是，我们乐于支持去年 12 月在巴黎由各国政府新达成的全球气候协议。气候变化是一大挑战，关乎我们的业务和我们所在社区的利益，我们将继续与社区并肩作战以适应气候变化带来的影响。同时，它也代表新的发展机遇，即我们很多产品要面临一个低碳的未来。我们已经开始和供应商及客户合作，以明确这些机遇，如铝管理计划。

同时，我们的可持续发展计划为我们运营所在地区做出了积极持久的贡献。例如，我们在蒙古奥尤陶勒盖矿投资培养本地人才，在过去五年中投入 1.26 亿美元，这是在蒙古教育和培训部门最大的单笔投资。

（4）协同合作创造互信

无论是勘测团队的前期工作，还是恢复或关闭一家矿山或加工现场，我们都与利益相关者通力合作。例如，与传统业主签订的三个协议是我们发展在澳大利亚约克角半岛铝土矿业务的基础，这包括 19 亿美元的阿穆伦项目投资。这些协议为当地社区提供了培训和就业机会，并确保当地人民的社会、文化和经济成果的可持续发展。

在澳大利亚国家层面，力拓集团正式加入全国"承认"运动，此活动旨在正式承认土著人和托雷斯海峡岛民在国家宪法中的地位。这是力拓集团和解之旅的重要一步，它始于 20 年前，当时集团业务就打破传统惯例，积极寻求与澳大利亚土著居民合作。

我们对可持续发展的贡献，往往是在与利益相关者的合作中产生的。例如，我们对几内亚埃博拉疫情的成功应对取决于与他人密切合作。我们采取了双层法，即通过引入卫生协议和共享最佳实践来应对局部形势，在全球局势方面，我们联络政府和国际组织来帮助当地国家正常营业。我们的几内亚团队因在这场危机中快速反应赢得了 CIR 杂志"年度团队奖"，对此我感到非常自豪！

（5）引导创新

在我们的行业中，大量的可以使操作更智能、更安全、更可持续的机会呈现在我们面前。例如，最近升级的加拿大基蒂马特铝冶炼厂，利用水电结合的先进生产工艺，减少了一半的温室气体排放。另外，我们在澳大利亚皮尔巴拉地区的运营中采用自主车和钻孔机使得生产效率更高、工作人员更安全。

（6）包容多样性的力量

在所有这些例子中保持不变的是我们的员工。我很自豪能领导这样一家公司，在公司里员工都坚持可持续发展原则。我们的目标是尊重和重视我们的差异，因为它不只是正确的事情，它还使我们更加强大、更加智慧，其原因就在于我们每个人都能为公司带来一套独特的技能、知识和观点。

每天我们在工作中都会遇到这样那样的困难，如何应对这些困难对于业务的长期可持续发展是至关重要的，这就是为什么所有的员工、承包商和供应商都遵守我们的行为准则的原因。

此行为准则涵盖领域十分广阔，包括健康、安全、人权、贿赂、腐败以及环境问责。在 2015 年，根据员工反馈，我们更新了工作方式，使它更清晰、更简洁。新文件代表了企业形象，明确了我们如何依据价值观行事，这些价值观包括尊重、诚信、团队合作和问责制。

对可持续发展的关注意味着我们不断地挑战自己，在业务的每一个方面都争取做得更好。来自社会、环境和经济方面的问题为力拓集团带来了挑战，但我们更愿意把它看做机遇和新的价值源泉。我为员工们所做的努力感到自豪，为员工对世界所做的积极贡献而自豪，为我们所做的一切感到自豪！

山姆·沃尔什　首席行政官

### 6.6.3　针对山姆·沃尔什致辞的理解

在第 3 章当中，曾经分析过力拓集团的价值观，它们分别如下：①尊重，②正直，③团队合作，④责任追究。而在山姆·沃尔什的这篇致辞当中又提到了安全、绩效、分担风险实现共同价值、协同合作创造互信、引导创新和包容多样性的力量。

其中关于安全的价值观，正如前面分析的那样，它是与企业所在行业的性质紧密相关的，作为一个资源类的企业，提高工作场所的安全性和健康性是可持续发展的关键。为了确保安全，力拓集团采取了很多具体的措施，这一方面表示了企业对于这项工作的重视，另一方面也表达了企业将安全的价值观落到实处的决心和态度。对于很多企业来讲，安全也许并不是它们企业价值观的首选，但是通过采取具体措施落实企业的价值观这种做法应该成为它们的借鉴。

关于绩效和绩效推进的工作，山姆·沃尔什讲得也非常具体，在这些具体的工作措施背后是这样一个指导思想，即"我们在业务的方方面面不断地挑战自己，以求做得更好"。事实上对于任何一个企业而言，如何管理自己企业的绩效，如何推进企业绩效快速地发展，都应该成为企业管理工作的重点，同时也需要企业基于自己的特点进行不同角度的探讨以形成不同的管理方案，这一点是明确的。除此之外更应该明确的就是山姆·沃尔什在这个致辞当中所提出的指导思想，它应该成为各个企业开展这项工作时所必须坚守的理念，而这个理念如果用八个字进行概括的话就是，"挑战自我，追求更好"。

关于分担风险，山姆·沃尔什强调的还是安全，只不过这里所强调的风险管理不是由企业独自承担，而是与合作伙伴共同分担，通过分担风险要实现的不仅是安全生产的目标，而且还要实现共同创造价值并分享价值的企业追求。做好这项工作的着力点在于对企业所在社区的关注，同时还要参与全球一致的行动，这表现的是一个企业应该承担的社会责任。承担社会责任对于企业发展而言不是一种负担，而是一种可以全面促进企业发展的高级手段，如果运用得好，它将为企业带来无尽的利益，并创造企业与社会、企业与所在社区的共赢发展。

关于协同合作，山姆·沃尔什将之定位为与企业相关利益者的合作，而企业能够真心关注相关利益者的诉求又是这项工作的前提，"无论是勘测团队的前期工作，还是恢复或关闭一家矿山或加工现场，我们都与利益相关者通力合作"，"我们对可持续发展的贡献，往往是在与利益相关者的合作中产生的"。

无疑这又是一个值得学习的理念，它的出发点是利他主义，而它的目标却是发展自己，能够将发展自己的目标置于利他的设计当中，这是企业管理的高明之举，它所包含的思想就是与人方便则自己方便，让他人发展则自己进步。如果一个企业有了这样的理念和这样的工作设计以后，就能够赢得相关利益者的信任；而有了相关利益者的信任和支持，企业才能发展得更好也一定能够发展得很好。

关于创新，依照山姆·沃尔什的理解应该重点强调的是技术创新和生产工艺的创新，这无疑应该成为企业创新的基础。对于很多企业而言，尤其是对于生产型的公司来说，技术上的革新以及生产工艺的变革不仅能够为企业创造更大的价值，而且还可以帮助企业达成生产效率更高、工作人员更安全、对于环境更友好之目标。有这样思想的企业家是值得尊敬的，有这样发展理念的企业也会同时赢得员工、客户和社会的全面信任。

关于包容多样性力量的陈述所反映的是力拓集团的多样性发展理念，关于多样性发展理念前面已经做过很多解析，而在山姆·沃尔什的致辞当中，下面这句话不仅解释了企业这样做的原因，而且也充分表达了企业在这件事情上的态度，"我们的目标是尊重和重视我们的差异，因为它不只是正确的事情，它还使我们更加强大、更加智慧，其原因就在于我们每个人都能为公司带来了一套独特的技能、知识和观点"。

为了实现多元包容的发展目标，力拓集团制定了自己的行为准则，这些行为准则为企业的多元发展以及对于员工的包容性提供了具体的指导，并且紧扣企业的四大价值观，即尊重、诚信、团队合作和问责制。

在致辞的最后，山姆·沃尔什用了一系列的排比来表达自己对于企业发展的信心以及对企业的热爱：

"对可持续发展的关注意味着我们不断地挑战自己，在业务的每一个方面都争取做得更好。"

"来自社会、环境和经济方面的问题为力拓集团带来了挑战，但我们更愿意把它看做机遇和新的价值源泉。"

"我为员工们所做的努力感到自豪，为员工对世界所做的积极贡献而自豪，为我们所做的一切感到自豪！"

回头再看一下山姆·沃尔什这个致辞的开头，他所强调的是企业与相关利益者的可持续发展，而有了以上所论就可以为企业的可持续发展打下坚实的基础，为相关利益者的可持续发展提供强有力的保证，"我们的可持续发展承诺有利于我们业务长期的发展。成为业内可信的合作伙伴是我们最大的愿望"，"对于力拓集团来说，可持续发展要求我们的利益与我们的利益相关者的利益是一致的，这些利益相关者包括当地社区和环境以及全球客户和投资者"。

## 6.7　苏格兰皇家银行的企业家致辞与经营管理理念

### 6.7.1　企业家霍华德·戴维斯简介

霍华德·戴维斯（Howard Davies）出生于 1951 年，曾经作为一名教师的他在加入苏格兰皇家银行之前在多家企业任职，2015 年受命担任苏格兰皇家银行的董事会主席（图 6-6）。

图 6-6 苏格兰皇家银行集团董事会主席霍华德·戴维斯

### 6.7.2 霍华德·戴维斯的致辞

以下是苏格兰皇家银行董事会主席霍华德·戴维斯的致辞：

I took over as Chairman in September 2015, so much of the business transacted by the Board during the year predated my arrival.

For most of the year the Board was chaired by my predecessor, Philip Hampton; it is right, therefore, to begin by thanking him for his service to the company since 2009.

Philip would be the first to acknowledge that the period was not an easy one for the bank or its shareholders. The recovery from the financial crisis has taken longer than foreseen and there is still much work to be done. However, Philip led the Board with calm authority through many challenging episodes and earned the respect and gratitude of his colleagues and successive teams of executives. We all wish him well in his new role as chair of the GSK Board.

（1）Strategy

The Board's strategy for this bank is straightforward: a simpler bank focused on doing fewer things, and doing them well, built around a low risk UK and Irish retail and commercial bank; a stronger bank with a long term target of at least 13% CET ratio; and a fair bank that meets customers' needs, with a target to be seen as the best UK bank for customer service, trust and advocacy by 2020.

I am therefore pleased to note the progress that management have made in delivering that strategy across all our businesses including the accelerated downsizing of the investment bank announced in February 2015. This reshaping exercise remains one of the foremost priorities for the Board, and while the disposal process is ahead of plan we continue to pay close attention to it. There are as many risks involved in exiting businesses as there are in entering them.

As part of the reshaping, RBS Capital Resolution (RCR) was established in 2013 to separate and wind down capital intensive assets. Rapid progress has continued during 2015, and the target of removing 85% of these assets from the balance sheet by the end of 2016 was achieved a year earlier than planned. The RCR Oversight Committee met for its final meeting in January 2016 to finalize the transfer of remaining assets and the closure of RCR.

Any company must have mixed feelings about a reduction of its activities on this scale but I note that a number of other banking groups, especially in Europe, have now reached similar conclusions about the need to cut back their investment banking activities faced with ever-increasing capital and leverage requirements and a challenging competitive environment.

I am pleased to report that one exit was successfully achieved during the year. The Board decided in 2013 that Citizens Financial Group (CFG) was not an integral part of the bank in the longer term and resolved to float it through an IPO, and eventually to sell all the equity. The sale was achieved in stages, with the final tranche sold at the end of October 2015. The outcome was a good one for the bank's shareholders and we wish the Board of CFG success as they embark on life as a wholly independent entity.

There is one other major divestment program under way on which important progress was made during the year. As a condition of the state aid made available to RBS in 2008 the European Commission required the bank to divest over 300 branches in the UK as a standalone banking entity to be known as Williams & Glyn.

The necessary application for a new banking license was made in September 2015, a major step on the route to separation. While our planned separation will not now be achieved until after the previously announced Q1 2017, we remain committed to full divestment by the end of 2017. The Board exercises close oversight of this programme, which is uniquely challenging, especially from an IT perspective.

The strategy for the remainder of the bank, including The Royal Bank of Scotland, NatWest, Coutts, Ulster Bank in Ireland, RBS International in Jersey and other linked entities, remained essentially unchanged through the year. The responsible executives make regular presentations to the Board on progress against their objectives, and a strategy offsite was held in June 2015, at which progress was reviewed in greater detail. While the strategic direction for the core businesses is clear, the bank continues to execute a major transformation program, designed to reduce costs and enhance IT capability. That is an essential element of strategic delivery.

（2）Conduct, regulation, and litigation

Over the past seven years the global regulatory and supervisory environment for banks has changed beyond all recognition, a necessary reaction to the parlous state in which many in the industry, notably RBS, had found themselves in 2008.

Banks have responded to the changes, and capital levels and other loss absorbency tools have been transformed. The Board has provided detailed oversight of the bank's capital management capacity, which involved reviewing the outputs of stress tests, recovery and resolution plans, and defining the bank's continuing risk appetite. We are firmly committed to being a strongly capitalized entity, meeting the requirements imposed on us by our many regulators.

I would observe, however, that a period of stability and reflection on the new rules, alongside some assessment of their overall impact, will be welcome. That would also allow banks more opportunity to look at how we finance the rest of the economy and hence support growth.

As is the case for other major banks domiciled in the UK, our future operations will be materially affected by the requirement to ring-fence the retail and commercial banking activities, following the legislation to implement the recommendations of the Independent Commission on Banking. The restructuring will have an important impact on the way we serve our customers, so the Board has devoted considerable time to the oversight of the plans being developed to erect the ring fence, which must be in place by the end of 2018.

Another key element of the Board's role relates to the significant conduct issues which the bank has experienced, and continues to face. These costs have materially delayed our return to profitability. So a very high priority for the Board is to resolve legacy issues and oversee the implementation of strengthened control frameworks to guard against future misconduct.

Specifically, in May 2015 the Board authorized the bank's settlements with the Department of Justice and the Federal Reserve in relation to investigations into its foreign exchange business. We regret the conduct which led to those settlements. Appropriate remediation policies have since been put in place. Throughout the year the Board has received regular reports on other litigation, and a number of settlements have been reached on terms which the Board regarded as acceptable. Particular attention has been paid to the claims and investigations related to the origination and trading of US mortgage-backed securities, dating back to 2007, raised by the Department of Justice, the Federal Housing Finance Agency, the National Credit Union Administration, and several state Attorneys General. Although we have put aside substantial provisions for mortgage-backed securities litigation claims we have not provided for the Department of Justice and state Attorneys General investigations. It is not possible at this point to forecast when these claims and investigations will be resolved or at what ultimate cost but further substantial provisions may be required.

The Board has also overseen the response to the action raised by the 2008 rights issue Shareholders Action Groups. That case is unlikely to come to court before the end of 2016.

In 2015 a Board oversight committee was established in relation to the Financial Conduct Authority review of the treatment of SME customers referred to the bank's Global Restructuring Group. As I write, that review is still under way.

（3）The Future

Shareholders, including of course the UK government through UK Financial Investments, are well aware that it is now seven years since RBS posted a profit or paid a dividend. It would be good to be able to promise both in the near future, but while potentially large US settlements remain outstanding it would be imprudent to do so.

What I can say is that the future shape of the bank is now far clearer than it was a year ago. We are well on the way to exiting the non-core elements of the business, and the divestments are proceeding well. We can also see signs of progress in the core business, especially in the mortgage market, though all retail and commercial banks find a very low interest rate environment one in which margins and profits are under pressure.

The bank's ambition to be number one in our chosen markets for customer service, trust and advocacy is stretching, but it focuses the attention of all our staff on the right things, and there are promising signs that staff morale is responding positively to the challenge. Our brand franchises are strong and distinctive and there is much to build on as we refocus RBS on its core markets in the British Isles. At the same time, we need to reduce our cost base, and embed a new risk culture which will guard against a recurrence of the failings and bad behavior which have held us back in the past.

The Board is firmly behind the strategy, and believes that we have the right management in place to deliver it. There are of course varying risks and uncertainties, which we set out in the accompanying company risk disclosures, so our role is to be supportive, while also exercising strong oversight of the risk appetite and control frameworks, to protect the long-term interests of shareholders.

I have been impressed by the focus on culture and diversity at RBS. To deliver on the strategy we need to have a culture that puts customers at the heart of the business and places a premium on integrity. This is a long-term journey but it is central to making RBS a bank that is growing and flourishing for its customers and shareholders. Central to culture is diversity, which drives innovation and improves decision making, and I am pleased to see the emphasis in the business on ensuring women take a significant number of roles throughout the bank and at all levels.

Looking forward into 2016 and beyond RBS, there are a number of macroeconomic and political risks and uncertainties which are set out in the accompanying risk disclosures. One key question for the UK electorate this year will be whether the UK should remain in the EU. We are a UK-focused bank, but we have good businesses operating in other EU countries such as Ulster Bank in Ireland and many of our business customers heavily depend on unfettered access to the European Single Market. Most economic forecasts therefore point to a slowdown in UK growth, at least in the short to medium term, which would be unwelcome. Therefore, like any prudent business we are preparing for various potential scenarios. However, our primary responsibility is to serve and support our customers, and we will continue to do this, whichever way the UK electorate ultimately decide to vote.

（4）Our role in the Community

RBS is a core part of the communities it serves and undertakes a number of initiatives to support them and help them succeed. In 2015 the bank's Money Sense program, which provides impartial financial education for young people, celebrated its 21st anniversary. To mark the occasion, Money Sense was redeveloped and relaunched on a new digital platform with brand new content.

In 2015, we also spent a great deal of effort and resource supporting small businesses and encouraging start-ups. In partnership with social enterprise Entrepreneurial Spark we opened four new entrepreneur hubs, with a further six to be launched throughout the UK in the next two years, including one in our HQ in Edinburgh opened in February. These business accelerators, which are based in our buildings, provide start-ups with free office space, mentoring and access to our networks. 7,000 entrepreneurs will be supported in this way over five years, helping to grow the economy and create jobs. In Scotland, we have also been supporting local charities and social enterprises through use of vacant space in our retained branch network. I am also impressed with the zeal with which the staff of RBS got on their bikes to support our chosen charity, Sport Relief. Over 700 colleagues got involved, raising over £600,000 in just five days, making the event the largest corporate fundraising event in Sport Relief's history.

（5）Conclusion

Apart from the departure of Philip Hampton, the composition of the Board has remained unchanged through the year, though we welcomed a new member early in 2016: Mike Rogers, the CEO of Liverpool Victoria, who brings valuable retail financial services experience to the Board.

The particular challenges of RBS impose heavy burdens on the Board of directors. Their time commitment is unusually high, even by the rising standards of European banking. I am very impressed by the dedication and skills which my colleagues bring to the role. They all serve on more than one committee, and their workloads are intense. I look forward to continuing to lead such a motivated and diligent team as we continue the recovery process through 2016.

Howard Davies
Chairman

我于 2015 年 9 月接任董事会主席一职，在我到任的前一年，董事会处理了大量事务。

我的前任菲利普·汉普顿在 2015 年的前九个月担任董事会主席，这是正确的，所以，我首先要感谢他，感谢他从 2009 年以来为公司所做的一切工作。

我们首先应向菲利普致谢，对于银行或其股东来说这是一段波折的时期。从金融危机中恢复比料想的时间要长，前路漫漫。然而，菲利普带领的董事会以其冷静的领导度过了重重挑战，并赢得了同事及后继高管团队的尊重和感谢。我们都希望他作为葛兰素史克公司的董事会主席一职能一切顺利。

（1）战略

银行董事会的战略简明扼要：一家更简要的银行——要专注于做更少的事情，并且要做得精，我们已建立了一个低风险的英国和爱尔兰零售和商业银行；一家更强大的银行——实现 CET 至少 13%比率的长期目标；一家满足客户需求的公平的银行——争取到 2020 年成为英国公认最好的银行，因良好的服务和备受信任而闻名遐迩。

因此，我很高兴地看到管理层在全面业务中实施这一战略时所取得的成效，其中包括银行在 2015 年 2 月提出的加速缩减投资的战略。此次重组项目是董事会最为重要的议题，尽管比原计划提前缩减投资，但我们会保持持续关注，毕竟从某些业务中退出和进入这些业务同样具有风险。

作为重组的一部分，苏格兰皇家银行于 2013 年制定资本决议（RCR），目的是剥离和降低资本密集型资产。此决议在 2015 年得以飞速发展，并将到 2016 年年底使负债资产表降低 85%的目标提前一年实现，RCR 监管委员会于 2016 年 1 月召开了最后一次会议决定完成剩余资产转移并结束 RCR。

任何一家公司对这种规模的缩减必然会喜忧参半，但我注意到，很多其他银行组织，尤其是在欧洲的银行，已得出类似结论，即在面对资本不断增加，举债经营和挑战性的竞争环境时，要消减银行投资业务。

我很高兴地向大家汇报，年内我们成功地实现了一个项目的退出计划。董事会于 2013 年决定在较长一段时期内公民财政集团（CFG）不再是银行的组成部分，通过首次公开募股（IPO）实现此计划，并最终出售所有股权。销售分阶段进行，最后一笔销售于 2015 年 10 月完成。这个结果对于银行股东来说是大有裨益的，我们希望公民财政集团（CFG）董事会作为一个完全独立的实体能一帆风顺地踏上新的征程。

还有另外一个撤资项目正在有条不紊地进行，在今年也取得了重大成就。2008年欧盟委员会为苏格兰皇家银行提供国家援助，但前提条件是要苏格兰皇家银行剥离在英国的 300 多家分支机构，使其成为像威廉姆斯和格林这样的独立银行实体。

新的银行执照需要申请，这是 2015 年 9 月颁布的规定，也是剥离道路上的重要一步。尽管我们的剥离计划，不是在现在，而是直到之前宣布的 2017 年第一季度才能实现，但是我们会全力以赴争取到 2017 年年底实现全面撤资。董事会密切监督这一项目，尤其从信息技术角度来看，这绝对是独一无二的挑战。

诸如苏格兰皇家银行、国民西敏寺银行、顾资银行、爱尔兰阿尔斯特银行、泽西岛 RBS 国际以及其他相关实体，年内主体战略保持不变，负责主管定期向董事会汇报目标进展状况。2015 年 6 月，外围战略会议举行，就进展问题进行了更详尽的复审。核心业务战略方向明确的同时，银行继续着力进行转型计划，其目的是降低成本，提升信息技术能力，这是实现战略最主要的因素。

（2）执行、规范和诉讼

在过去的七年中，全球规范和监管环境发生了天翻地覆的变化，在行业内部也出现了各种危险状况，对此要采取必要的应对措施，在2008年苏格兰皇家银行就意识到这一点了。

银行对此变化已做出反应，资金水平及承担亏损的方式已发生转变。董事会更加具体地监管银行资金管理能力，这包括对压力测试、经济恢复和解决方案的落实上严加监管，同时界定银行一以贯之的风险偏好。我们坚定不移地努力成为资金雄厚的实体，满足各方监管者所提的各种要求。

然而，我注意到，人们会期盼一段稳定的时期，在这段时间里，人们可以反思新规则，评估整体影响。同时银行会有更多机会去审视如何为其他经济体提供金融援助，从而促进经济发展。

随着其他主要银行落户英国，我们未来的业务受到实质上的影响，主要表现为限制零售业拨款和其他商业银行活动，遵循立法并依循银行独立委员会的建议行事。重组极大地改变了我们为客户服务的方式，所以董事会投入大量的时间来监管正在开发的计划来建立限制政策，此项工作将在2018年年底一切就绪。

董事会的另外一个重点要事，关系到银行经历过的重大行为问题，这些问题还需继续面对，其代价大幅度地推迟了恢复盈利。所以董事会的头等大事就是解决遗留问题，监管实施强化控制框架，以防止未来出现不当行为。

具体地说，在2015年5月董事会将银行的清算授权于司法部和联邦储备理事会令其调查其外汇业务。对于导致这种清算的行为我们表示遗憾。适当的补救政策现已到位。在一年内，董事会已收到其他诉讼的定期报告，并已达成一些董事会认为是可以接受的处理方案。人们特别关注2007年美国抵押贷款支持证券的起源及贸易相关的声明和调查，这是由美国司法部、联邦住房金融局、国家信用管理局和几个州的检查总长提出来的。尽管我们已搁置大量抵押贷款支持证券立法声明的条款规定，我们还没有向司法部和州总长提供调查结果。现在还无法预测这些声明和调查何时才能解决好，也无法预测最终会付出何种代价，但进一步的实质性的规定是必需的。

同时，董事会还关注着2008年配股股东行动小组所提诉讼的后续反应，此诉讼案有可能到2016年年底才能被受理。

2015年，董事会监督委员会成立，与金融行为监管局共同审查中小企业客户问题处理状况，这是由银行的全球重塑小组交付的。在我写这篇文章时，审查还在继续。

（3）未来

股东，当然也包括通过英国金融投资公司进行投资的英国政府，都充分意识到，自从苏格兰皇家银行公布利润和股息支付这已经是第七年了。这两方面近期前景还算不错，但鉴于颇有潜力的美国大银行进入后的杰出表现，这么做恐怕就有些草率行事了。

我想说的是相对于一年前，目前银行业未来格局更加明朗化。我们正有条不紊地从非核心业务中撤离，撤资情况进展很好。核心业务发展蒸蒸日上，尤其是所有零售业和商业银行都发现，在低利率环境，盈利压力很大的情况下，抵押贷款市场却发展很好。

我行立志于成为客户心目中服务最佳，最受信任和备受拥护的银行，但我们把关注点放在员工和正确的事情上。令人鼓舞的种种迹象表明，员工士气高涨有利于积极地应对挑战，我们的品牌特许经营强大而独特，而且苏格兰皇家银行在不列颠群岛核心业务上大有可为。与此同时，我们要降低成本基准，并植入预防经济再次衰退和过去曾出现的止步不前的不当行为的新的风险文化。

董事会坚决支持这一战略，并认为我们管理得当，可以使之实现。当然，前路茫茫，风险重重，但我们与公司风雨同舟，需我们所做之事就是全力支持。与此同时，我们对风险偏好和控制框架严加监管，以保护股东的长远利益。

我一直对苏格兰皇家银行专注于文化和多元化印象深刻。为实现企业战略，我们需要一种将客户置于业务核心地位并鼓励诚信的文化。此行道路漫长，但这是使苏格兰皇家银行为客户和股东而不断成长、繁荣兴旺的中心要素。多元化又是这种文化的核心，多元化可以促进创新，提高决策能力，我很欣慰地看到在业务中我们不断加强女性在银行各个层面所发挥的重要作用。

展望 2016，苏格兰皇家银行还面临着许多宏观经济和政治风险以及风险披露时伴随而来的诸多不确定性。今年英国选民要应对的一个关键问题是英国是否要继续留在欧盟。我行是英国最主要的银行，但是我们在欧盟其他国家业务运营状况也很好，如爱尔兰阿尔斯特银行，而且我们的很多客户极度依赖无拘无束进入欧洲单一货币市场的便利状况。因此，大多数经济预测指出至少在中短期内英国经济放缓，这将是让人难以接受的。所以正如任何一家谨慎的企业，我们正在为各种潜在状况做好准备。然而，我们主要的责任是为客户服务，支持客户，无论选民最终将如何投票，我们将矢志不渝坚持下去。

（4）我们的社区责任

苏格兰皇家银行是其所服务社区重要的机构，银行实施一系列举措来支持和促进社区的成功发展。2015 年，银行"理财有道"项目（为年轻人提供公平金融教育机会的项目），庆祝了第 21 个周年纪念日。为了纪念这个日子，"理财有道"项目在其新的数字平台，重新开发并推出了全新的内容。

2015 年，我们花了大量的精力和资源支持小企业，鼓励初创企业。在与企业家星火这一社会企业合作中，我们新开了 4 家企业家中心，其中一家是二月在爱尔兰总部开设的，我们计划两年内在英国再开 6 家。以我们的大楼为基础，为初创企业提供免费办公空间、监控设施和网络连接，这些举措可以促进企业发展。五年内将有 7 000 个企业家受到此项支持，这有助于经济发展和促进就业。在苏格兰，我们通过充分利用现有分行内空余空间为当地慈善事业和社会企业提供支持。在"运动救济"这一慈善项目中苏格兰皇家银行的员工通过骑上自行车对其支持的热情至今让我印象深刻。700 多个员工参与其中，在短短五天内，募集到 60 万英镑，这恐怕是"运动救济"历史上最大一笔资金募集活动了。

（5）结论

在 2016 年年初，我们欢迎新成员利物浦维多利亚的首席执行官迈克·罗杰斯给董事会带来宝贵的零售金融服务经验。这一年里，除了菲利普·汉普顿的离开，董事会的构成没有改变。

苏格兰皇家银行的各种挑战给董事会带来了沉重的压力，即使相较于不断上升的欧洲银行标准，他们付出的时间也是相当多的。我对同事们在自己的岗位上的奉献精神和工作技能都深深折服。他们每个人都不仅仅服务于一家委员会，因而他们的工作压力都很大。我渴望在 2016 年恢复过程中继续带领这支积极勤奋的团队不断前行！

霍华德·戴维斯 董事会主席

## 6.7.3　针对霍华德·戴维斯致辞的理解

分析霍华德·戴维斯致辞的开头可见，他首先表达了对于前任的尊重以及对于前任工作的肯定，这是一种积极的想法，也是一种正确的为人之道。这对于很多的中国企业而言，可以提供一种有价值的参考，它一方面可以引起人们对于"不否定前任就不能证明后任者的高明"这种观念的反思，另一方面也可以帮助人们强化"站在巨人的肩膀上可以看得更远"这种理念的认知。

往下分析霍华德·戴维斯的致辞可知，他在这里使用了大量的银行术语，并且列举了很多实例，这些实例对于银行企业来说具有重大的参考价值。但是，本书的研究目的却不是为特定行业的企业寻找可以借鉴的做法，而是要从这家企业里寻找能够为多数企业学习和参考的普适性经验。基于这一点出发，于此就不再详细分析其只适用于银行企业的做法，而是要概括出一些可以为大多数企业参考的内容。

其中针对战略的部分，霍华德·戴维斯的致辞告诉人们，一旦企业的战略明确以后，就需要不断地强化既定的战略发展理念，并且要将这种理念与具体的工作实现有机的对接。苏格兰皇家银行的企业战略是什么呢，它就是，"我们正在改变我们的文化和重点，我们将工作中心放在英国和爱尔兰，并且集全力于为客户提供最好的服务，为此目标，我们必须变得更强大、更简洁、更公正"。了解了苏格兰皇家银行的这一企业战略，就可以明白霍华德·戴维斯在这个致辞的部分列举大量实例的用意和目的所在。

针对执行、规范和诉讼的部分，可以借鉴的思想包括：

（1）企业要积极应对外部环境的变化，尤其是要密切关注行业内的风险。

（2）为了应对企业发展的风险，一方面要制定预防的措施，另一方面要设计应急的方案。

（3）一个企业的发展除了要立足于本行业进行规划以外，还要关注邻近行业的动态，并且能够从这种行业交叉的对接当中不断寻找发展的机遇。

（4）面对大量的竞争者，企业除了积极应对以外别无他选。

针对未来的部分，可以借鉴的思想包括：

（1）任何企业的发展都要处理好现在与未来的关系。

（2）任何企业的发展都要以坚持自己的核心业务为前提，对于非核心业务尽量不涉足，已经有所涉足的也要尽早撤离。

（3）任何企业的发展都要把赢得客户的信任作为工作的重点，为了实现这一目标需要把握两个原则，一个原则是重视员工的作用，另一个原则是要做正确的事情。

（4）企业高层要时刻关注经营风险，并且要给予员工以最大的支持。

（5）诚信是赢得客户的关键，鼓励多样性是赢得员工信任的基础。

针对我们的社区责任这一部分可以借鉴的内容只有一个，那就是企业要全面参与社区活动，并在参与这些活动的过程当中树立企业的积极形象，并以此来赢得所在社区的信任和支持。

与多数企业家一样，在霍华德·戴维斯致辞的最后，他也是发出了一种积极前行的呼吁，并表达了与企业共同成长的决心。

## 6.8　BAE 系统公司的企业家致辞与企业家管理理念

### 6.8.1　企业家兰·金简介

兰·金（Ian King）出生于 1956 年，早年加入 BAE 系统公司合并之前的两家企业之一的迈克尼公司，曾经担任这家公司在加拿大分公司的主要负责人。在担任 BAE 系统公司的首席执行官之前，他还做过这家公司的首席运营官（图 6-7）。

图 6-7　BAE 系统公司的首席执行官兰·金

### 6.8.2　兰金的致辞

以下是 BAE 系统公司首席执行官兰·金的致辞：

Corporate Responsibility (CR) is a key important enabler for our business.

It underpins our goal of being the premier international defence, aerospace and security company that delivers sustainable growth in shareholder value. We are geographically diverse and have products across all domains of defence and security, and need to establish strong partnerships and engage with many stakeholders. Our customers range across governments to commercial companies. In all cases we need to be open and ethical. Our suppliers can be large corporations or small and medium sized enterprises, but regardless of their size or function, we need to be fair and open in our dealings. Our businesses use resources and generate waste, necessitating a strong focus on efficiency and reducing our environmental footprint.

Our business is underpinned by strong engineering and advanced manufacturing capability—including manufacturing systems, materials, avionics, network security and cyber security. The ability to harness our employees' skill levels and experience is central to our value proposition. Engineering skills are vital to BAE Systems and companies in the global supply chain. We are reliant on a pipeline of young talent having studied Science, Technology, Engineering and Mathematics (STEM) subjects. BAE Systems has introduced a number of initiatives which support the promotion of STEM subjects and careers for young people in the markets in which we operate.

The safety of our employees, and anybody who works on, or visits, our sites, is a key priority. We provide training and tools for employees to help them understand the importance of a safe workplace. Senior leadership plays a key role in maintaining the focus on safety and leading through example.

We are saddened to report that, during 2015, there were two air incidents that resulted in seven fatalities, four of our employees and three from other companies. We have been supporting investigations with air accident authorities in Saudi Arabia and the US, and are carrying out internal reviews into the incidents.

This report documents our priorities and describes our progress in 2015 and goals for 2016. Activities in these areas are key to delivering long-term sustainable value to our shareholders, our customers and all of our stakeholders. We will continue to invest in our people and their behaviour, safe working practices, community investment, education, resource efficiency and environmental awareness.

Ian King

Chief Executive

公司责任是我们公司业务的重中之重。

这种责任使得我们成为最主要的国际防卫、航空航天、安全保障公司，并成为一家使股东价值持续增长的公司。我们所在位置多样，所提供防卫安全产品遍及多领域，因此我们要与合作伙伴密切联系，与利益相关者通力合作。我们的客户遍布政府与各商业公司，无时无刻我们都业务公开，依商业道德行事。我们的供应商不是大公司，就是中小企业，但无论规模大小，作用如何，我们都秉持公平公开原则与之交易。我们的企业使用资源同时产生废物，因而需要关注效能，减少对环境的影响。

我们的企业依托于强大的工程技术和先进的生产能力，包括生产系统、材料、航空电子和网络安全。充分利用员工的技能水平和经验是我们的核心价值主张。工程技术对于 BAE 系统公司及全球供应链中的企业都至关重要。我们需要精通 STEM 科目即科学、技术、工程和数学的年轻人才。BAE 系统公司已推出一系列举措以支持 STEM 科目发展，并为年轻人提供事业发展的广阔市场空间。

员工的安全，以及任何为我们工作或来我们这里参观的人员的安全是我们的首要关注点。我们为员工提供培训和相应用品以帮助员工提高对工作环境安全重要性的认识。高层领导在确保关注安全、率先垂范方面起关键作用。

令人痛心的是，2015年两场空中事故导致七人死亡，其中四人是我们的员工，三人来自其他公司。我们一直秉力支持沙特阿拉伯和美国航空事故调查机构的调查，并对事件进行内部审查。

这份报告记录了我们的关注重点，并介绍了我们在2015取得的进步以及2016年的努力目标。这些活动是我们长期实现向股东、客户及所有利益相关者提供源源不断价值的关键。我们将继续投资于员工、员工活动、安全工作方法、社区投资、教育、资源效率及环境意识等方面。

兰·金　首席执行官

### 6.8.3　针对兰金致辞的理解

分析兰·金的致辞可以从中梳理出能够为其他企业借鉴的内容一共包括五个方面。

首先他强调的不是企业的发展，不是企业的利润，不是企业的战略目标，而是强调了企业的责任，"公司责任是我们公司业务的重中之重"。而正是这种对于责任的重视促成了公司的发展，"这种责任使得我们成为最主要的国际防卫、航空航天、安全保障公司，并成为一家使股东价值持续增长的公司"。而成为首屈一指的全球防卫、航空航天和安全保障公司恰恰就是 BAE 系统公司的企业愿景。

强调企业的责任，并基于企业的责任追求企业发展的愿景，这是可以借鉴的思想之一。

为了实现公司的终极发展目标，BAE 系统公司选择了与客户和当地的合作伙伴一起开发、设计、生产和养护企业的产品和系统。这无疑是一个共赢的思想。而这样做的原因就在于，"我们所在位置多样，所提供防卫安全产品遍及多领域，因此我们要与合作伙伴密切联系，与利益相关者通力合作"。

与客户和当地合作伙伴共同进行努力，不仅可以充分利用它们的资源，而且还可以与它们结成利益共同体，有了这样一层关系的存在，公司的可持续发展就有了保障，这是可以借鉴的思想之二。

业务公开与公平，坚守商业道德，时刻关注环境的保护，这是可以借鉴的思想之三。

借助技术的研发和对人才的重视以谋求企业的快速和可持续发展，这是可以借鉴的思想之四。

基于行业的特点，始终关注安全，这是同类型企业可以借鉴的思想之五。

# 第7章　英国企业与美国企业的精神文化比较

## 7.1　基本情况介绍

《英国杰出公司企业文化研究》与《美国杰出公司企业文化研究》同属"西方英语系大国杰出公司企业文化研究系列"（简称为"西企文化研究系列"）的一部分，所以作者对于这两个国家杰出公司企业文化进行研究时所采用的研究框架是相同的，这个研究框架就是在为"西企文化研究系列"建构分析基础时所写作的《4S企业文化与7P绩效管理及其互动影响研究》一书当中提出的"4S"企业文化框架。基于这个框架，作者在《美国杰出公司企业文化研究》当中重点分析了10家美国公司的精神文化及其对于中国企业的参考；基于这个框架，作者在本书当中又研究了10家英国杰出公司的企业精神文化及其可以给予中国企业的借鉴；之后基于这个框架还要研究加拿大和澳大利亚各7家杰出公司的相关性内容。

研究以上所说之美国、英国、加拿大和澳大利亚四国杰出公司企业文化尤其是其精神文化之主要目的不在于介绍它们的内容什么，那只是"西企文化研究系列"的一个分析基础，而这个系列研究的最终目标是从这些国家杰出公司的企业文化当中梳理出可以为中国企业所借鉴的精华思想。因为各个国家杰出公司的企业文化内容非常丰富，而且各自偏重的内容又有所不同，所以在此需要对四个国家各个公司之企业文化内容做一下比较，以供中国企业进行参考时可以做出自己的选择。

正如前面所说，对于美国、英国、加拿大、澳大利亚四个国家杰出公司企业文化进行研究的框架是相同的，研究的结构在大体上是一致的，所以各个国家企业之间进行比较是可能的，它们之间既有可以对比的基础，也有可以进行比较的内容。

因为《美国杰出公司企业文化研究》已经完成且出版，而且在这里也已经分析完成了英国杰出公司企业文化的相关内容，所以下面就可以把这两个国家各 10 家企业的精神文化内容首先做一下比较，以供读者了解和把握它们之间于企业使命、企业宗旨、企业愿景、企业价值观、企业原则和企业理念等各个方面的同与不同之处。

因为针对美英两国各研究了 10 家企业，所以在这 20 家公司之企业文化进行比较的时候，本章主要基于它们所处的行业而进行两两对比。当然，因为从各个国家选择研究对象时所注重的行业并不完全相同，所以无法为每一个企业都能够找到处于相同行业的另一家企业进行匹配，在这种情况下本书会把处于不同行业的企业基于其经营业务的相近性而将它们安排在一起进行比较。不过有一点在这里需要说明，两两对比的目的只是为了方便读者进行参考，而不是两国公司企业文化比较的主要目标，真正理想的状态应该是把两个国家的所有企业之企业文化内容综合起来进行对比，这样会更加深切地感知他们之同是为什么同，不同是为什么不同，相同之处是否可以为我所用，不同之处又是哪一个更加适用于我，等等。

此外，因为这 20 家企业提出企业使命、企业宗旨、企业愿景、企业价值观、企业原则和企业理念的情况并不是同步的，不是所有的美国企业都有关于这六个方面的介绍，也不是所有的英国企业都有关于这六个方面的说明，因此就某一个要素选择比较对象时本书会基于英美两国企业的实际情况分别进行。举例来说，就企业使命进行比较的两家英美企业，在进行企业宗旨、企业愿景、企业价值观、企业原则和企业理念等方面的比较时要视它们在这两个要素上的论述情况而定，如果两家企业同时也都有关于这五个方面的表述，则依然还是选择这两家企业进行比较，否则就要基于其他企业的现实情况而将比较对象进行调整。当然，无论如何调整，在第一次选择比较对象时所坚持的标准会被一直采用下去。

此外，借助这种分析和比较希望可以帮助读者熟悉或掌握设计一个公司之企业使命、企业宗旨、企业愿景、企业价值观、企业原则和企业理念的路径和方法。

## 7.2　英国企业与美国企业之企业使命的比较

基于在《美国杰出公司企业文化研究》当中得到的研究结论可知，10 家美国杰出公司都有关于企业使命的描述；而根据本书所收集到的资料看，10 家英国杰出公司当中只有 7 家具有明确的企业使命界定。当然，根据作者的推断，另外 3 家英国公司也一定会有类似于企业使命的介绍，只不过于其公司网站上并没有找到相关性的说明。

因于对于英美两国杰出公司的企业使命都曾经做过具体的解读，所以在此就不再一一分析它们企业使命的内容，而只是将其制成下表，以供读者自行参考。这其中美国的 10 家杰出公司分别是埃克森美孚石油公司、雪佛龙公司、威瑞森电信、JP 摩根大通、波音公司、美国银行、马拉松原油、花旗集团、富国银行和宝洁公司；英国的 7 家杰出公司分别是英国石油公司、乐购、汇丰银行控股公司、森特理克集团、力拓集团、金巴斯集团和 BAE 系统公司。

根据行业相同性及相近性所选择的比较对象分别如下：

（1）埃克森美孚石油公司与英国石油公司进行对比，它们分别是各自所在国最大的石油类企业。

（2）雪佛龙公司与力拓集团进行对比，它们同属于所在国比较知名的能源和资源类公司。

（3）因为在美国 10 家公司里没有从事零售行业的企业，而在英国的 10 家公司里也没有从事电信业务的企业，所以就把这两个行业当中的两家企业即威瑞森电信公司和乐购公司放在了一起，从大的门类上来看，它们都属于服务性行业而且都带有零售业的特质。

（4）JP 摩根大通与汇丰银行控股公司进行对比，这两家公司都是所在国比较知名的银行类企业。

（5）马拉松原油公司与森特理克集团进行对比，它们都属于能源类企业。

（6）波音公司与 BAE 系统公司进行对比，它们虽然不是完全处于同一个行业，但是却有很多相同的生产和经营业务，都在生产和销售防务类的产品。

（7）宝洁公司与金巴斯集团进行对比，它们两家企业的业务比较相近。

另外 3 家美国企业虽然没有设计其进行比较的对象，但它们都属于银行类企业，所以读者既可以把它们与英国的汇丰银行进行对比，也可以将它们彼此之间进行比较。

根据以上思想以及两国 17 家企业具体的企业使命内容，可以制成表 7-1 以供读者进行参考。在表格当中，因为美国 10 家公司都有自己的企业使命描述，而英国的公司当中只有 7 家对自己的企业使命进行了界定，所以在两个国家企业的排序上以美国的企业为基准，以它们在自己国家之内的排名为序，而英国的 7 家公司则基于其与美国公司的行业相同或相似性进行对应排序，而不考虑其在自己国内的顺序和位次。

表 7-1　英国杰出公司与美国杰出公司企业使命对比表

| 美国杰出公司（以各个公司在美国国内排名为序） | 美国公司的企业使命 | 英国公司的企业使命 | 英国杰出公司（基于与美国公司的行业相似性排序） |
|---|---|---|---|
| 埃克森美孚石油公司 | 埃克森美孚石油公司承诺成为世界第一的石油和石油化学公司，为了实现这个目标，我们必须持续获得优异的财务和运营绩效，并让这些与我们坚持的高规格的伦理标准紧密地联系在一起 | 英国石油公司是世界上最主要的石油天然气一体化领导性公司之一。公司为客户提供交通燃料、供热能源、照明能源、发动机润滑油以及用于绘画、制衣和包装等很多日常用途的石化产品。通过上游和下游两个方面的主要业务操作，我们发现、开采和生产主要的能源并将其转化成人们所需的产品，我们的项目和为之而开展的操作有助于促进世界各个国家和社区的就业、扩大投资和提高税收。我们的目标是要在碳氢产业价值链中努力创造价值。这起于开发，终于能源供应及其他满足日常生活的基础产品 | 英国石油公司 |
| 雪佛龙公司 | 我们的员工在世界各地从事着伟大的事业；我们的成功源自于我们的员工和他们的承诺以及用正确的方式去追求结果，这种方式的要求就是负责任地运营，高效率地执行，充分利用创新性的技术，并且为更有利的增长捕捉最新的发展机会。我们的企业使命要求我们：在全世界为了经济的可持续发展和人类的进步提供安全的必需的能源产品；做有能力的员工和有能力的企业并且信守承诺；善于做出正确的选择；要赢得投资人、顾客、政府、地方社区和员工们的赞赏，这不仅仅体现在我们要实现的目标上，还要包括于我们实现目标的过程当中；展现世界一流的绩效水平 | 力拓集团是一家全球矿产金属行业的领导性公司。我们企业发展的重点是找寻、开采和加工地球上的矿物资源，以力求实现股东利益的最大化。我们有人员、能力和资源以确保供应全世界对于矿物资源的需求。建筑、通信、娱乐、运输、保健和可再生资源这些行业，或者还有更多的行业都依赖于我们所供应的产品 | 力拓集团 |
| 威瑞森电信 | 我们的公司要通过优秀的服务工作和杰出的沟通经验把客户永远放在第一位，通过重视顾客我们可以为战略合作伙伴带来稳定的回报，给我们的员工提供有挑战性的和有意义的工作机会，为整个社会提供一些可以持久存在的价值观 | 帮助每一个到我们这里购物的人可以享受到更高品质的生活和更容易的生活方式 | 乐购集团 |
| JP 摩根大通 | JP 摩根大通已经服务顾客、战略合作伙伴和社会 200 多年了，自公司成立之初就坚持着这样一个使命，对这个使命的最好描述来自于公司的创始人 J. Pierpont Morgan，他说，"我要强调的是任何时候我们的理念都是做一流的公司，我们要有一流的思想，并采用一流的方式" | 贯穿于我们的历史，我们一直在把客户与机遇联系起来向上发展。我们确保生意兴隆和经济繁荣，帮助人们实现他们的愿望、梦想和他们的抱负，这是我们的角色和目标 | 汇丰银行控股公司 |

续表

| 美国杰出公司（以各个公司在美国国内排名为序） | 美国公司的企业使命 | 英国公司的企业使命 | 英国杰出公司（基于与美国公司的行业相似性排序） |
|---|---|---|---|
| 美国银行 | 我们是美国银行，一家帮助金融生活更美好的银行。我们把消费者、客户、社区和战略合作伙伴连接在一起，然后利用这种结合的力量使金融生活变得更美好 | | |
| 马拉松原油 | 马拉松原油公司的企业使命是比较有意思的，那是因为这个公司又被分成了两个分别独立的公司，一个是马拉松原油公司，一个是马拉松石化公司。所以他们公司的企业使命是"一个令人骄傲的传统，两个郑重承诺的未来"。每一个公司都把自己定位于为了持续地保证战略合作伙伴的增长而不断地努力工作 | 我们是一家能源和服务公司。我们所做之一切的重点就是要满足顾客不断变化之需求 | 森特理克集团 |
| 波音公司 | 我们努力工作，为了成就公司在航空航天工业领导者的地位 | 确保股东利益可持续增长是我们一以贯之的使命，为此我们会全力以赴地去追求企业总体绩效的发展 | BAE 系统公司 |
| 花旗集团 | 花旗集团的企业使命是作为一个可以信赖的合作伙伴为我们的顾客负责任地提供金融服务以帮助他们能够不断地在经济上成长且有能力不断地进步。我们最核心的活动就是帮助客户保证资产的安全、向外借贷、帮助支付和评估资本市场。我们有两百年的经验帮助客户面对世界性最强挑战并为他们建构巨大的发展机会。我们是花旗集团，全球性的银行，一个可以同时把上百个国家和城市几百万人联系起来的机构 | | |
| 富国银行 | 我们希望满足顾客的金融需求并且帮助他们借助金融而成功；除此之外，富国银行在其企业文化手册当中还补充了这样一句话：我们早上醒来就去努力工作的原因是因为我们希望能够帮助我们的顾客金融上的成功并满足他们在金融方面的需求，而这样做的结果就是我们为此而赚到了钱，除此以外没有任何其他的路可以走 | | |
| 宝洁公司 | 为现在和未来的世代代，提供优质超值的品牌产品和服务，在全世界更多的地方，更全面的，亲近和美化更多消费者的生活 | 我们的企业使命阐述我们将如何实现这一目标，即金巴斯集团的每一个成员致力于始终如一地以最有效的方式提供优质的服务，这样做的目的在于和我们的客户、股东与员工分享共同的收益 | 金巴斯集团 |

## 7.3　英国企业与美国企业之企业宗旨的比较

　　基于在《美国杰出公司企业文化研究》当中的分析可知，在美国的 10 家杰出公司当中，有 5 家企业对于企业宗旨有过非常清楚的界定，另外还有两家企业进行了类似的说明。与美国企业的情况大抵相同，在英国 10 家杰出公司之中也有 5 家公司对其企业宗旨做出了明确的界定，另外 5 家或许也有相关的内容描述，只是从其公司网站上没有找到任何相关性的资料。这其中美的 7 家杰出公司分别是埃克森美孚石油公司、雪佛龙公司、威瑞森电信、美国银行、马拉松原油、花旗集团和宝洁公司；英国的 5 家公司分别是英国石油公司、乐购、联合利华、南苏格兰电力和苏格兰皇家银行集团。

　　因为明确界定企业宗旨的美国公司依然还是多于英国的公司，所以在对两个国家 12 个企业进行比较的时候，同样还是以美国的企业为基准，并且依旧要把行业的相同性及相近性考虑进去，如此选择的比较对象之情况如下：

　　（1）埃克森美孚石油公司依然与英国石油公司进行对比，前面已经说过，它们分别是各自所在国最大的石油类企业。

　　（2）因为考虑到它们都是直接面向顾客提供点对点服务的企业，所以在此还是把威瑞森电信公司和乐购公司放在一起进行比较。

　　（3）宝洁公司与联合利华进行对比，这两家企业的生产和业务最为接近。

　　（4）南苏格兰电力与雪佛龙公司进行对比，它们都属于能源类企业。

　　（5）美国银行与苏格兰皇家银行集团进行对比，这两家公司都是所在国比较知名的银行类企业。

　　剩下的两家美国公司即马拉松原油和花旗集团可以同步与英国的英国石油公司和苏格兰皇家银行集团进行比较，它们分别属于同类型的企业。

　　为了让读者看起来方便，所以制成了表 7-2，在其中美国的公司依然按照其在国内的排名为序，而英国的公司同样还是基于其与美国同类公司进行比较而排序。

**表 7-2　英国杰出公司与美国杰出公司企业宗旨对比表**

| 美国杰出公司（以各个公司在美国国内排名为序） | 美国公司的企业宗旨 | 英国公司的企业宗旨 | 英国杰出公司（基于与美国公司的行业相似性排序） |
|---|---|---|---|
| 埃克森美孚石油公司 | 对于战略合作伙伴：我们承诺不断地提高他们投资的长期价值，以不负他们对于我们的信任。通过负责任地运营有利的业务，我们希望投资人能够为此得到超额的回报。而这种承诺就是我们管理公司的主要动力。对于顾客：我们会坚持不懈地发挥我们的能力以确保顾客们能够一如既往地满意。我们承诺不断地创新和及时地反应，并以最具竞争力的价格为顾客提供高质量的产品与服务。对于员工：我们优越的工作环境可以为员工提供有价值的竞争优势。基于这种优势，我们会一直努力地去招募和留住优秀的人才，并且通过不断地培训和发展给他们创造最大的追求成功的机会。我们承诺，通过开放的沟通、信任和公平相待可以为员工提供一个安全的具有多样化和个性化的工作环境。对于社会：我们承诺在任何工作的地方都保持良好的合作公民形象。我们要坚持高水平的道德标准，遵守法律和法规，尊重当地的以及该国的文化。为了以上这些目标，我们致力于安全地和对环境负责任地运营工作 | 我们旨在以安全负责的方式来满足不断增长的能源需求并为股东创造长期的价值。我们力求成为世界级的运营商、有责任心的企业公民和优秀的雇主 | 英国石油公司 |

| 美国杰出公司（以各个公司在美国国内排名为序） | 美国公司的企业宗旨 | 英国公司的企业宗旨 | 英国杰出公司（基于与美国公司的行业相似性排序） |
|---|---|---|---|
| 雪佛龙公司 | 我们的成功源自于我们的员工和他们的承诺以及用正确的方式追求结果，这种方式的要求就是负责任地运营，高效率地执行，充分利用创新性的技术，并且为更有利的增长捕捉最新的发展机会 | 南苏格兰电力的核心宗旨——为人们的生活和企业的发展提供所需能源。我们负责任地且持续地为我们的客户、雇员、社区和股东提供其目前及长期之所需 | 南苏格兰电力 |
| 威瑞森电信 | 我们努力工作是因为顾客期待着我们高质量的交流服务，我们通过我们的产品和服务为顾客传递超值的体验。我们所做的一切都是基于我们所建立的强大的网络、系统和过程。我们借助高质量的和负责任的产品所传递的都是最高水平的服务，因为我们为他们提供了他们能够信赖的服务，所以顾客为此而乐于向我们支付我们的报酬 | 了解对于每位股东，尤其是我们的客户和当地社区至关重要的事项，这是我们成功的关键 | 乐购集团 |
| 美国银行 | 美国银行被这样的宗旨所引导，它帮助我们明确如何去管理这家公司以及如何为消费者和顾客提供他们所需要的金融需要。首先是顾客驱动，我们工作的一个非常清楚的目标就是帮助个人、公司和机构能够获得更好的金融服务。我们倾听顾客的需求，把他们与我们的公司连接起来并为他们传递解决的方案。我们强调使顾客的交流更容易，我们的专家更方便为他们服务，我们之间的关系更加友好。而且，当我们不断取得成功的时候，我们会将之与供应商、我们所在社区和战略合作伙伴进行分享。其次是为员工提供伟大的工作场所。美国银行努力成为一个吸引人才的地方；在这里们我们强调团队合作以取得成功；在这里每一个人都是负责任的和有能力的，他们可以为我们的消费者和顾客提供正确的选择；在这里每一人都会受到尊重，每一个具有多样化背景的人都能够取得成功；在这里每一个员工都可以尽情地释放其潜能。最后是管理风险。为了更加有效地管理风险，我们的公司必须变得更加强大，以帮助我们的消费者和顾客一如既往地实现他们的目标，使我们的战略合作伙伴可以一如既往地得到他们的回报。我们在各个方面强化训练以提高我们管理风险的能力，每一名员工都肩负着参与风险管理的责任。第四是进行卓越管理。第五是不断地向战略合作伙伴传递价值与回报 | 我们拥有一个简单和唯一的目标，那就是要好好地为顾客服务。它是我们雄心勃勃地希望成为众所周知的坚持不懈地为顾客提供高品质服务银行而要努力工作的核心目标，我们希望获得顾客、股东和社区的信任、尊敬以及珍视 | 苏格兰皇家银行集团 |

续表

| 美国杰出公司（以各个公司在美国国内排名为序） | 美国公司的企业宗旨 | 英国公司的企业宗旨 | 英国杰出公司（基于与美国公司的行业相似性排序） |
|---|---|---|---|
| 马拉松原油 | 马拉松原油因为分成了两个相对独立的实体，所以我们可以分别看一下它的两家公司都在坚持什么样的企业宗旨：①马拉松石油公司通过负责任地生产石油和天然气以创造价值并满足世界经济增长对于能源的需求。为了做到这一点，我们针对战略合作伙伴和商业盟友采取负责任的行动，支持他们为了我们而工作，并且我们管理未来承诺时不断地提高交流和沟通的水平，重点强调在经营和管理企业时保护我们的核心价值观，并以此来驱动我们的商业绩效。②马拉松石化公司通过为我们的顾客提供高质量的产品和服务来与我们的战略合作伙伴共同创造价值。我们坚定地相信我们如何经营的行为要始终如一地保守我们的底线。作为一个结果，我们努力地采取负责任地行动以支持那些为我们工作的人，与我们一起工作的合作伙伴以及我们工作在那里的社区 | | |
| 花旗集团 | 花旗集团为了给消费者、合作伙伴、政府部门和其他机构提供广泛的金融服务和金融产品而永远不知疲倦地工作。我们用独创性的金融努力创造最好的产品以提供给我们的顾客和消费者，那将使所有的问题都可以得到轻松、有创造力和负责任地解决 | | |
| 宝洁公司 | 为现在和未来的世世代代，提供优质超值的品牌产品和服务，在全世界更多的地方，更全面地亲近和美化更多消费者的生活。作为回报，我们将会获得领先的市场销售地位、不断增长的利润和价值，从而令我们的员工、股东以及我们生活和工作所处的社会共同繁荣 | 我们的企业宗旨意在表达为了成功我们必须做到：面向我们工作在一起的每一个人，我们所接触的每一个社区，以及我们对之产生影响的所有环境，都应该坚持最高的企业行为标准 | 联合利华 |

分析表 7-2 当中英美两国 12 家企业之企业宗旨的具体表述可知，单纯从字数上看，所有的美国企业都比自己参照之英国企业多，而且前者所表述的内容也都比后者更为丰富和详细。

如果从内容选择上看，两个国家的企业绝大多数都是以论述与相关利益者之关系作为自己企业宗旨描述的重点对象，并且在这个描述的过程当中会注入公司的经营原则与努力方向。

如果梳理一下两个国家 12 个公司所关注的相关利益者，他们涉及的领域非常宽泛，具体对象包括顾客、客户、消费者、股东、合作伙伴、员工、政府部门、环境、社区、社会等。

面对如此众多的相关利益者，不同的企业会选择自己不同的关注重点，比如说有的企业特别关注员工，如雪佛龙公司之企业宗旨；有的企业非常看重顾客，如威瑞森电信公司的企业宗旨。当然，多数企业还是会同步关注多个相关利益者，它们会在以上所介绍的 10 类相关利益者当中选择若干个目标进行关注，至于到底是选择哪几个相关利益者这要视企业所在行业特点以及公司当下发展之所需和未来企业发展之所求而定。

## 7.4　英国企业与美国企业之企业愿景的比较

基于在《美国杰出公司企业文化研究》当中的分析可知，在 10 美国家杰出公司当中，只有 1 家没有提出明确的企业愿景，除此之外所有的公司都有自己非常清楚的愿景界定；基于前面第 2 章的研究可知，在 10 家英国杰出公司当中也有 7 家企业提出了明确的企业愿景，此外还有 8 家企业或同步或单独地提出了自己的企业战略。

基于以上数据可以说明两点：

其一，绝大多数的英美公司都非常重视自己企业的企业愿景描述。

其二，英国的杰出公司为了进一步强调企业愿景的作用，还习惯于在其基础上提出自己公司的企业战略。

当然，在美国的杰出公司里也有重视企业战略的，它们分别是雪佛龙公司和富国银行，只不过在数量上远不及英国公司多。

明确提出过企业愿景的美国9家公司分别是埃克森美孚石油公司、雪佛龙公司、威瑞森电信、JP 摩根大通、波音公司、美国银行、马拉松原油、富国银行和宝洁公司；明确提出企业愿景的 7 家英国公司分别是乐购、汇丰银行控股公司、联合利华、力拓集团、苏格兰皇家银行集团、金巴斯集团和 BAE 系统公司。

根据前面制定表 7-1 和表 7-2 时所遵循的依据，再结合这 16 家英美企业的行业相同与相似性所确定的比较对象分别如下：

（1）埃克森美孚石油公司与力拓集团进行对比。

（2）威瑞森电信公司和乐购公司进行对比。

（3）JP 摩根大通与汇丰银行控股公司进行对比。

（4）美国银行与苏格兰皇家银行集团进行对比。

（5）波音公司与 BAE 系统公司进行对比。

（6）富国银行和金巴斯集团进行对比，之所以将这两家公司放在一起是因为无法分别为之找到更合适的比较对象，相对于雪佛龙公司和马拉松原油而言，富国银行和金巴斯集团都可以归入服务性的产业。

（7）宝洁公司与联合利华进行对比。

多出来的两家美国公司，即雪佛龙公司和马拉松原油都是石油类企业，它们可以同步于埃克森美孚石油公司与力拓集团进行对比。

基于以上比较对象的选择以及 16 家公司企业愿景的内容可以制成表 7-3 以供读者参考。

表 7-3　英国杰出公司与美国杰出公司企业愿景对比表

| 美国杰出公司（以各个公司在美国国内排名为序） | 美国公司的企业愿景 | 英国公司的企业愿景 | 英国杰出公司（基于与美国公司的行业相似性排序） |
|---|---|---|---|
| 埃克森美孚石油公司 | 埃克森美孚公司激励人们在我们所处的行业的各个领域都要保持领先的优势，那就要求我们公司的各种资源包括财务、管理、技术和人才都能够得到合理地使用以及正确的评价 | 矿业部门的市场形势面临严峻挑战。为了应对这些挑战，我们在所有的业务当中加倍关注生产率，降低成本和资本约束——从现有的业务中挤压最大可能的收益以确保发展得最好的项目可以吸引新的资金。因此在这个行业其他人走上类似道路的时候，我们提早在这一领域当机立断的行动已结出累累硕果。资金实力已成为这一行业中的关键因素，相对于业内同行我们的资产负债表有一定的优势。虽然目前存在挑战，还有很多不确定性，但是从长远角度看，采矿业的发展仍是乐观的。到 2030 年，我们预计仅在中国就有 2 亿 2 000 万新的城市居民。在印度和东盟，就目前的趋势表明，大约有 2 亿 5 000 万人将在同一时期内实现城市化。除中国以外的亚洲新兴经济体，在接下来的 15 年 GDP 增长率预计为每年百分之五到百分之六。这些因素导致我们生产的矿物质和金属的需求可以成为现代生活的基本要素 | 力拓集团 |
| 雪佛龙 | 企业愿景是雪佛龙之路的核心，那就是要成为一个全球化的能源公司，让全世界的人们因为这个公司的员工而敬佩，因为这个公司的合作伙伴而赞扬，因为这个公司的卓越的绩效表现而喷服 | | |
| 威瑞森电信 | 威瑞森电信是一家全球领导企业，我们通过不断地创新交流方式和技术解决方案以帮助我们的顾客不断地革新和改善生活、工作和娱乐的方式 | 在我们工作的任何地方，我们都致力于帮助顾客、同事和社区过上更便捷的生活 | 乐购集团 |
| JP 摩根大通 | 在我们要做和将做的所有事情当中，有一个目标是最为重要的，那就是要不断地提高我们客户的体验。我们会经常回顾曾经努力的经历，但目的是为了有一个可以更好地服务客户的全新的视角，为了做到这一点，在每一个我们确定要进入的领域，我们都会做得更好，都要稳步地获得提高 | 我们的目标是成为世界领先和最受推崇的国际化银行。我们的宗旨是将客户与机遇连接在一起以获取成长。我们有能力让业务蓬勃发展、经济繁荣，并帮助人们实现其愿望、梦想与抱负 | 汇丰银行控股公司 |
| 美国银行 | 我们对所工作与生活的社区和地域有一个强有力的承诺，那就是通过我们的借贷、投资、广告、业务办理和用工，为我们所在的区域提供有价值的资源 | 我们的愿景是获得客户、股东和社会的信任、尊敬和珍视 | 苏格兰皇家银行集团 |

续表

| 美国杰出公司<br>（以各个公司<br>在美国国内<br>排名为序） | 美国公司的企业愿景 | 英国公司的企业愿景 | 英国杰出公司<br>（基于与美国<br>公司的行业<br>相似性排序） |
|---|---|---|---|
| 马拉松原油 | 马拉松原油的目标是成为一个最主要的独立开采商和生产商，为了做到这一点，公司需要在七个方面加强战略管理主要包括：践行我们的价值观；对我们的员工进行投资；不断地提高在金融财务方面的使用效率；坚定地强化管理；最大化且高质量地使用资源；传递长期投资与合作的价值观 | | |
| 波音公司 | 波音公司的企业愿景就是波音公司的企业使命，那就是"我们努力工作，为了成就公司在航空航天工业领导者的地位" | 成为首屈一指的全球防卫、航空航天和安全保障公司 | BAE 系统公司 |
| 富国银行 | 富国银行的企业愿景也是其企业使命，即我们希望满足我们顾客的金融需求并且帮助他们借助金融而成功 | 努力达成所愿 | 金巴斯集团 |
| 宝洁公司 | 成为并被公认是提供世界一流消费品和服务的公司 | 联合利华有一个简单但清晰的目标，那就是制造可持续的生活用品，我们相信这是确保我们企业长期发展的最好途径 | 联合利华 |

分析表 7-3 的英美 16 家公司的企业愿景，可以从每一个公司当中找出若干个关键词，然后借助这些关键词的组合可以为读者提供更直观的和更具应用价值的参考。

其中，从埃克森美孚公司企业愿景当中挑选的关键词是"领先优势"；从力拓集团当中选择的关键词是"提早"和"乐观"；从雪佛龙公司当中挑选的关键词是"全球化"和"卓越"；从威瑞森电信公司当中挑选的关键词是"领导企业"和"革新"；从乐购集团当中挑选的关键词是"帮助"和"便捷"；从 JP 摩根大通当中挑选的关键词是"全新"和"更好"；从汇丰银行当中挑选的关键词是"世界领先"和"国际化"；从美国银行当中挑选的关键词是"承诺"；从苏格兰皇家银行集团挑选的关键词是"信任"和"尊敬"；从马拉松原油挑选的关键词是"强化"和"最大化"；从波音公司当中挑选的关键词是"努力"和"成就"；从 BAE 系统公司挑选的关键词是"首屈一指"；从富国银行挑选的关键词是"满足"；从金巴斯集团挑选的关键词是"达成"；从宝洁公司挑选的关键词是"世界一流"；从联合利华挑选的关键词是"可持续"。

下面把这些挑选出来的关键词排列在一起：领先优势、提早、乐观、全球化、卓越、领导企业、革新、帮助、便捷、世界领先、国际化、承诺、信任、尊敬、强化、最大化、努力、成就、首屈一指、满足、达成、世界一流、可持续。

单纯浏览一下这些关键词，似乎就可以给人留下很有力量的感觉，这其实就是一个公司的企业愿景应该发挥的作用——不仅要界定企业发展的方向和目标，而且还要鼓励员工培养拼搏和进取的精神。

有了这些关键词作为基础和主线，任何一个公司都可以通过为之添加主语或是宾语而编织自己公司的企业愿景，至于语气的把握和内容的选择要视不同企业的特点、规模、战略诉求以及它在长期和短期方面的需要而定。

## 7.5　英国企业与美国企业之企业价值观比较

基于在《美国杰出公司企业文化研究》当中的分析可知，在美国的 10 家杰出公司当中全部都有关于企业使命的描述，这是在企业精神文化六要素当中，美国企业表述最全的唯一一个内容。与之相对应的，在本书所研究的 10 家英国杰出公司当中，也只有在企业价值观这个因素上所有的企业都提出了自己的论述，这也是英国企业在企业精神文化六要素当中表述最全的唯一一个内容。

在美国的 10 家杰出公司当中也有 7 家企业针对企业价值观提出了自己的看法，其他 3 家公司或许也有这样的内容，但是基于所收集到的资料没有发现相关性的界定。这 7 家美国公司分别是雪佛龙公司、威瑞森电信、波音公司、美国银行、马拉松原油、富国银行和宝洁公司。

以前面 3 个表格所选择的比较对象为基础，再加上这 17 家英美企业的行业相同与相似性所确定的比较对象分别如下：

（1）英国石油公司与雪佛龙进行对比。

（2）威瑞森电信公司和乐购公司进行对比。

（3）富国银行与汇丰银行控股公司进行对比。

（4）联合利华与宝洁公司进行对比。

（5）马拉松原油与力拓集团进行对比。

（6）美国银行与苏格兰皇家银行集团进行对比。

（7）波音公司与 BAE 系统公司进行对比。

其余的 3 家英国公司当中的南苏格兰电力公司和森特理克集团可以参照英国石油公司与雪佛龙进行对比；金巴斯集团可以参照联合利华与宝洁公司进行对比。

基于以上比较对象的选择以及 17 家公司企业价值观的内容可以制成表 7-4 以供读者参考。在前面 3 个表格当中，因为美国公司在每一个要素里进行描述的企业数量都多于英国公司，所以在设计表格时都是以美国公司为基准进行排序；而在这一个要素即企业价值观的比较上，因为英国公司进行界定的企业数量远远多于美国公司，所以在此就以英国公司为基准进行排序，而对美国的 7 家公司则基于其与英国公司的行业相同或相似性进行排序。

**表 7-4　英国杰出公司与美国杰出公司企业价值观对比表**

| 美国杰出公司（基于与英国公司的行业相似性排序） | 美国公司的企业价值观 | 英国公司的企业价值观 | 英国杰出公司（以各个公司在英国国内排名为序） |
|---|---|---|---|
| 雪佛龙 | （1）诚实<br>（2）信任<br>（3）尊重多样性<br>（4）重视独创性<br>（5）合作<br>（6）人与环境优先<br>（7）追求优秀的绩效表现 | （1）安全<br>（2）尊重<br>（3）卓越<br>（4）勇气<br>（5）团队 | 英国石油公司 |
| 威瑞森电信 | （1）诚实<br>（2）尊重<br>（3）追求优秀的绩效表现<br>（4）责任 | （1）竭尽全力为顾客服务<br>（2）用人们喜欢的方式对待他们<br>（3）小善举，大不同 | 乐购集团 |
| 富国银行 | （1）员工是竞争的优势所在<br>（2）注重伦理道德<br>（3）顾客永远正确<br>（4）多样性和内部提升<br>（5）人人是领导 | （1）可靠的<br>（2）接纳不同理念和文化<br>（3）与客户、社会、监管机构彼此紧密联系 | 汇丰银行控股公司 |
| 宝洁公司 | （1）领导才能<br>（2）主人翁精神<br>（3）诚实正直<br>（4）积极求胜<br>（5）信任 | （1）诚实以对<br>（2）积极影响<br>（3）长期责任<br>（4）建立愿景<br>（5）与人合作 | 联合利华 |
| | （1）安全<br>（2）效率<br>（3）可持续性<br>（4）卓越<br>（5）团队合作 | | 南苏格兰电力 |
| | （1）优先考虑安全<br>（2）满足不断变化的客户需求<br>（3）确保能源为社会添砖加瓦<br>（4）保护环境<br>（5）积极的员工和合作伙伴关系 | | 森特理克集团 |
| 马拉松原油 | （1）重视健康和安全<br>（2）加强环境管理<br>（3）开放和诚实<br>（4）建立友好的社区合作关系<br>（5）结果导向 | （1）尊重<br>（2）正直<br>（3）团队合作<br>（4）责任追究 | 力拓集团 |
| 美国银行 | （1）诚心为顾客服务<br>（2）建设伟大的工作平台<br>（3）有效地管理风险<br>（4）追求杰出的管理<br>（5）诚心为利益相关者提供最好的服务<br>（6）追求共同努力的目标<br>（7）负责任地采取行动<br>（8）充分重视和挖掘员工的潜力 | （1）顾客至上<br>（2）共同努力<br>（3）做正确之事<br>（4）长远考虑 | 苏格兰皇家银行集团 |

续表

| 美国杰出公司（基于与英国公司的行业相似性排序） | 美国公司的企业价值观 | 英国公司的企业价值观 | 英国杰出公司（以各个公司在英国国内排名为序） |
|---|---|---|---|
| | （1）开放、信任和诚实<br>（2）追求品质<br>（3）通过团队合作赢得胜利<br>（4）责任<br>（5）安全可行 | | 金巴斯集团 |
| 波音公司 | （1）诚实<br>（2）质量<br>（3）安全<br>（4）多样性和内部提升<br>（5）信任和尊重<br>（6）做良好的企业公民<br>（7）确保利益相关者的成功 | （1）信赖<br>（2）创新<br>（3）勇敢 | BAE系统公司 |

　　分析表7-4，首先把美国7家公司各自所有的价值观进行梳理与合并同类项之后发现，被两家及两家以上企业共同重视的价值观包括：诚实（5）；尊重（4）；诚心为顾客及相关利益者服务（4）；信任（3）；追求优秀的绩效表现（3）；员工是竞争优势所在（3）；人与环境优先（2）；多样性和内部提升（2）；安全（2）；诚心为顾客服务（2）；追求共同努力的目标（2）；负责任地采取行动（2）。

　　在这里对于以上之整理情况还需要补充两点说明：①括号当中的数字代表关注这一价值观的企业数量；②表述内容相同和相近的企业价值观被整合到一个界定当中。

　　接下来以前面两点说明为基础，进一步分析和梳理英国10家公司之企业价值观的内容，并从中挑选被两家及两家以上公司同时关注的价值观如下：团队（5）；顾客至上（4）；安全（4）；尊重（2）；卓越（2）；诚实（2）；建立愿景（2）；追求品质（2）；责任（2）；信赖（2）；创新（2）；勇敢（2）。

　　在梳理英国公司之企业价值观时发现，这10家公司所坚持的企业价值观相对比较分散，在众多的企业价值观当中，能够找到被3家以上企业共同关注的内容只有3个，而对应的美国公司有6个。此外，因为在这10家公司当中有很多的能源和资源类企业，所以"安全"这一看似并不那么普遍受到关注的思想，在这里却成了关注度比较集中的企业价值观。

　　下面把美国公司和英国公司都比较关注的企业价值观放到一起，选择的标准是受到3家以上的公司同时重视，它们分别包括：诚实（5）；尊重（4）；诚心为顾客及相关利益者服务（4）；信任（3）；追求优秀的绩效表现（3）；员工是竞争优势所在（3）；团队（5）；顾客至上（4）；安全（4），然后从中选择排名在前六位的企业价值观郑重地向读者推荐，它们分别包括：①诚实；②团队；③顾客至上或诚心为顾客及相关利益者服务；④尊重；⑤追求优秀的绩效表现；⑥员工是竞争优势所在。在这里之所以不推荐"安全"是因为它虽然重要，但是却与行业的特点联系过密，从而缺乏更为广泛的指导意义。

如果把此处所推荐之六个企业价值观都概括为两个字的词语，那就是"诚实"、"团队"、"顾客"、"尊重"、"绩效"和"员工"，如此 12 个字就是各个企业进行企业文化建设时，或于企业价值观选择之际可以遵循的指导与参考。当然，如果把这六个价值观都变成四个字的词语的话，可能更容易让人理解，只不过两个字变成四个字时会有很多的可能，下面就试举一种可能的变法以供大家参考：①诚实正直；②团队合作；③顾客至上；④尊重他人；⑤绩效卓越；⑥善待员工。此外，对于"诚实"还可以变成"诚实守信"；对于"团队"还可以变成"团队优先"；对于顾客还可以变成"顾客导向"、"顾客优先"、"服务顾客"及"善待顾客"等；对于"尊重"还可以变成"相互尊重"；对于"绩效"还可以变成"绩效导向"；对于"员工"还可以变成"重视员工"，等等。

在对比分析美国公司与英国公司的企业价值观时，还有一个现象值得注意，那就是美国公司比较普遍关注的内容与英国公司比较普遍关注的内容虽然并不完全相同，但是绝大多数内容还是体现了高度的一致，由此也可以看出这两个国家在文化上的相通。

## 7.6　英国企业与美国企业之企业原则比较

在美国的十家杰出公司当中有两家企业曾经明确提出了自己公司的企业原则，这两家美国企业分别是 JP 摩根大通和宝洁公司；与之相同的是，在英国的十家杰出公司当中也有两家企业有着类似的做法，这两家英国企业分别是金巴斯集团和联合利华。

因为在前面几个项目的比较过程当中一直把联合利华与宝洁公司进行对比，所以在此依然还是让它们互为比较对象，而把剩下的 JP 摩根大通与金巴斯集团放在一起。

具体比较情况如表 7-5 所示。

表 7-5　英国杰出公司与美国杰出公司企业原则对比表

| 美国杰出公司（以各个公司在美国国内排名为序） | 美国公司的企业原则 | 英国公司的企业原则 | 英国杰出公司（基于与美国公司的行业相似性排序） |
|---|---|---|---|
| JP 摩根大通 | 杰出的顾客服务<br>（1）我们以客户为中心；（2）重视基层驱动、顾客驱动和低姿态服务；（3）努力建立世界一流的分支机构，进行长期投资，努力为顾客服务<br>卓越的经营管理<br>（4）建立最高水平的绩效标准；（5）严格金融要求和风险管理纪律；（6）努力建构最好的内部管理和控制；（7）像主人和伙伴一样思考和行动；（8）努力建构最好的和最有效率的制度和运营体系；（9）严格遵守纪律；（10）以技术能力和紧迫感保证高效地执行<br>对于诚实、公平和个人的承诺<br>（11）绝不放弃诚实；（12）尊重事实；（13）保持刚毅；（14）培育一种尊敬、包容、人性和谦逊的企业环境；（15）帮助我们工作和生活在其中的社区不断壮大<br>关于伟大的团队和赢的文化<br>（16）吸纳、培训和留住伟大的、多样化的员工；（17）建立团队，重视忠诚和道义；（18）建立开放的环境，让每一个人都成为创业精英；（19）诚实、清楚且前后一致地进行交流；（20）努力培养优秀的领导 | （1）安全、健康和环境第一<br>（2）为客户和消费者提供服务<br>（3）开发员工潜能且重视多样性<br>（4）盈利增长<br>（5）持续关注性能与效率 | 金巴斯集团 |
| 宝洁公司 | （1）我们尊重每一位员工<br>（2）公司与个人的利益休戚相关<br>（3）有策略地着眼于我们的工作<br>（4）创新是我们成功的基石<br>（5）我们重视公司外部环境的变化和发展<br>（6）我们珍视个人的专长<br>（7）我们力求做到最好<br>（8）互相依靠、互相支持的生活方式 | 诚实守信、公开坦诚、尊重他人、遵守法律、善待员工、多样包容、机会均等、相互信任、尊重人权、拒绝歧视、积极沟通、透明公正、善待客户、精确宣传、服务股东、利益一致、善待合作伙伴、积极且正确地参与社区和社会活动、保护环境、积极创新、公平竞争和坚持原则等 | 联合利华 |

## 7.7　英国企业与美国企业之企业理念比较

在美国的 10 家杰出公司当中,多数企业比较集中重视的企业理念有"多样性理念"、"员工理念"、"企业战略发展理念"、"创新发展理念"、"统一理念"和"文化优先理念"等。

在英国的 10 家杰出公司当中,多数企业比较集中重视的企业理念有"多样性理念"、"员工理念"、"企业战略发展理念"、"创新发展理念"与"工作与生活平衡理念",以及其他方面的一些理念。

把美国公司比较集中关注的企业理念与英国公司比较集中关注的企业理念合并同类项以后可知,他们共同关注的企业发展理念有"多样性理念"、"员工理念"、"企业战略发展理念"及"创新发展理念",依据这四个共同被关注的理念可以制成表 7-6,然后在其中放入关注这些理念的公司,并挑选他们在这些理念论述上最为精华的思想以供读者参考。

**表 7-6　英国杰出公司与美国杰出公司企业理念对比表**

| 企业理念内容 | 美国关注公司 | 美国企业核心思想 | 英国企业核心思想 | 英国关注公司 |
| --- | --- | --- | --- | --- |
| 多样性理念 | (1)埃克森美孚石油公司<br>(2)雪佛龙公司<br>(3)威瑞森电信<br>(4)波音公司<br>(5)马拉松原油<br>(6)富国银行<br>(7)花旗集团 | 美国企业之所以如此重视多样性管理的原因,除了有针对历史进行拨乱反正的考虑以外,还在于如此理念和行动可以帮助各个企业获得必要的和丰富的人力资源以应对全球化和复杂环境的挑战,以及可以推动企业营造创新氛围,培养创新文化,进行创新管理,从而可以为企业的可持续发展提供不竭的动力。<br>埃克森美孚石油公司老板的一句话最能概括多样性于企业发展之重要,"思想、技能、知识和文化的多样性和包容性使埃克森美孚石油公司更具竞争优势,更加富有弹性,更能驾驭复杂和不断变化的全球能源业务。每一天我们都要超越传统的参考架构,借助多样性发展独特的观点和应对每一个人面对的挑战以增强我们的力量。我们致力于建设一个有才华的、多样化的员工队伍,创造一个能使每一位员工都有机会表现出色的环境。这些是我们多年经营的核心原则" | 多样性是汇丰银行的根基。<br>我们相信,多样性可以为我们的客户、我们的业务及我们的员工带来好处,我们所有的不同观点越多,就越可以让我们更好地满足全球不同客户群之诸如创业、开发新市场或筹划退休等各个方面的需求。<br>我们希望汇丰银行可以成为一个让员工做真正自己的地方,这就是为什么作为雇主,我们希望提供一个灵活开放、相互支持的工作环境的原因,在这里员工可以直言不讳,在这里每一个员工备受重视,深受尊重,在这里做得好就会有所回报。<br>我们的员工遍布七个全球体系,为促进多样性,要确保所有人都囊括在内,包括不同性别、年龄、种族、性取向、宗教的人,以及双职工和残疾人。<br>在汇丰银行,我们力求性别平衡,并增加高管中女性的数量 | 汇丰银行控股公司 |

| 企业理念内容 | 美国关注公司 | 美国企业核心思想 | 英国企业核心思想 | 英国关注公司 |
|---|---|---|---|---|
| 员工理念 | （1）埃克森美孚石油公司<br>（2）雪佛龙公司<br>（3）威瑞森电信<br>（4）JP 摩根大通<br>（5）波音公司<br>（6）花旗集团<br>（7）富国银行 | 埃克森美孚石油公司除了有一个明确的员工发展理念以外，还有三个针对性非常强的具体工作措施。<br>雪佛龙公司在一个总体理念的指导下特别强调安全的思想以及非常重视对员工进行全面的培训。事实上，在这些公司的员工管理工作当中没有一家企业不重视员工的培训和员工的潜力发展。<br>威瑞森电信建构了一个基础性的员工理念体系，同时强调保护员工的隐私和要求员工进行合理回避。<br>JP 摩根大通的员工理念和员工管理方法最为丰富，它们的核心员工理念是建立一个"全生命周期的员工管理和支持体系"，并主张在一个统一的目标引导下强化五个方面的具体工作，它们涉及招聘、培训、绩效管理和晋升、薪酬体系和继承规划五大领域。<br>波音公司的员工理念最为特别，它只强调两个方面的内容，一方面是"道德"，另一方面是"合规"，而于这两个理念的描述过程当中又融入了大量的先进的员工管理思想。<br>花旗集团的员工管理注重五个方面的工作，它们分别是：建立和运行员工发展网络，建构二十一世纪多样性发展平台，发展和奖励人才，建构包容性的文化和环境，重视员工的健康和财富。<br>富国银行的员工管理理念分为总体理念和具体理念两个方面，在这两个方面公司都提出了大量的而且是非常系统的和非常富有哲理的真知灼见 | 英国石油公司的员工理念是：项目挑战你，人们激励你，培训发展你，英国石油公司为你提供成就有意义事业所需之一切。我们要建设更加强大、更具可持续能源未来的努力与我们培养可将这一切变为现实的员工的努力是密不可分的，所以我们要投资于员工发展，使其不但具备当下所需之专业技能，而且还要确保其具备长期从事让人具有满足感事业的能力。<br>乐购公司的员工理念：我们的员工每天都要为顾客服务，并销售我们的产品，因而我们在他们的工作当中提供最大限度的支持和个人成长空间就变得尤为重要。我们希望让所有的员工都可以以自己的成就为傲，并在践行"顾客至上"的工作理念时可以感受到强大的支持力量。<br>森特理克集团的员工理念包括十个方面的内容：①帮助您塑造未来；②帮助您创造机遇；③帮助您的职业发展；④鼓励员工参与；⑤鼓励大声讲出来；⑥我们的员工文化；⑦鼓励多样性；⑧工作生活平衡；⑨注重员工福祉；⑩鼓励承担责任 | （1）英国石油公司<br>（2）乐购<br>（3）森特理克集团 |

续表

| 企业理念内容 | 美国关注公司 | 美国企业核心思想 | 英国企业核心思想 | 英国关注公司 |
|---|---|---|---|---|
| 战略发展理念 | （1）雪佛龙公司<br>（2）富国银行 | 雪佛龙公司的企业战略被分成了两个层次，在公司层次上的战略设计非常注重理念的描述，在主要业务单元层次上的战略特别强调具体目标。在第一个层次的战略当中，又包括三个方面的内容，它们分别如下：①投资于我们的员工。投资于我们的员工可以加强组织的能力，可以建构全球性的人才发展平台，可以帮助人们用正确的方式去做正确的事情。②高效率地执行。借助我们严格的操作与管理系统，以及遵守我们制定的纪律与规定，可以确保企业组织的各项工作都能够得到高效率地执行。③有力地成长。通过利用我们的竞争优势以创造最大化的价值并且随时捕捉全新的发展机遇，可以帮助我们有力的、有利的成长。富国银行的企业战略被非常明确地写入了公司的企业文化手册，而且除了理念的设定以外，他们还另外明确了公司的战略发展重点、企业发展的优先战略事项和企业未来的战略发展走向，等等，其内容相当丰富。"对于顾客不变的重视是我们战略的基础，即便行业快速发展和竞争形势迅速变化，有了清晰的战略一样可以指导我们持续迎接这些挑战，为我们的顾客做正确的事情" | 英国石油公司：我们的战略是致力于为我们的投资者创造价值，使我们所在的社区和社会因为我们而受益。为了实现我们的战略，我们必须建立自己的突出优势，充满活力地管理我们高质量的投资组合，并且发展我们与众不同的能力。<br>乐购公司：在我们工作的任何地方，我们都致力于帮助顾客、同事和社区过上更便捷的生活。<br>汇丰银行：我们制定长期战略，它可以体现我们的企业宗旨和特有优势。<br>联合利华：我们建立了与实现制造可持续生活用品这一企业目标相应的企业战略，为了实现企业愿景，我们对一些项目和品牌进行了长期的战略投资，以此来实现所有股东利益增长的目标。<br>南苏格兰电力公司：南苏格兰电力的核心目标是以可靠、可持续的方式为人们提供所需的能源。<br>森特理克集团：我们的战略是满足客户不断变化的需求，我们之所以为世人所知，我们之所以擅长及我们之与众不同能力的体现都在于服务于客户这一点上。<br>英格兰皇家银行集团：我们必须变得更强大、更简洁、更公正。<br>金巴斯集团：我们的目标是通过借助集团利益实现结构性的、可持续性的有机增长以实现和传递股东和客户的价值与利益，并最终实现成为世界一流食品和配套服务供应商这一企业愿景 | （1）英国石油公司<br>（2）乐购<br>（3）汇丰银行控股公司<br>（4）联合利华<br>（5）南苏格兰电力<br>（6）森特理克集团<br>（7）苏格兰皇家银行集团<br>（8）金巴斯集团 |

| 企业理念内容 | 美国关注公司 | 美国企业核心思想 | 英国企业核心思想 | 英国关注公司 |
|---|---|---|---|---|
| 创新发展理念 | （1）埃克森美孚石油公司<br>（2）雪佛龙公司<br>（3）JP 摩根大通<br>（4）花旗集团 | 在埃克森美孚石油公司看来，员工是创新的主体，只有全体员工都能够参与创新时，一个企业创新发展的体系才能建立起来。<br>雪佛龙公司比较重视技术创新，"技术创新在低商品价格的时代可以区分我们的表现"，"创新和发展的技术可以帮助我们在世界各地提供人们可以负担得起的、安全的和可靠的能源"。<br>JP 摩根大通认为，"技术可以被利用作为一种强大的推动者。它可以缓解执行支付的挑战，可以降低全球组织的复杂性，可以提高财务的可知度"。<br>花旗集团希望告诉世人：创新的方法千万条，只要你想，只要你的公司肯于投入，就一定会找到适合于你公司的创新路径 | 创新是联合利华追求可持续发展之雄心目标的关键，科学、技术和产品开发是我们规划的核心，这可以确保我们不断为客户提供伟大的品牌以提高他们的生活品质，同步对环境和社会还可以产生积极的影响 | 联合利华 |